Rita Burrichter | Claudia Gärtner

# Mit Bildern lernen

Rita Burrichter | Claudia Gärtner

# Mit Bildern lernen

## Eine Bilddidaktik für den Religionsunterricht

Kösel

Verlagsgruppe Random House FSC® N001967
Das für dieses Buch verwendete FSC®-zertifizierte Papier *Profibulk* von Sappi liefert IGEPA.


Umschlaggestaltung: fuchs_design, München
Umschlagmotive: Nachweis siehe S. 264
Druck und Bindung: Polygraf Print, Presov
Printed in Slovak Republic
ISBN 978-3-466-37086-3

Weitere Informationen zu diesem Buch und unserem gesamten lieferbaren Programm finden Sie unter
www.koesel.de

# Inhalt

# Ein Buch der Bilder

In nahezu allen aktuellen Konzeptionen und Ansätzen des Religionsunterrichts ist der Umgang mit Werken der bildenden Kunst nicht nur vorgesehen, sondern ausdrücklich erwünscht. Für viele Lehrerinnen und Lehrer sind Werke der Kunst im Religionsunterricht »Türöffner« für religiöse Themen und einen sensibel wahrnehmenden Blick auf die Welt. Für viele aber ist der Einsatz von Kunstwerken in ihrem Unterricht auch mit Unsicherheiten verbunden: Welche Bilder für welches Alter? Muss ich nicht mehr von Kunst verstehen, um das Richtige auszuwählen? Meine Schülerinnen und Schüler reden nicht gern über Kunst, sie finden Bilder langweilig und verstehen die Verbindung mit dem Unterrichtsthema nicht, und am Ende kommt nie das heraus, was die Interpretation im Lehrerkommentar vorgibt. Was tun?

## Die Zielsetzung dieses Buches

Das vorliegende Arbeitsbuch möchte für diese und andere grundlegende Fragen und Probleme rund um den vielgestaltigen Umgang mit Kunst im Religionsunterricht Hinweise und Anregungen geben. Vieles ist selbstredend ebenso für andere religionspädagogische Felder zweckdienlich; darüber hinaus gibt es auch einen eigenen Abschnitt, der sich mit außerschulischen Lernorten befasst.

Wir haben eine andere als in vielen Unterrichtswerken und -materialien übliche Vorgehensweise gewählt. Es gibt nicht zuerst inhaltliche »Hinweise«, zum Beispiel zu bilddidaktischen und bildtheologischen Grundlagen, zu historischen und künstlerischen Zuordnungen, zu entwicklungspsychologischen und lerntheoretischen Voraussetzungen usw., und daran anschließend die praktischen »Anregungen«, etwa in Gestalt von Beispielen und Methodensammlungen. Vielmehr verbindet das Arbeitsbuch »Hinweise« und »Anregungen«, Theorie und Praxis der Bilddidaktik, von Anfang an und systematisch miteinander. Exemplarisch werden anhand von rund fünfzig Bildbeispielen Fragen des Umgangs mit Werken der Kunst so aufgearbeitet, dass dabei Grundsätzliches geklärt wird und Übertragungsmöglichkeiten angebahnt werden.

Von vorn nach hinten gelesen ergibt sich daraus eine Einführung in die religionspädagogische Bilddidaktik, aber es ist auch möglich, bei der Suche nach Material für die praktische Erschließung eines Einzelbildes das Arbeitsbuch heranzuziehen oder jeweils nur bestimmte Einzelfragen herauszugreifen. Die Bildbeispiele bieten eine Mischung aus Tradition und Moderne, aus berühmten Highlights und Einblicken in die gelegentlich sperrige zeitgenössische Kunst. Die Einzelbilderschließungen bieten damit auch denen Anregungen, die Kunst gern und oft einsetzen und auf der Suche nach neuen Impulsen sind.

Das Buch möchte also Lust auf ästhetisches Lernen machen, das Zutrauen in die eigenen Zugänge stärken und elementare Grundfragen zum Umgang mit bildender Kunst klären. Es möchte die Versierten ebenso ansprechen wie die Skeptischen und die Neugierigen und viele unbekannte Bilder entdecken helfen. Es möchte zu Unterrichtsgestaltungen mit Kunst anregen, aber auch die persönliche Begegnung mit Bildern bereichern. Dazu braucht es eigentlich gar nicht viel: Augen auf und durch!

## Zum Aufbau des Buches

In drei großen Abschnitten – I. Bilddidaktische Grundfragen, II. Bildtheologische Grundfragen und III. Lernorte – widmet sich das Arbeitsbuch konkreten Fragen und Problemen der Vermittlungspraxis. Antworten werden dabei immer mit Blick auf ein konkretes Bildbeispiel erörtert und durch methodische Tipps auch unmittelbar praxisorientiert vorgestellt.

### *Bilddidaktische Grundfragen*

Zahlreiche bilddidaktische Beiträge in Handbüchern und Grundlagenwerken beschreiben einen sachangemessenen und adressatenbezogenen Umgang mit Kunstwerken im Religionsunterricht. Die dort – zumeist im Anschluss an die frühen bilddidaktischen Darlegungen von Günter Lange und Alex Stock (Lange 1998; Stock 1981) – gegebenen Hinweise zu Fragen des Eigenwerts des Mediums Bild, zu Fragen der Bedeutung der christlichen Kunst im Horizont der Kunstgeschichte, zur Einbindung der Bilddidaktik in das ästhetische Lernen, zu Möglichkeiten des religiösen Kompetenzerwerbs durch Kunst werden im vorliegenden Arbeitsbuch in enger Anbindung an die vorfindbare Praxis des Umgangs mit Werken der bildenden Kunst im Religionsunterricht thematisiert.

Es geht um fachlich und methodisch nachvollziehbare Erschließungen, die einerseits der Sache gerecht werden – nämlich den Werken der bildenden Kunst und ihrer angemessenen Auslegung – und andererseits auf die Schülerinnen und Schüler bezogen sind, auf ihre altersgemäßen und lebensweltbezogenen Voraussetzungen sowie die Dynamik ihrer Lernprozesse und Bildungsbewegungen. Dabei steht auch immer vor Augen, dass die Arbeit mit Bildern sich auf der Grundlage konzeptueller religionsdidaktischer Entscheidungen der Lehrerinnen und Lehrer vollzieht und eingebunden ist in übergreifende Unterrichtsreihen und -themen sowie in den persönlichen Unterrichtsstil und das Classroom-Management der Lehrkräfte.

Ob Bilder als inhaltliche Problemanzeige zu Text und Thema gelten oder als bildliche Ausformulierungen überzeitlicher Symbole verstanden werden, ob sie als existenzielle künstlerische Ausdrucksformen menschlicher Grundfragen betrachtet werden oder als ästhetische Objekte Schülerinnen und Schüler zu eigener kreativer Gestaltung anregen sollen, das zeitigt erhebliche Unterschiede in Bezug auf die Auswahl, die Erschließungsmethode und das Erkenntnisinteresse.

Bei aller Wertschätzung ihres didaktischen Potenzials ist der Status der künstlerischen Bilder im Religionsunterricht dabei nach wie vor eher unklar. Zwar wird seit Beginn der 1980er-Jahre immer wieder betont, dass Kunstwerke in ihrem Eigenwert ernst genommen werden müssen (Lange 1986) und dass sie gerade in ihrer medialen Eigenständigkeit den Religionsunterricht bereichern, und doch werden sie in der Praxis oftmals instrumentalisierend und daher zwangsläufig verkürzend eingesetzt und gerade nicht als Medium sui generis zur Geltung gebracht. Das ist auch nicht verwerflich! Aber es fordert zu bilddidaktischer Auseinandersetzung heraus. Denn es ist nicht einerlei, ob Kunstwerke als religionskundliche Quellen, als theologieproduktive »Zeichen der Zeit« oder als inspirierende ästhetische Ausgangspunkte für (religiösen) Sinn generierende Reflexionen und Konstruktionen von Schülerinnen und Schülern eingesetzt werden. Dies führt zu differierenden, nicht selten auch einander ausschließenden bilddidaktischen Zugängen und Überzeugungen. Gerade diese bilddidaktischen Zugänge und Überzeugungen sind aber oftmals mit Unsicherheiten behaftet.

Ähnliches gilt für die Platzierung des Umgangs mit Bildern im Unterrichtsprozess. In allen Phasen des Unterrichts begegnen Kunstwerke. Sie dienen dem Unterrichtseinstieg, indem sie visuell anregende, oft auch irritierende Zugänge zu Themen und Texten bieten.

Kunstwerke werden aber auch bei der vertiefenden Erarbeitung im Unterricht genutzt, da sie Facetten einzelner Inhaltsbereiche abbilden. Sie vermitteln anschaulich historische oder gegenwartsbezogene Sichtweisen auf den Glauben. Oft werden sie dabei als Zeugnisse des Glaubens vorgestellt, die besonders geeignet sind, auch die affektiv-spirituelle Dimension von Themenbereichen und Fragestellungen ins Gespräch zu bringen. Kunstwerke können aber auch der Ergebnisreflexion und -sicherung dienen, indem sie – im wörtlichen Sinn, nämlich visuell – einen abschließenden Blick auf das Thema werfen oder aber weitere Sichtweisen eröffnen. Auch hier gilt, dass je nach Einsatzbereich höchst unterschiedliche Kriterien Auswahl und Erarbeitungsformen bestimmen. Aber kommt das Kunstwerk als Kunstwerk nicht zu kurz, wenn es lediglich als *appetizer* oder *opener* eingesetzt wird oder dazu dient, »den Sack zuzubinden«?

Das Arbeitsbuch schließt an diese Fragenkreise an und eröffnet Zugänge zum Bild und zu Umgangsformen mit dem Bild, die sowohl dem künstlerischen »Eigensinn« als auch den unterrichtspraktischen Erfordernissen Rechnung tragen.

### *Bildtheologische Grundfragen*

Dem religionspädagogischen Umgang mit Werken der bildenden Kunst wird – oft leider zu Recht! – ein »Inhaltismus« zum Vorwurf gemacht, der die Bilder reduziert auf biblische und den Glauben illustrierende Motive und Themen oder auf die Möglichkeit einer Einbindung in die spirituelle Praxis. In der Vermittlungspraxis aber stellt sich die Frage nach der Einbindung der künstlerischen Werke in den größeren theologischen, religiösen und existenziellen Kontext sehr konkret und bringt weitere Fragen und Probleme mit sich. Für welche Theologie steht eigentlich das Kunstwerk? Welche Form von Frömmigkeit wird hier anschaulich gemacht und damit transportiert? Und inwiefern ist es überhaupt möglich, zentrale Inhalte des christlichen Glaubens im Bild zu erfassen? Die Frage nach dem Stellenwert – und teils viel grundlegender nach der Legitimation – von Bildern in der Vermittlungspraxis ist dabei nicht neu. Die Geschichte des Bildes im Christentum erweist sich bis heute auch als eine Geschichte des Streites um Bilder, die nachdrücklich die Macht der Bilder in Vergangenheit und Gegenwart unterstreicht. Das Arbeitsbuch macht an exemplarischen theologischen Themenbeispielen und darauf bezogenen Bildbeispielen die religionsdidaktische Tragweite dieser bildtheologischen und -didaktischen Streitigkeiten deutlich und bietet methodische Zugänge an, die produktiv die damit verbundenen Herausforderungen aufnehmen.

Aber auch jenseits dieser grundlegenden Streitigkeiten über das Für und Wider von Bildern, erweist sich deren Verhältnis zu kirchlicher Lehre und Glauben als spannungsreich. Denn selbst wenn Kunst darauf zielt, die Lehre ins Bild zu setzen – und an derart enge inhaltliche Vorgaben wollen sich viele Künstlerinnen und Künstler eben nicht binden –, so resultiert aus der Visualität ein spezifischer Mehrwert von Bildern, der sprachlich, z. B. in Form von kirchlicher Lehre, nicht einholbar ist. In diesem Sinne werden im Buch in Anlehnung an schulische Curricula zentrale theologische Themenfelder wie Schöpfung, Inkarnation, Erlösung, Christologie, Trinität oder Eschatologie bildtheologisch erschlossen und anhand von Praxisbausteinen für die Unterrichtspraxis aufgearbeitet. Die Orientierung an den großen theologischen Fragenkreisen nötigt dabei allerdings zu einer gewissen Begrenzung.

In vielen historischen Bildern lassen sich Beispiele für diese theologischen Themen finden. Dass diese auch in moderner und zeitgenössischer Kunst ihren Ausdruck finden, ist weniger offenkundig. Deshalb widmet sich das Arbeitsbuch auch ausführlich der Frage, wie sich Religion heute in künstlerischen Arbeiten zeigt. Denn dort werden keineswegs primär christliche Kernthemen dargestellt, sondern vielmehr wird mit Versatzstücken und Zitaten der christlichen Bildgeschichte ernsthaft oder ironisch gespielt, es geht um visuelle Transzendenz- und Sinnbezüge oder um grundlegende Fragen zum Sein und Leiden des Menschen.

### *Lernorte*

Ebenso wenig wie Bilder zeit- und kontextlos entstehen, werden sie zeit- und kontextlos rezipiert. Deshalb richtet sich in einem letzten Abschnitt der Fokus der bilddidaktischen Auseinandersetzungen auf unterschiedliche Lernorte mit ihren jeweiligen Altersgruppen, Lernvoraussetzungen und Lernkontexten. Neben den unterschiedlichen Schulstufen (Grundschule, Sekundarstufe I und II) widmet sich das Arbeitsbuch auch den Lernorten Gemeinde, Kirchenraum und Museum. Dort ereignen sich, anders als zumeist in der Schule, religiöse Bildungsprozesse auch an Originalwerken. Und diese Lernorte machen darauf aufmerksam, dass insbesondere religiöse Bilder vielfach für einen ganz konkreten Ort geschaffen wurden: für einen speziellen Kirchenraum, für ein umfassendes Bildprogramm oder als autonome Kunst für Museen oder Galerien. Diese Lernorte ermöglichen somit eine reflektierte (religiöse) Bilderschließung und prägen durch ihren Kontext zugleich die Bildwahrnehmung: Ein Alltagsobjekt kann in einem Museum zum Ausstellungsstück werden, eine Marienabbildung hat auf einem Altar eine andere Bedeutung und Funktion als in einem Andachtsbüchlein oder auf einem T-Shirt.

Für solche und ähnliche Zusammenhänge möchte dieses Arbeitsbuch sensibel machen und hierdurch neue Sichtweisen auf Bilder – und damit auch auf Gott, Mensch und Welt – eröffnen. (rb/cg)

# I.
# Bilddidaktische Grundfragen

# I.A »Das habe ich so noch nicht gesehen!«
## Zum didaktischen Potenzial von Bildern der Kunst

Bereits in den Anfängen des christlichen Bildgebrauchs finden sich didaktische Hinweise zum Umgang mit Bildwerken. Sie verdanken sich allerdings nicht pädagogischen Überlegungen, sondern stellen Lösungsversuche im altkirchlichen Bilderstreit dar (→ II.A Einführung). So bindet Papst Gregor der Große (um 540–604) die Bilder in den funktionalen Zusammenhang der katechetischen Unterweisung ein: »Denn was den des Lesens Kundigen die Schrift, das bietet den schauenden Einfältigen das Bild, denn in ihm sehen die Unwissenden, was sie befolgen sollen, in ihm lesen die Analphabeten« (zit. nach Thümmel 1990, 13). So verstanden besteht der mit Bildern verbundene Lernprozess lediglich in der wiedererkennenden Auffindung des Textes im Bild. Das Argument Gregors und seine funktionalistische Umsetzung bestimmten über eine lange Zeit hinweg nahezu ausschließlich religionsunterrichtliche und katechetische Lernprozesse an und mit Bildern. Kurz gefasst: Bilder veranschaulichen biblische Texte oder Begriffe der christlichen Glaubenslehre; sie sind hinreichend verstanden, wenn ihr Inhalt ins Wort zurückübersetzt ist. Das gilt auch für die spezifisch religiöse Betrachtung des Bildes als Kult- oder Andachtsbild. Die affektive Bewegung der Betrachterinnen und Betrachter soll sich nicht auf die Darstellung als solche richten, sondern auf den Inhalt der Darstellung. Dieser Umgang mit Kunstwerken wird allerdings aufgrund seiner instruktionistischen und rein inhaltsorientierten Verkürzung im Laufe der Geschichte immer wieder angefragt (Überblicke dazu: Gärtner 2011, 49–104; Künne 1999, 14–60).

### Ausgangspunkte gegenwärtiger Bilddidaktik

Dies geschieht mit besonderem Nachdruck zu Beginn der 1980er-Jahre. Mit der Entfaltung symboldidaktischer Ansätze, mit der Berücksichtigung rezeptionsästhetischer Fragestellungen in der Methodik des Religionsunterrichts und mit der Reflexion des Erfahrungsbegriffs in einer anthropologisch gewendeten, subjektorientierten Religionspädagogik geraten auch die Bilder als Lernchancen ganz neu in den Blick. Sie werden nunmehr dezidiert eingebunden in ein ästhetisches Lernen (Hilger 2010, 334–343), das ganzheitliche, auf Identitätsbildung zielende Zugänge eröffnet. Damit wird eine die bloße Textreferenz überschreitende Auseinandersetzung mit Werken der Kunst ermöglicht. Darüber hinaus werden nunmehr vor allem auch – angeregt durch eine entsprechende bildtheologische Forschung – Erkenntnisse der Kunstwissenschaft stärker als zuvor berücksichtigt, und zwar unter der Maßgabe des Selbstverständnisses der bildenden Kunst als eigenständige, erkenntnisorientierte, Welt deutende und Sinn stiftende Perspektive, wie es insbesondere in der sich autonom verstehenden Kunst der Moderne zum Ausdruck kommt. Schlagwortartig ist dieser didaktisch bedeutsame Neuansatz verbunden mit der Rede vom Bild als *Medium sui generis:* »Es hat seine eigene ›Sprache‹ der Farben, Linien und Flächen, die (Qualitätsmerkmal!) niemals durch Beschreibung und Begriffsbildung einzuholen ist (…) Es hat Anspruch darauf, sich ›aussprechen‹ zu dürfen, in seiner individuellen Eigenart gewürdigt, statt bloß verzweckt zu werden« (Lange 1986, 531). Diesem Anspruch des Bildes als Bild ist auch in religiösen Lernprozessen Rechnung zu tragen, da auch der theologische und spirituelle *Gehalt* des Kunstwerks immer nur in und vermittels seiner *Gestalt* gegeben ist. Die Konfrontation und analytische Auseinandersetzung mit dieser Gestalt, mit Form und Farbe, mit der Materialität und den jeweils spezifischen Wahrnehmungsbedingungen stellt Betrachterinnen und Betrachter vor Herausforderungen, die bilddidaktisch und religionspädagogisch fruchtbar sind. Im Umgang mit Bildern zeigt sich immer schon deren »bildende Kraft«, indem die Bilder nämlich Sehgewohnheiten aufbrechen, neue Perspektiven aufzeigen und in den Betrachterinnen und Betrachtern etwas hervorrufen, sie beeindrucken, auch irritieren. Das tun nicht nur die Werke der Moderne und der Gegenwart. Auch Bilder der Tradition durchkreuzen geläufige Seherwartungen und eröffnen ganz neue Sichtweisen, indem sie vermittels ihrer Gestaltung Texte und Motive nicht nur auslegen und kommentieren, sondern ihnen auch widersprechen, sie gar unterlaufen und ganz Anderes, auch »Häretisches«, zur Geltung bringen. Sie zeigen damit anschaulich, dass man auch in der Vergangenheit innerkirchlich nicht immer einer Meinung ist. Die Auseinandersetzung mit Werken der bildenden Kunst führt so über die ästhetische Wahrnehmung immer auch mitten hinein in den theologischen Diskurs, in die Auseinandersetzung über und mit theologischer Tradition. Sie ermöglicht vermittels der Auseinandersetzung mit der ästhetischen Gestalt auch die Suche nach und die Erprobung von ganz eigenen, je persönlichen Ausdrucksformen. Bilddidaktik in dieser mehrfach dimensionierten Ausrichtung ist genuiner Bestandteil eines die religiöse Wahrnehmungs-, Reflexions- und Ausdruckskompetenz stärkenden Religionsunterrichts (Burrichter 2002).

### Modelle der Bilderschließung

Methodisch wegweisend sind bei dieser Hinwendung zum Bild als Kunstwerk vor allem zwei Modelle der Bilderschließung, die bis heute aufgrund ihrer Schlüssigkeit und Praktikabilität hoch geschätzt werden. Das ist zum einen die »Strukturale Bildanalyse« von Alex Stock (Stock 1981) und zum anderen das fünfphasige Modell der »Stufen der Bilderschließung« von Günter Lange (Lange 1998). Beide Modelle bieten in systematischer Form Zugänge an, die zu einer konzentrierten Wahrnehmung des Bildes und einer streng am Bildbestand orientierten Analyse der spezifischen Ausdrucksformen führen. Sie ermöglichen damit eine an die Bildlichkeit rückgebundene Deutung sowie eine kunstwissenschaftlich und theologisch angemessene Verknüpfung mit außerbildlichen Verweisen und Deutungsperspektiven. Insbesondere im Modell von Günter Lange wird das bilddidaktisch grundlegende Wechselspiel von aktueller, subjektiver Bilderfahrung und von reflektierender Sicherung und Weiterführung der Bilderfahrung am objektiven Bildbestand deutlich. Es sei daher hier noch einmal ausführlich vorgestellt (Lange 1998, 155 f.):

- *1. Stufe: Was sehe ich?* Mit ungelenkter Aufmerksamkeit den Blick über das Bild wandern lassen, spontan wahrnehmen, was es alles zu sehen gibt; erster Austausch von Eindrücken und Vermutungen.
- *2. Stufe: Wie ist die Bildfläche organisiert?* Versuch einer geordneten, systematischen Wahrnehmung des Aufbaus, der Bildstruktur, der Bildteile im Zusammenhang des Bildganzen; Format und Formen; Proportionen, Kontraste, Rhythmen; Perspektive; Licht und Schatten; Bewegungs- und Blickrichtungen; Topografie: links, rechts, oben, unten; Vordergrund, Mittelgrund, Hintergrund; Körpersprache, Gestik, Mimik, Kleidersprache der Personen usw. Hier dominiert die Außenkonzentration der Betrachtenden.
- *3. Stufe: Was löst das Bild in mir aus?* Mitteilung von Gefühlen und Assoziationen. In welche Gestimmtheit hat mich der Anblick versetzt? Ist das die vom Bild angezielte Gefühlslage oder Stimmung? Innenkonzentration!
- *4. Stufe: Was hat das Bild zu bedeuten?* Das Bildthema; sein Bezug zu Texten außerhalb des Bildes. Welche Gestalt (= Bedeutung) gibt das Bild dem verbal/visuell tradierten Thema oder welcher Bildgehalt ergibt sich (über die Inhaltsangabe hinaus) aus der künstlerischen Realisierung des Themas? Für was oder gegen was nimmt es Partei? Was könnte das bedeuten für die historische Epoche, in der das Bild entstanden ist, und für die Funktion des Bildes? (Predigtersatz, liturgische Repräsentation, Andachtsbild, persönliche Versenkung usw.)
- *5. Stufe: Was bedeutet das Bild für mich?* Finde ich mich darin wieder? Gehe ich auf seinen Appell ein? Lasse ich mich in die dargestellte Situation persönlich verstricken? Möchte ich es längere Zeit in meinem privaten Umraum haben? Warum (nicht)?

Das Modell bietet nach wie vor ein hilfreiches Schema für die Planung und Durchführung von Unterricht mit Bildern der Kunst. Es sollte aber nicht schematisch verstanden werden, insbesondere nicht im Blick auf die vollständige Abarbeitung aller Stufen in allen Lernsituationen. Auch die Reihenfolge ist nicht in jedem Fall zwingend zu verstehen, wiewohl es gute Gründe gibt, zunächst die Formensprache zu klären, bevor Seheindrücke auch in ihrer emotionalen Qualität beschrieben werden. Ganz und gar nicht ist das Schema im Sinne einer rein verbalen Erschließung womöglich ausschließlich im Plenum einer Lerngruppe zu verstehen. Dem Vorbehalt, dass das Bild nicht umstandslos in Wort und Begriff rückübersetzt werden kann, ist auch methodisch Rechnung zu tragen! Das Modell bietet Lehrkräften aber so etwas wie eine To-do-Liste der Erschließung, die mit weiterführenden, vertiefenden, vor allem auch mit handlungsorientierten, produktiven Methoden der Bilderschließung unter Berücksichtigung der Bedingungen der Bildrezeption (→ I.C) und der Grundlegungen des ästhetischen Lernens (→ I.B) abgearbeitet werden kann.

### Neu und ganz anders sehen lernen

Die folgenden Beispiele wollen Fragen zu den Perspektiven, die mit der Wertschätzung des Bildes als Bild, als Medium sui generis gegeben sind, vertiefen:

- Am Beispiel einer Arbeit von *Josef Albers* wird das spezifisch Herausfordernde des Bildes als materiell-ästhetisches Objekt vorgestellt und im Blick auf die Chancen und Grenzen des Umgangs mit Kunst in religiösen Lernprozessen hin befragt. Der niederländische Künstler Theo van Doesburg hat Kunstwerke einmal als »Turngeräte des Geistes« bezeichnet. In diesem Sinne ist Albers' Serie »Homage to the Square« zu verstehen als Denkherausforderung durch Seherfahrung (→ Kap. 1).
- Dass beim Betrachten von Bildern im Religionsunterricht immer noch und immer auch die Frage nach Thema und Motiv gestellt wird, ist im Kontext eines kunstorientierten Zugangs nicht unanständig! Auch das Sehen sieht nicht ab vom schon Gesehenen. Eine Auseinandersetzung mit einem Gemälde von *Horst Antes* will zeigen, wie künstlerische Programmatiken der Moderne neue Umgangsweisen mit den traditionellen Beständen der christlichen Ikonografie ermöglichen, wie das Bild zwar an das Thema anschließt und doch mehr ist als nur »Thema« (→ Kap. 2).
- Dass die ikonografische Tradition der christlichen Kunst innerkünstlerisch fortgeschrieben, transformiert, säkularisiert und gerade durch diese neuen Sichtweisen auf ganz neue und höchst verblüffende Weise theologisch bedeutsam wird, belegt subtil und doch eindrücklich auch ein vormodernes Gemälde von *Rembrandt* (→ Kap. 3).
- Und schließlich: Mit der Abkehr der Bilddidaktik von bloßer Textbezogenheit geht oft eine Abwertung der Illustration als »religiöser Gebrauchskunst« einher. Das Beispiel einer Illustration von *Silke Rehberg* zur katholischen Schulbibel möchte dagegen deutlich machen, dass und wie gerade auch eine künstlerische Auseinandersetzung, die sehr eng auf den Text bezogen ist, diesen ganz neu zum Sprechen bringt und im Wortsinn illustriert, nämlich *erhellt:* »Das habe ich so noch nicht gesehen.« (→ Kap. 4). (rb)

# 1. »Steffi sagt, sie sieht was ganz anderes!«

## Bilderfahrung als Herausforderung erleben

Bildbetrachtung nach dem Stufenmodell von Günter Lange (→ I.A Einführung) mit einer Gruppe Studierender: »Was sehen Sie?« Die Antworten kommen zögerlich. Weil es zu banal erscheint, zu sagen, was zu sehen ist? Vier ineinandergesetzte Quadrate in unterschiedlichen Farbwerten von Orange und Gelb. Die Farbfelder sind in der Vertikalen nicht mittig ineinandergesetzt; die Abstände der Farbfelder je zum unteren Rand sind geringer als zum oberen. Das war's schon.

Das war's schon? Bei längerem Schauen sehen die Betrachterinnen und Be-

Josef Albers, Study for Homage to the Square, 1967

trachter das zweidimensionale Bild dreidimensional. Das funktioniert mit stillgestelltem Blick, durch »Glotzen«, auch bei der Betrachtung der Abbildung in diesem Buch. Zu sehen ist entweder ein »Turm«, wie eine Art Treppenpyramide von oben, oder aber tiefenräumlich ein »Schacht«, der sich wie ein Tunnel öffnet. Dabei bleibt diese Seherfahrung zumeist nicht statisch, sondern wechselt. Mal sehen die Betrachterinnen und Betrachter etwas, das ihnen entgegenkommt, das aus dem Bild heraustritt. Mal werden sie – für manche sogar als starke körperliche (synästhetische) Empfindung spürbar – förmlich hineingesogen in das Bild. Eine weitere nicht willentlich zu kontrollierende oder herbeizuführende Erfahrung kann mit dem Werk gemacht werden: Gelegentlich verschwimmen die Grenzen zwischen den Farbfeldern. Eine der Farben dehnt sich dann aus, wird zur bildbeherrschenden Farbe. Manchmal führt dieses Überstrahlungsphänomen auch dazu, dass die Komplementärfarben erscheinen oder gar keine einzelne Farbe mehr gesehen wird, sondern die Summe aller Farben, nämlich Weiß. Diese Seherfahrungen begegnen ganz unmittelbar, geradezu als ästhetische Widerfahrnis. Für viele Betrachterinnen und Betrachter ist das Spontane und Unkontrollierbare dieser Erfahrungen reizvoll und überraschend, andere verweisen »aufgeklärt« auf die zugrunde liegenden psychophysiologischen Gesetzmäßigkeiten. Entziehen kann man sich – bei einigermaßen guten Reproduktionsbedingungen im Raum – der Zwangsläufigkeit der Überwältigung durch das Farbsehen in der Regel nicht. Als besonders irritierend und herausfordernd wird dabei erlebt, dass zur gleichen Zeit, in der die eine einen »Turm« sieht, der andere den »Schacht« sieht oder »was ganz anderes«. Die Lerngruppe macht in der Kunsterfahrung zugleich eine fundamentale Erfahrung von Differenz: Wir sehen dasselbe und doch nicht das Gleiche. Das ist in Bezug auf Anschauungsfragen aller Art durchaus wohlvertraut: »Das sehe ich anders! Das magst du anders sehen!« Hier tritt die Erfahrung von Differenz allerdings unhintergehbar und unaufhebbar, nämlich »faktisch«, vor Augen.

Der Künstler Josef Albers thematisiert in seinem Œuvre die Bedeutung von Farbe »an sich«. Seine Werke bilden nichts ab, sie sind auch keine Abstraktionen von Gegenständen oder Begriffen, schon gar keine Symbole. Sie sollen auch nicht als existenzieller malerischer Ausdruck der Künstlerpersönlichkeit verstanden werden. Albers vermeidet jede »Handschriftlichkeit«; kaum ein Pinselstrich ist zu erkennen, verwendet werden genormte Industriefarben. Das Bild *ist* Form und Farbe auf Leinwand – sonst nichts. In der Kunstwissenschaft ist angesichts solcher Werke von »konkreter Kunst« die Rede, die auf nichts Bezug nimmt als auf sich selbst – selbstreferenziell, nicht-relational – so wie es auch im berühmten Diktum des amerikanischen Künstlers Ad Reinhardt 1958 zum Ausdruck kommt: »Kunst ist Kunst. Alles andere ist alles andere« (Reinhardt 1998, 68). Wie Reinhardt und andere (vor allem nordamerikanische) Künstlerinnen und Künstler nach 1945 verzichtet auch Albers vollständig auf die Repräsentation außerbildlicher Wirklichkeit. Seine Bilder vermitteln kein »als ob«, sondern sich selbst als »dies«, »hier«, »jetzt« (Janhsen-Vukićević 2000, 238 f.). Mit der Konzentration auf Form an sich und Farbe an sich in ihrer jeweiligen konkreten Bildgestalt, die Albers den »factual fact« des Kunstwerks nennt, kommt aber auch der Wahrnehmung der Betrachterinnen und Betrachter von Form an sich und Farbe an sich eine ganz besondere Bedeutung zu. Die aber unterliegt den oben beschriebenen psycho-physiologischen Besonderheiten. Dem »dies«, »hier«, »jetzt« der in Form und Farbe gegebenen Bild*gestalt* entspricht das »dies«, »hier«, »jetzt« der Bild*erfahrung*. Albers selbst nennt dies den »actual fact« des Bildes und betont, dass es sich bei diesen Effekten um »wirkliche Tatsachen (Bewusstseinstatsachen)« handelt (Albers 1970, 118). Der objektive Bildbestand selbst ist gar nicht wahrnehmbar, höchstens mittels technischer Hilfsmittel messbar (z. B. durch die Industrienorm eines Farbtons). Er weist zwar gewisse Gesetzmäßigkeiten auf, die beschreibbar sind (z. B. die Wechselwirkungen der Farben), der Zugang dazu aber erfolgt über die unstetigen, je aktuellen, radikal subjektiven Wahrnehmungen. *In* diesen und *durch* diese erst konstituiert sich (Bild-)Sinn. Die Überlegungen Albers' zum Zusammenhang von Bildsinn und Aktualität der Bilderfahrung, zum Zusammenhang von Erscheinung und Identität, von physikalischen Tatsachen und Bewusstseinstatsachen, von »actual fact« und »factual fact« sind streng auf Form und Farbe, auf Kunst an sich bezogen. Damit verbieten sich unmittelbar anschließende symbolische, gar farbmystische, existenzielle wie religiöse Deutungen.

Und doch sind die Werke von Albers (und anderen Vertreterinnen und Vertretern der konkreten, nicht-relationalen Kunst) gerade in ihrer künstlerischen Selbstbezüglichkeit religionspädagogisch und bilddidaktisch relevant. Die mit ihnen verbundenen Seherfahrungen schärfen zum einen den Sinn für die Bildlichkeit des Bildes, indem sie durch ihre Nicht-Abbildlichkeit die Betrachterinnen und Betrachter immer wieder auf den ästhetischen Befund und das Sehen selbst zurückverweisen. Sie schärfen aber auch ästhetisch-visuell die Aufmerksamkeit für die Erfahrung von Differenz. Die Tendenz der Ausbreitung und Überstrahlung

**ZUM KÜNSTLER**

***Josef Albers*** (1888–1976) war Maler und Grafiker. Er lehrte als Meister am Bauhaus in Weimar und Dessau. 1933 emigrierte er in die USA. Vor allem durch seine serielle Farbmalerei übte er großen Einfluss auf die Entwicklung der nichtgegenständlichen Kunst aus. In seiner Geburtsstadt Bottrop sind in einer Dauerausstellung des Museumszentrums Quadrat seine Werke zu sehen.

der Farbe, ihr Drang zur »Selbstverwirklichung« funktioniert bildlich nur, weil es die Grenze zur benachbarten Farbe gibt, ja weil es die benachbarte Farbe überhaupt gibt. Was bedeutet das übertragen, etwa auf die Wahrnehmung jugendlicher Selbstkonzepte? Die Erfahrung des Bildraums und die Erfahrung des permanenten Wechsels funktioniert bildlich nur, weil die Farben zueinander in Beziehung treten. Albers hat das »interaction of color« genannt (Albers 1970, 118). Was bedeutet das übertragen auf die Wahrnehmung sozialer Beziehungen und die Wahrnehmung der Konstitution sozialer Räume? Die Bilderfahrung kann sensibel machen für Überlegungen zur Wahrnehmung von und zum Umgang mit anderen Weltanschauungen und Religionen, zu Fragen des Verhältnisses der Einzelnen zu den sie tragenden Gemeinschaften. Sie bietet keine Thesen zu anthropologischen, interreligiösen, gar ekklesiologischen Themen, bildet aber so etwas wie eine sinnlich erfahrene Andockstelle für eine subjektbezogene Dimensionierung solcher Themen. (rb)

## PRAXISBAUSTEINE

- Eine Farbübung (nach Albers 1970, 34): Die Teilnehmerinnen und Teilnehmer legen zwei gleich große und gleichfarbige Rechtecke auf unterschiedlich große und unterschiedlich farbige Hintergründe. Wie »zeigt« sich die Farbe? Welche Farbe »beeinflusst«? Welche wird »beeinflusst«?
- Die Teilnehmerinnen und Teilnehmer bilden (religiöse, ethische, soziale) Analogien zu dieser Farbübung.

## LITERATURHINWEISE

Albers, Josef, Interaction of Color. Grundlegung einer Didaktik des Sehens, Köln 1970.

Gräb, Wilhelm, Kunst und Religion in der Moderne. Thesen zum Verhältnis von ästhetischer und religiöser Erfahrung, in: Jörg Herrmann/Andreas Mertin/Eveline Valtink (Hg.), Die Gegenwart der Kunst. Ästhetische und religiöse Erfahrung heute, München 1998, 57–72.

# 2. Die Kunstfigur als Schmerzensmann

## Anverwandlungen traditioneller Motive in künstlerischen Programmen

Eine schreitende Figur in Seitenansicht mit Wundmalen an den Händen, die mit der rechten Hand in eine tiefe Seitenwunde greift. Ein unbestimmter ockerfarbener Raum, in den ein Kreuz in Form des griechischen Buchstabens τ (tau) gestellt ist. Das Bild wird links begrenzt von einer schräg gestellten Säule und rechts von zwei metallisch wirkenden Stäben. Am unteren Bildrand deutet sich ein grüner »Erdboden« an, auf einem Sockel sind drei farbige – an heraldische Lilienblüten erinnernde – Blumen zu sehen. Eine äußerst reduzierte, abstrahierende Bild-

Horst Antes, Großes Ockerbild, 1970

sprache prägt Raum, Figur und Bildgegenstände.

Wer mit der christlichen Bildtradition einigermaßen vertraut ist, findet dennoch relativ leicht einen ersten Zugang zu diesem Werk. Offensichtlich bezieht sich das Gemälde von Horst Antes auf die Ikonografie des mittelalterlichen Bildprogramms »Christus als Schmerzensmann« bzw. »Arma (lat. Waffen) Christi«. Ein Vergleich mit einem prominenten Beispiel der Tradition belegt das:

Der nach seinen Initialen benannte Kupferstecher E.S. zeigt um 1460 den auferstandenen Christus, der mit der rechten Hand auf seine Seitenwunde weist. Ihn umgeben vier Engel, die die Leidenswerkzeuge mit sich führen. Links oben das Kreuz, rechts oben die Geißelsäule, mit einem Strick umwickelt. Rechts unten hält ein Engel die Lanze, mit der die Seite Jesu durchbohrt wurde, und den Ysopzweig mit dem Essigschwamm, der Jesus nach Joh 19,29 gegen den Durst gereicht wurde. Links unten trägt ein weiterer Engel in einer Art Köcher Geißel und Rutenbündel und hält drei Nägel – aufgefächert wie eine heraldische Lilienblüte – in der Hand. Dieses Bildmotiv ist ab dem 13. Jahrhundert bis weit in die frühe Neuzeit hinein im Kontext der Meditation des Leidens Christi äußerst beliebt. Es hat eine Vielzahl von Varianten hervorgebracht, die nachdrücklich anschaulich machen, welche unterschiedlichen inhaltlichen Vorstellungen und Gebrauchsfunktionen (pädagogisch gesprochen: welche »Lernziele«) mit dieser Form des Andachtsbildes angesprochen werden. Es dient zum einen *kognitiv* als lehrhafter Verweis auf den erlösenden Opfertod Christi, zum anderen *affektiv* als ein an die persönliche Empathie appellierendes Meditationsbild des Leidens Christi, nicht zuletzt aber auch *pragmatisch* als zum eigenen Handeln motivierender Ruf in die Nachfolge Christi.

Auffällig ist: Die innerbildliche Struktur dieser besonderen Form des Andachtsbildes ist nicht *narrativ*, sondern *demonstrativ*. Insbesondere die Marterwerkzeuge wirken immer förmlich aufgezählt und präsentiert wie militärische Abzeichen, wie herrscherliche Insignien, aber sie werden auch – zeitgenössisch ganz realistisch! – wie Folterwerkzeuge vorgezeigt und erregen so Mitleid, Furcht und Abscheu. Das mittelalterliche Passionsbild des Schmerzensmannes bezieht die ihm innewohnende Spannung aus

Meister E.S., Schmerzensmann und vier Engel mit Passionswerkzeugen, um 1460

**ZUM KÜNSTLER**

***Horst Antes*** (*1936), Maler, Grafiker, Plastiker, gehört zu den Begründern der Neuen Figuration in Westdeutschland zu Beginn der 1960er-Jahre. Seine »Kopffüßler« werden zu einem Markenzeichen seiner Kunst. Sie sind Kunstfiguren im eigentlichen Sinn, d.h. Chiffren, Bildzeichen: »Sie sind anaturalistisch, sie verbildlichen keine Handlung, sondern einen Zustand« (Antes, zit. nach Burrichter 1990, 802). Zur Codierung dieser Bildzeichen nutzt Antes formal Motive der Kunst- und Kulturgeschichte, die er als äquivalente Strukturen versteht.

diesem letztlich nicht aufzulösenden bildlichen Zueinander von Leiden und Triumph.

Angesichts der verblüffenden ikonografischen Übereinstimmungen ist zu fragen: Wird im Gemälde von Horst Antes lediglich ein überliefertes Motiv »modern« umgesetzt? Ist die Deutung des Bildes mit der Klärung der motivischen Verweise schon an ihr Ende gekommen? Und reicht es für Schülerinnen und Schüler, das Motiv in seiner »Verkleidung« zu erkennen?

Eine intensive, methodisch strikt nicht inhaltlich, sondern rein *formal* orientierte Betrachtung des Bildes von Antes (Stufe 2 der Bildbetrachtung; → I.A Einführung) fördert mehrere innerbildliche Irritationen zutage: So blickt die Figur als Profilfigur trotz des übergroßen Auges die Betrachterinnen und Betrachter nicht an. Insgesamt wirkt sie in der Kombination von Seitenansicht und Frontalansicht seltsam verspannt und verdreht. Die Raumauffassung des Bildes ist widersprüchlich: Einerseits geben Säule, Stäbe und Kreuz deutliche Hinweise auf vorn und hinten, andererseits macht die gedrängte Präsentation der Bildgegenstände in einem schmalen Bildstreifen die gesamte Anordnung kompliziert und unsicher. Ein Übriges tut die Lichtregie. Mit Licht von links, von vorn und von »innen« heraus wird das Bild dem Bedingungsgefüge natürlicher Lichtverhältnisse entzogen und erscheint umso mehr als reine »Kunstwelt«. Irritierend wirkt schließlich auch die Farbgestaltung. Die nachgerade realistische Plastizität der Wundmale und der Hände steht in einem eigenartigen Kontrast zu den verfremdenden expressiven Übermalungen. Der Ockerton, der dem Bild seinen Namen gibt, wird nahezu an allen Stellen des Werkes eingesetzt; die Farbgebung macht keinen qualitativen Unterschied zwischen Figur, Gegenständen und Hintergrund und entzieht dadurch das Bild systematisch den inhaltlich orientierten, hierarchisierenden Deutungszuweisungen der Betrachterinnen und Betrachter, die Haupt- und Nebensache unterscheiden wollen. Die bildliche »Selbstbezogenheit« im Werk von Antes, die eine derartig formale Bildbetrachtung, ein »sehendes Sehen« (Imdahl 1988, 92) aufdeckt, wird auch auf der inhaltlichen Ebene, von einem das Abgebildete »wiedererkennenden Sehen« (ebd.), bestätigt: Die Figur erscheint zugleich souverän und doch gefangen im Raum, sie ist den Strukturen ihrer Kunstwelt unterworfen. Sie wird so zu einer künstlerischen *Projektionsfigur.* Mit den Worten von Antes: »Das Einzelfiguren-Bild ist für mich wichtig, da die Einzelfigur allein tragen und ertragen muss, Träger, Matrize ist. Die Einzelfigur ist nur dem Betrachter konfrontiert und dieser ihr. Die Einzelfigur ist Negativform, ist Stigma, nimmt auf, erleidet Farbe, Schraffur, Gedanken, Zitat, Zeit, Geschichte und den Streit mit der Laune der Gegenwart, ist Speicher, der aufnimmt und abgibt« (zit. nach Burrichter 1990, 802).

Zu einer in dieser Weise auch existenziellen Projektionsfigur wird die Kunstfigur bei Antes durch Rückgriff auf die Zeichensysteme der Kunst- und Kulturgeschichte, die aber immer *bildlich-formal* verwendet werden. So finden sich die Wundmale Christi bzw. Stigmata als Zeichen für Wunden allgemein, aber auch für Male und Tätowierungen. Nicht immer ist eindeutig, ob sie für Verletzung stehen oder für dekorativen Körperschmuck; zu klären ist dies im Letzten nicht rein motivisch, sondern über das Motiv hinaus bildstrukturell. (rb)

Horst Antes, Figure beautiful, 1971

**PRAXISBAUSTEINE**

- Die Teilnehmerinnen und Teilnehmer gestalten mithilfe von Piktogrammen Bildchiffren für existenzielle Lebenssituationen und ordnen sie in einem Bildraum an.
- Sie vergleichen das Bild mit mittelalterlichen Darstellungen des »Schmerzensmanns« und der »Arma Christi« und benennen Unterschiede auf der affektiven Ebene.
- Sie vergleichen das Bild mit Antes »Figure Beautiful«, ohne den Titel dieser Lithografie zu kennen.

**LITERATURHINWEISE**

Reckert, Annett (Hg.), Figur Wolkenfänger. Horst Antes und der malerische Aufbruch in den 1960er-Jahren (Ausstellungskatalog, 24. März bis 16. Juni 2002, Sprengel-Museum Hannover), Hannover 2002.

Stock, Alex, Poetische Dogmatik – Christologie, Bd. 3, Leib und Leben, Paderborn 1998, 129–133.

# 3. Profanisierung des Sakralen? Sakralisierung des Profanen?

## Produktive Mehrdeutigkeit schätzen lernen

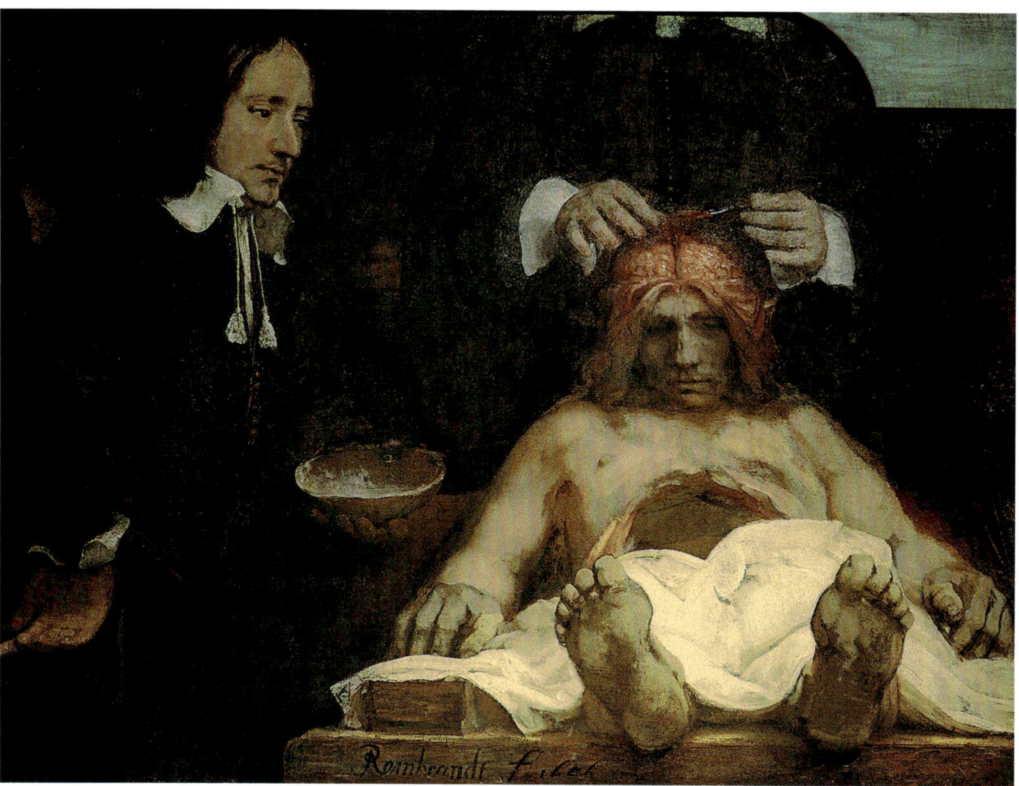

Was macht ein Bild geeignet für den Einsatz im Religionsunterricht? Bei aller Wertschätzung der existenziellen Dimensionen und intellektuellen Herausforderungen, die sich im Umgang mit nicht gegenständlicher Kunst erschließen lassen, sind es vermutlich doch immer noch Thema und Motiv, die die Auswahl im Wesentlichen bestimmen. Dass dabei zu einem großen Teil gerade auch nicht religiöse oder nicht explizit religiöse Themen und Motive eine besondere Rolle spielen, sondern Werke, die menschliche Grundfragen und Grenzsituationen zum Ausdruck bringen, ist ein Ertrag der anthropologischen Wendung des Religionsunterrichts zu Beginn der 1970er-Jahre. Mit dieser anthropologischen Wendung geht die Entwicklung der Korrelationsdidaktik einher, die auf die Wechselbezie-

Rembrandt van Rijn, Die Anatomie des Dr. Deyman, 1656

hung der Erschließung von Erfahrungen der Lebenswelt und Erfahrungen der Glaubensüberlieferung zielt. Die Überzeugungen und Deutungen der Schülerinnen und Schüler sind dabei für diesen religionspädagogischen Zugang nicht einfach Fragen aus der Lebenswelt, auf die die Glaubenstradition schon immer Antworten parat hat. Vielmehr versteht sich das Konzept der Korrelation als theologisch und religiös produktives Modell des Umgangs mit Tradition und der Fortschreibung von Tradition, das die Konstruktionsleistungen und Verstehenszugänge von Kindern und Jugendlichen ernst nimmt und aufnimmt. Dabei kommt den Bildern oft die Aufgabe zu, entweder die Seite der Tradition oder auch die Seite der Lebenswelt anschaulich zu machen. Besonders spannend wird es aber gerade dort, wo die Bilder ihrerseits herausfordernde Korrelationen anbieten. In der Kunst vollziehen sich nämlich Verknüpfungen zwischen Tradition und Gegenwart sozusagen systematisch durch die Transformation *künstlerischer* Innovationen. Gelegentlich werden solche ästhetischen Transformationen auch zu Perspektiven auf ein neues Verständnis theologischer Tradition und bereichern damit die religionspädagogische Korrelationsdidaktik.

Ein prominentes Beispiel nimmt seinen Ausgangspunkt bei dem in leichter Untersicht frontal von vorn gezeigten toten Christus in einer »Beweinung Christi« von Andrea Mantegna (2. Hälfte des 15. Jahrhunderts), ein Motiv, das in der Kunstgeschichte und in der Gegenwartskunst, aber auch im modernen Film und sogar in der dokumentarischen und kommerziellen Fotografie immer wieder aufgenommen und transformiert wird (Burrichter 2010). Die suggestive Perspektive des Bildes erscheint in besonderer Weise »natürlich«, wird aber von Mantegna in der oberen Körperhälfte der Christusfigur absichtsvoll nicht durchgehalten. Christus erscheint dadurch monumentaler, als eine rein zentralperspektivisch konstruierte Darstellung es erlauben würde; er erscheint hier »zugleich nah und doch entrückt, wie greifbar und doch unbegreiflich« (Krüger 2001, 83). An die visuell bezwingende formale Struktur dieser Beweinung Christi knüpfen Künstler über die Jahrhunderte hinweg immer wieder an.

ZUM KÜNSTLER

***Rembrandt van Rijn*** (1606–1669), niederländischer, schon zu Lebzeiten anerkannter Maler, hat vor allem mit seinen biblischen Historienbildern sowie seinen (Gruppen-)Porträts großen Erfolg. Die zweite Lebenshälfte ist von biografischen Krisenerfahrungen und Todesfällen überschattet. Seine Hell-Dunkel-Malerei und sein Kolorit prägen die Kunstgeschichte.

Das tut auch Rembrandt van Rijn 1656 mit seinem Gruppenporträt »Die Anatomie des Doktor Deyman«. Das Bild zeigt eine Gehirnsektion: Die Leiche des hingerichteten Verbrechers Joris Fonteyn van Diest liegt in Frontalsicht nackt auf dem Sektionstisch, der Unterleib wird von ei-

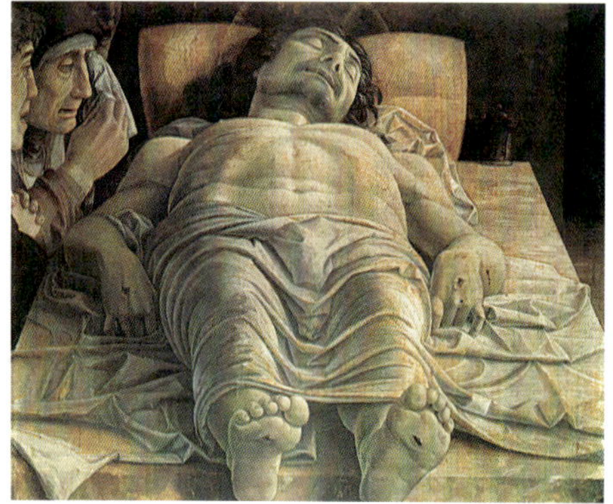

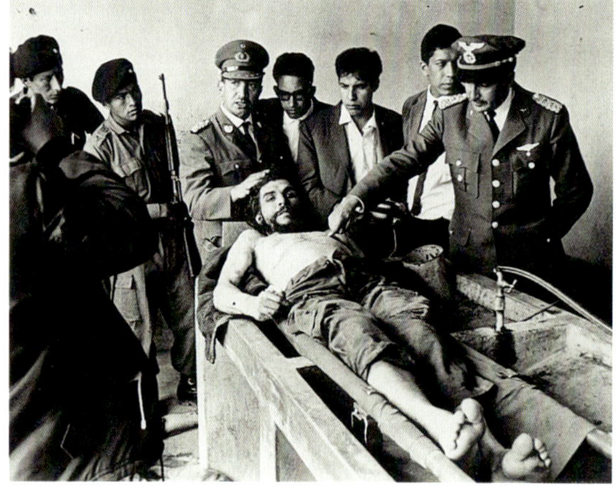

nem Tuch bedeckt. Die perspektivische Verkürzung erscheint in diesem Fall korrekt, da Oberkörper und Kopf ein wenig angehoben sind. In leichter Untersicht schauen die Betrachterinnen und Betrachter auf die Kante des Sektionstisches und die Fußsohlen des Toten. Die Bauchhöhle ist bereits eröffnet, der Assistent hält die Hirnschale des Sezierten wie ein Gefäß, während der Anatom die Dura Mater, die äußere Hirnhaut, vorzeigt. Das Ganze wirkt durch die symmetrische Anordnung der Hände des Chirurgen nachgerade feierlich und erinnert an liturgische Zelebration (Imdahl 1996, 467). Die »heilige Handlung«, die sich hier vollzieht und der die Betrachterinnen und Betrachter als »versammelte Gemeinde« beiwohnen, ist nicht nur eine religiös verbrämte Selbstdarstellung medizinischer Kompetenz, sondern im Letzten eine fundamentale anthropologische (Selbst-) Vergewisserung. Der Assistent hält die Hirnschale gleichsam wie einen Kelch, dem entspricht die »Elevation« der Dura Mater durch den Anatom. Diese religiöse Aufladung des Bildes ist durchaus naheliegend, insofern sich der Anatom hier ausdrücklich mit dem Gehirn, dem Sitz des Verstandes und – im Sinne einer weitverbreiteten antiken Vorstellung – dem vermuteten Sitz der Seele befasst. Er tut dies ausdrücklich im Anschluss an die schon erfolgte Untersuchung der Bauchhöhle, der inneren Organe, die im zeitgenössischen Verständnis als Sitz der Triebe und Begierden gelten.

Formuliert wird damit im innerbildlichen Zusammenhang gewissermaßen ein ganzheitliches Menschenbild, dessen zeremonielle Präsentation Wertschätzung und Anerkennung des Menschen als eines Wesens mit Kopf und Bauch, mit Leib und Seele nahelegen. Dem entspricht der visuelle Rückgriff auf die Präsentation des Körpers nach Mantegna. Indem Rembrandt den hingerichteten Verbrecher in der Position des toten Christus zeigt, nobilitiert er den Sezierten. Eine solche Verknüpfung, die im leidenden und toten, vor allem im gefolterten und hingerichteten Menschen den Christus der Passion erkennt, ist in der Neuzeit, vor allem dann aber in der Moderne, der Gegenwarts-

Abb. oben: Andrea Mantegna, Beweinung Christi, 2. Hälfte 15. Jahrhundert
Abb. unten: Freddy Alborta, Der tote Ernesto »Che« Guevara, 1967

kunst und der Popkultur ein wichtiges Motiv. So wird beispielsweise das berühmte Foto des toten Revolutionärs Ernesto Che Guevara nicht zuletzt deshalb zu einer Ikone linksrevolutionärer Gesinnung, weil es durch den bildlichen Anschluss an die Ikonografie der »Beweinung Christi« den gefallenen Guerillero als Märtyrer und seinen Kampf als Erlösungshandeln verstehen lässt.

Mit der »Christusförmigkeit« des Sezierten in seinem Anatomiebild behauptet Rembrandt nicht die Unschuld oder gar das Märtyrertum des Hingerichteten. Aber indem er die Betrachterinnen und Betrachter zeremoniell-andächtig den Menschen schlechthin, nämlich den Menschen mit Bauchhöhle und Gehirn, mit Leib und Seele, als Christus anschauen lässt, wird deutlich, dass auch der schlimmste aller Verbrecher nicht von der Gnade Gottes ausgeschlossen ist, dass die Zuwendung Gottes in Christus eben auch dem flämischen Raubmörder Joris Fonteijn gilt. Ob Rembrandt selbst – der religiös und theologisch gebildet war – diese Bildaussage zum Ausdruck bringen wollte, wissen wir nicht. Die formale Bezugnahme auf die Gruppierung einer Beweinung ist beim berufsständischen Porträt der Anatomievorlesung im 17. Jahrhundert nicht ungewöhnlich und ohne Zweifel ist diese Auftragsarbeit für das Anatomische Theater in Amsterdam nicht als genuin religiöses Bild gedacht. Dennoch werden durch die bewusste perspektivische Übernahme und die Verwendung der ikonografisch traditionell festgelegten zeremoniellen Gesten derartige theologisch und religiös relevante Deutungsperspektiven ermöglicht. (rb)

### PRAXISBAUSTEINE

- Die Teilnehmerinnen und Teilnehmer verfassen als Augenzeugen der Aufbahrung, die am Fußende stehen, Tagebucheinträge zu den Werken von Mantegna, Rembrandt und Alborta.
- Wenn die gnädige Zuwendung Gottes dem Raubmörder gilt, ist dann die Hölle leer? Die Teilnehmerinnen und Teilnehmer gestalten eine Pro-und-Kontra-Diskussion.

### LITERATURHINWEISE

Burrichter, Rita, Bin im Bilde! Chancen des religiösen Lernens durch die Begegnung mit Werken der Kunstgeschichte, in: rhs 53 (2010) H. 5, 262–270.
Hofmann, Michael/Salvesen, Sally (Hg.), Rembrandt. Der Meister und seine Werkstatt. Gemälde, Berlin u.a. 1991.

# 4. Neue Perspektiven auf eine wohlbekannte Erzählung

## Die Kunst der Illustration: Den Text erhellen

Innerhalb der christlichen Bildgeschichte spielt die Illustration (lat. *illustrare:* »erhellen«, »veranschaulichen«) eine wichtige Rolle. Vor allem auch in religiösen Lernprozessen kam und kommt der Illustration die Aufgabe zu, insbesondere die biblischen Texte anschaulich und einprägsam umzusetzen (Reents 1988, Reents/Melchior 2011; Renz 2006; Keuchen 2012). Dieser jahrhundertelange Gebrauch der Illustration in der katechetischen und religionspädagogischen Vermittlung lässt aber oft übersehen, dass Illustrationen in dieser Funktion nicht

Silke Rehberg, Jesus besucht einen Zöllner, 2003

einfach aufgehen. Schon seit den frühen Zeiten der Bibelillustration, die bereits im 4. Jahrhundert einsetzt, dienen die sogenannten Illuminationen (lat. *illuminare:* »erleuchten«) der handgeschriebenen Bücher einer Ausschmückung der wertvollen Schriften, sie greifen auf das künstlerische Formenrepertoire ihrer Zeit zurück und entwickeln es gattungsspezifisch weiter. Die spätantiken, byzantinischen und mittelalterlichen Buchmalereien zielen dabei nicht auf eine direkte Umsetzung des Textes in ein Bild und dienen auch nicht einer bloßen Erläuterung des im Text Geschilderten. Vielmehr machen sie die Schrift als Heilige Schrift kenntlich, etwa durch den Einsatz von Goldgrund und kostbaren Farben und durch die Erfindung symbolischer Bildzeichen für die Anwesenheit Gottes oder zur Deutung eines Ereignisses als gottgewirktes Geschehen. Sie betonen auf diese Weise den heilsgeschichtlichen Anspruch und bieten so weniger eine Bebilderung, sondern vielmehr eine eigenständige Interpretation des Textes. Auch die sogenannten »Armenbibeln« *(Biblia pauperum)* oder »Bilderbibeln« *(Biblia picta)* des Mittelalters waren nicht als Textersatz für die Armen und Ungebildeten gedacht, sondern dienten mit ihrer typologischen Auslegung der Heiligen Schrift in der Gegenüberstellung von Szenen des Alten und des Neuen Testaments der hermeneutischen Schulung der Novizen und Scholaren in den Bildungsstätten der Klöster und Konvente.

Illustrationen bilden also den Text nicht lediglich ab, sind aber auch gegenüber dem Text nicht einfach freie Kunstwerke: »Die Illustration lenkt (...) den Blick immer auf das ›Modell‹ eines Textes, an dem sie etwas erläutern, zeigen, veranschaulichen will. Das hindert sie allerdings nicht, eigene Evidenz und Leuchtkraft zu entfalten, denn nur dadurch kann sie am Text etwas zeigen, was sich nicht auch ohne sie von selbst versteht« (Hoeps 2003, 8). Dieses Illustrationsprogramm bietet religionsdidaktische Chancen, denn es ermöglicht ästhetisch-visuelle Zugänge zur *Vielstimmigkeit* biblischer Texte, die in gegenwartsbezogenen bibeldidaktischen Ansätzen eine wichtige Rolle spielen. Darüber hinaus schult es die »Einbildungskraft«, nämlich die Fähigkeit, sich innere und äußere Vorstellungen zu Sinn und Logik der Glaubensbotschaft zu machen und darüber mit anderen ins Gespräch zu kommen. Insbesondere im Vergleich von Illustrationen bietet sich die Möglichkeit, auch den Differenzen in Anschauung und Verstehen nachzugehen (Burrichter 1998).

Die Illustrationen von Silke Rehberg zur 2003 erschienenen katholischen Schulbibel für Sieben- bis Zwölfjährige sind die künstlerisch anspruchsvolle zeitgenössische Umsetzung eines solchen Programms. Sie erfordern an vielen Stellen ein genaues Zusehen, oder besser: ein Absehen von geläufigen Sehmustern, obwohl sie immer strikt den Textbezug wahren. Denn die Künstlerin arbeitet oft mit ungewohnten Perspektiven und mit Verfremdungen der traditionellen Ikonografie, sodass selbst religionspädagogische Klassiker wie Zachäus (Lk 19,1–10) auf den ersten Blick so einfach nicht zu »haben« sind. Im vorliegenden Bild ist es die ungewohnte, durchaus komplizierte Perspektive, die eine allzu schnelle bloße Identifizierung des Bildinhalts verhindert. Erst nach einer Weile geduldigen Sehens erschließt sich, wie das Bild »funktioniert«. Die Illustration nimmt im wahrsten Sinne des Wortes die Perspektive des Zachäus im Feigenbaum ein. Der Blick der Betrachterinnen und Betrachter führt so am Körper des Zachäus – am »eigenen« Körper – herab und lässt nur den Bauch und den Unterkörper in roter Jacke, die Oberschenkel in heller Hose und die nackten Füße der Zachäusfigur sehen. Mitten im Bild ist die Hand des Zachäus zu sehen, die im Zeigegestus auf sich selbst – und damit auch auf die Betrachterinnen und Betrachter vor dem Bild – weist. Zu dieser extremen Körperlichkeit, die die innerbildliche Realität der Zeichnung ausmacht, tritt sozusagen die Innenansicht des Baumes: Zu sehen ist eigentlich nur ein Ast, der den rechten Fuß stützt. Er ragt, sich perspektivisch verjüngend, in die Bildfläche hinein und teilt sich in drei nur wenig belaubte Zweige. Der Blick des Zachäus und der Blick der Betrachterinnen und Betrachter führt jäh und schwindelerregend in die Tiefe. Mitten in die Körperkonturen der hoch oben sitzenden Gestalt und in das etwas diffuse Blättergewirr des Baumes hineingestellt erscheint eine nach oben schauende, weiß gekleidete Gestalt, die mit der Hand ihr Gesicht gegen das Sonnenlicht abschirmt: Jesus hat Zachäus entdeckt. Der zur Seite geneigte Kopf und die wie grüßend erhobene Hand signalisieren Kontaktaufnahme und Zugewandtheit.

Der direkte Blick der Betrachterinnen und Betrachter von oben auf diese Jesusgestalt rückt Jesus in den Mittelpunkt des Bildes. Anders als viele Illustrationen dieser Geschichte zeigt Rehberg nicht Zachäus als Hauptperson, sondern mitten im Bild Jesus, der um der Verkündigung des Reiches Gottes willen bei Zachäus einkehren *muss* (im griech. Text δεῖ: »es ist nötig«; Lk 19,5) und nicht einfach nur zum Abendessen eingeladen werden will, wie viele Kinderbibeltexte suggerieren. Überhaupt meidet die Darstellung die oftmals zu beobachtende Kindertümelei im Umgang mit der Zachäusperikope, indem sie alle Hinweise auf die vermeintliche

### ZUR KÜNSTLERIN

**Silke Rehberg** (*1963) studierte Objektdesign und Bildhauerei. In ihrem Werk – Skulpturen, Installationen, Objekte und Zeichnungen – verbinden sich spannungsvoll konzeptuelle und figurativ-abbildliche Dimensionen, die auf ihre doppelte Herkunft aus der angewandten und der freien Kunst verweisen. So sind ihre Porträtskulpturen, etwa das umstrittene Denkmal für den Essener Bischof Franz Hengsbach am Domplatz in Essen aus dem Jahr 2011, einerseits durchaus funktional, andererseits aber in ihrer eigenwilligen Bildsprache, im oft verblüffenden Arrangement von individueller Kenntlichkeit und typisierender Kategorisierung, ein Bruch mit den Konventionen des repräsentativen Auftragsporträts.

Gewitztheit des kleinen Zöllners oder das Mobbing durch die anderen unterlässt. Die Illustration zentriert vielmehr die Gestalt Jesu und nutzt die ungewöhnliche Perspektive, sein Kommunikationsangebot an Zachäus und an die perspektivisch einbezogenen Betrachterinnen und Betrachter in den Mittelpunkt zu rücken: die Ansage und bereits jetzt sich vollziehende Realisation des Reiches Gottes. Und das ist wahrhaftig eine schwindelerregende Perspektive! (rb)

### PRAXISBAUSTEINE

- Die Teilnehmerinnen und Teilnehmer schreiben einen Dialog zwischen Jesus und Zachäus.
- Sie vergleichen das Bild mit Darstellungen anderer Kinder- und Jugendbibeln und benennen Unterschiede.

### LITERATURHINWEISE

Adam, Gottfried/Lachmann, Rainer/Schindler, Regine (Hg.), Illustrationen in Kinderbibeln. Von Luther bis zum Internet, Jena 2005.

Burrichter, Rita, »Die Heilung des Gelähmten«. Funktion und Grenzen von Illustrationen biblischer Geschichten, in: entwurf 2/1998, 28–31.

Hoeps, Reinhard (Hg.), Sehen lernen mit der Bibel. Der Bildkommentar zu »Meine Schulbibel«, München 2003.

Stock, Alex, Katholische Schulbibelillustration, in: Ders., Bilderfragen. Theologische Gesichtspunkte, Paderborn u. a. 2004, 107–135.

# I.B »Ich habe doch nicht Kunst studiert«

## Bilddidaktik und ästhetisches Lernen

»Ich bin doch keine Kunstlehrerin und habe nicht gelernt, Kunstwerke zu besprechen …« Solche und ähnliche Skrupel im Umgang mit Bildern sind in der religionspädagogischen Praxis nicht selten und deuten auf eine Sensibilität der Lehrenden für die Fremdheit und Andersartigkeit von Kunst hin. Umsichtige Lehrkräfte scheuen davor zurück, Kunstwerke aus kunstgeschichtlicher Unwissenheit heraus nur selektiv oder unterkomplex wahrzunehmen. Zahlreiche Arbeitshilfen und Folienmappen mit Bilderläuterungen bieten daher Hintergrundinformationen und Hilfestellungen an. Um aber Bilder in religiösen Lernprozessen kompetent zu erschließen, reicht ein Blick in kunstgeschichtliche und biografische Zusammenhänge eines Werkes oder Künstlers nicht aus. Vielmehr gilt es darüber hinaus, sich auch mit bilddidaktischen Grundprinzipien, wie sie in der Kunstpädagogik entwickelt werden, auseinanderzusetzen. Bislang wird ein umfassender Dialog mit der Kunstdidaktik vonseiten der Religionspädagogik kaum gesucht. Anhand von vier Bildzugängen soll daher im Folgenden ein Einblick in wichtige kunstpädagogische Tendenzen der letzten Jahre gegeben werden, die teils bereits in religionspädagogische Konzeptionen Einzug genommen haben, teils jedoch noch einer intensiveren Beachtung bedürfen (Gärtner 2011, 105–154):

- Ein erster kunstdidaktischer Schwerpunkt liegt dabei auf dem Erkenntnispotenzial der Bilder (→ Kap. 5). Diese Akzentuierung, die maßgeblich von *Gunter Otto* in den 1980er-Jahren entwickelt wurde, geht von einem planbaren Kunstunterricht aus, der an ästhetischen Lern- und Erziehungszielen ausgerichtet ist, die aus Bildern abgeleitet werden. Die Rezeption und Produktion von Bildern stehen im Mittelpunkt des Unterrichts. Dazu prägte Otto ein Verfahren der »Auslegung von Bildern« (Otto/Otto 1987), das anhand von vielfältigen, häufig aus der Kunstgeschichte und -wissenschaft abgeleiteten Methoden unterschiedliche Bildzugänge eröffnet. Leitend ist dabei ein methodischer Dreischritt von subjektivem Werkzugang, Erschließung des bildnerischen Konzepts und abschließender Verortung, bei der die Schülerinnen und Schüler das jeweilige Werk im Kontext außerkünstlerischer Bedingungen zu begreifen suchen. Dieses streng methodisch orientierte Verfahren trug und trägt einerseits zur Etablierung des Kunstunterrichts als ordentliches Unterrichtsfach bei. Andererseits fokussiert Otto damit Bildauslegung primär auf kognitive Aspekte, was seinem Ansatz deutliche Kritik einbrachte (Gärtner 2011, 105–129).

■ Ein zweiter kunstdidaktischer Ansatz ist mit den Arbeiten von *Gert Selle* verbunden und zielt auf subjektorientierte, ästhetische Erfahrungen (→ Kap. 6). Erziehungs- und Lernziele treten hinter der Subjektorientierung zurück (Selle 1988; 1990; 2003). Konsequenterweise zieht sich dieser Ansatz aus dem schulischen Unterricht zurück und setzt auf freiere Lern- und Arbeitsformen mit dem Ziel, selbsttätige ästhetische Bildungsprozesse zu initiieren. Zumeist geschieht dies in projektförmiger Auseinandersetzung mit Kunstwerken in Museen oder sinnlich-ästhetischen Objekten. Selles Ansatz kann als ein Gegenpol zu Otto betrachtet werden, sodass es nicht überrascht, dass die beiden Kunstpädagogen mehrere heftige fachdidaktische Kontroversen miteinander austrugen (Gärtner 2011, 117–129).

■ In einer dritten kunstdidaktischen Richtung zeichnet sich in jüngerer Zeit eine Synthese zwischen Otto und Selle und ihnen nahestehenden Ansätzen ab (Kettel 2004; Kämpf-Jansen 2001; Brenne 2008; Buschkühle [2]2011). Hier fließen unter dem Stichwort *Künstlerische Bildung* bzw. *Ästhetische Forschung* die Stärken der vorangegangenen Konzeptionen ein und werden miteinander verbunden: Eine Aufteilung in Theorie und Praxis, in Subjekt und Objekt entfällt zugunsten eines umfassenden praktischen Arbeitsprozesses an und mit ausgewählten Kunstwerken (→ Kap. 7). Die Arbeitsprozesse lehnen sich zumeist an (methodische) Verfahren der zeitgenössischen Kunst an und umfassen Rezeption, Produktion und Reflexion ästhetischer und künstlerischer Prozesse.

■ Eine vierte kunstdidaktische Tendenz lässt sich dem Stichwort *Bildkompetenzen* zuordnen (Niehoff/Bering 2009; Bering u. a. [2]2006; Kirschenmann u. a. 2006). Hier werden nicht nur Kunstwerke, sondern allgemein Bilder erschlossen mit dem Ziel, dass Heranwachsende in einer vornehmlich visuell orientierten Welt umfassende Bildkompetenzen erwerben, die sie befähigen, sich kritisch-kompetent in den Bilderfluten zu orientieren. Kunstpädagogik nimmt damit nicht nur kunstimmanente Aspekte in den Blick, sondern versteht ihre Arbeit als Teil eines umfassenden Prozesses der Allgemeinbildung (→ Kap. 8).

Die folgenden vier Werkerschließungen wollen in diese vier kunstpädagogischen Konzeptionen einführen und dabei zugleich Anregungen für die eigene religionspädagogische Arbeit bieten. (cg)

# 5. »Ich will nie so werden wie die Frau auf dem Bild«

## Ästhetische Erziehung als Auslegen von und in Bildern

Das didaktische Konzept der Bildanalyse von Gunter Otto prägt bis heute den Alltag des Kunstunterrichts wie des Religionsunterrichts. Im Zentrum der Bilddidaktik Ottos stehen Erkenntnisprozesse, die durch und mit Bildern angestoßen werden. Otto unterscheidet drei Erkenntnisdimensionen ästhetischer Objekte:

1. Die erste Erkenntnisdimension bezieht sich auf die sogenannte *Perceptbildung*, bei der der Rezipient das Wahrgenommene mit seinem Vorwissen und seinen Vorerfahrungen verknüpft. Diese Percepte werden von Otto explizit in die Erschließung eines jeden Bildes einbezogen. So sind auch die folgenden Schüler-

Otto Dix, Die Eltern des Künstlers II, 1924

äußerungen zu Otto Dix' »Bildnis der Eltern II« bereits Teil des Erkenntnisprozesses: »Das Pärchen erinnert mich an meine Großeltern. Ich denke: wie sehe ich wohl aus, wenn ich alt bin? Werde ich auch mal so enden? Ich habe Angst vorm Verkalken. (…) Ich hoffe, dass ich mit 62 Jahren nicht auch so lebensmüde aussehe und bin. Ich will nie so werden wie die Frau auf dem Bild; sie erinnert mich an meine Geschichtslehrerin« (Otto 1984, 44 f.). Deutlich wird, dass Schülerinnen und Schüler dieses Bild individuell wahrnehmen und unterschiedliche Themen an das Bild herantragen: Alter, Ängste, Großfamilie … Neben solchen verbalen sind auch visuelle Percepte möglich, z. B. durch Arbeit an Reproduktionen des Bildes. Dieser erste Bildzugang ermöglicht somit höchst subjektive Wahrnehmungs- und Erkenntnisprozesse.

2. Die zweite Erkenntnisdimension ist die *Konzeptbildung*, die nach strukturellen Merkmalen und Inhalten des Bildes fragt. So lässt sich die spezifische Komposition von Dix' Elternbild erschließen, indem andere Elternbildnisse oder Sofabilder aus Kunst und Alltagskultur hinzugezogen werden. Bei einem Vergleich wird deutlich, dass ein Sofa eine Art häuslicher »Thron« ist, auf dem man sich präsentiert. In der Regel sind jedoch das Sofa und die darauf Sitzenden zentriert und auf die Betrachtenden ausgerichtet. Bei Dix ist das Sofa kein Repräsentationsobjekt, sondern es wird schmucklos im Bild angeschnitten. Die Mutter sitzt eher unbehaglich als thronend am Rande. Eine leichte Vogelperspektive, die den Fokus auf Hände und Kopf richtet, schafft eine Distanz zwischen Maler (Sohn) und Porträtierten (Eltern). Die formalen Gestaltungsmittel unterstreichen Alltäglichkeit, Einfachheit und eine räumliche Nähe des Elternpaares ohne direkten körperlichen Kontakt. In der Konzeptbildung erfolgt somit eine inhaltliche Zuspitzung der Bildanalyse, die über eine Erforschung formaler Gestaltungsprinzipien verläuft. So werden die subjektiven Percepte durch werkimmanente Analysen und Vergleichsbilder vertieft und auf eine objektivierbarere Basis gestellt.

3. Otto richtet in der dritten Erkenntnisdimension, der *Allocation*, den Blick auf außerkünstlerische Bedingungsfaktoren des Bildes: den sozioökonomischen und kulturgeschichtlichen Kontexten. So tritt Dix in diesem Bild – besonders im Vergleich zu früheren Selbst- und Elternporträts – in Distanz zu den porträtierten Eltern. Auch unter dem Einfluss des Ersten Weltkriegs wandelt sich sein anfänglich

ZUM KÜNSTLER

***Otto Dix*** (1891–1969) gilt als bedeutender Vertreter der Neuen Sachlichkeit, einem am Realismus orientierten Stil, dem Dix viele Jahre treu geblieben ist. Seine Gemälde galten im Nationalsozialismus als entartet, trotz seiner teils stilistisch an den Altmeistern orientierten Malweise. Dem »Bildnis der Eltern II« von 1924 geht eine Version von 1921 voran (heute Basel, Kunstmuseum).

expressiver zu einem stärker realistischen Malstil (»Neue Sachlichkeit«). In der Kombination von biografischer Nähe und künstlerisch eingenommener Distanzierung scheinen sich in dem Elternbildnis »Individuelles und Überindividuelles, Spezifisches und Allgemeines, Rolle und Schicksal zu verdichten« (Otto 1984, 34).

Ottos Auslegung von und in Bildern war für die Geschichte des Kunstunterrichts von großer Bedeutung. Dieses Konzept unterstreicht zum einen die Bedeutung von Bildern in Lernprozessen und trägt damit zur Legitimierung des Kunstunterrichts im Fächerkanon bei. Zum anderen führt es aber auch Einseitigkeiten mit sich. Denn Otto betont stark die kognitive Erkenntnis der Bilderschließung, wenngleich die Perceptbildung auch andere Dimensionen umfasst. In heftigen Debatten wurde Otto daher vorgeworfen, er missachte die ästhetisch-sinnliche Seite des Kunsterlebens (Gärtner 2011, 105–129). Eine Kunst- bzw. Religionspädagogik, die sich an Otto orientiert, richtet daher tendenziell ihre Lernprozesse kognitiv-rational aus.

Der Nestor der theologischen Bilddidaktik, Günter Lange, entwickelte seine breit rezipierten fünf Schritte der Bildbegegnung (→ I.A Einführung) etwa zeitgleich mit Ottos Konzept der Bildanalyse. So überrascht es nicht, dass seine Schrittfolge eine deutliche Nähe zu Otto aufweist. Während Letzterer mit kognitivem Erkenntnisinteresse von einem subjektiven Ausgangspunkt (Perceptbildung) über eine werkimmanente Betrachtung (Konzeptbildung) zur Analyse der werkexternen Faktoren (Allocation) schreitet, wechseln sich bei Lange in fünf Schritten subjektiv und objektiv ausgerichtete Blickrichtungen auf das Bild ab. Langes Interesse ist dabei vornehmlich theologisch und kognitiv geprägt, wobei er der Kunst stets auch ein hohes spirituelles Potenzial zumisst. Die breite schulische Rezeption der Bilddidaktiken von Otto und Lange liegt auch darin begründet, dass sich ein eher formalisierter, kognitiv orientierter Zugang zu Bildern im Unterricht als hilfreich und praktikabel erweisen kann. Die Anwendung solcher mehrschrittigen Modelle darf aber nicht

Abb. oben: Loriot und Evelyn Hamann auf dem Sofa, 1989
Abb. unten: David Hockney, Henry Geldzahler und Christopher Scott, 1969

darüber hinwegtäuschen, dass ihnen wesentliche Aspekte von Kunst aus dem Blick geraten können, wie die nachfolgenden Kapitel zeigen. (cg)

## PRAXISBAUSTEINE

- Die Teilnehmerinnen und Teilnehmer schreiben anhand von Otto Dix' »Bildnis der Eltern II« eine Geschichte über die Eltern und den Malersohn.
- Sie sammeln (eigene) Familienbilder, analysieren, wie sich Familie dort repräsentiert, und erarbeiten, was dies über Familie aussagt.
- Sie sammeln Bilder von heutigen älteren Menschen (etwa 61/62 Jahre alt, also so alt wie die Eltern von Dix auf diesem Porträt) und vergleichen, wie früher und heute Alter wahrgenommen wird.

## LITERATURHINWEISE

Gärtner, Claudia, Ästhetisches Lernen. Eine Religionsdidaktik zur Christologie in der gymnasialen Oberstufe, Freiburg u. a. 2011.

Otto, Gunter, Otto Dix. Bildnis der Eltern. Klassenschicksal und Bildformel, Frankfurt 1984.

Otto, Gunter/Otto, Maria, Auslegen. Ästhetische Erziehung als Praxis des Auslegens in Bildern und des Auslegens von Bildern, Velber 1987.

# 6. Wahrnehmen, Empfinden, Gestalten, Ausstellen

## Experiment ästhetische Bildung

Zahlreiche Vitrinen mit ungewöhnlichen, vielfach nicht genau zuzuordnenden Objekten befinden sich neben Filzstapeln und -objekten, einem Fettstuhl und vielem mehr im »Block Beuys«, einem Museum für Joseph Beuys in Darmstadt. Die Objekte vor allem in den Vitrinen sind vielfach Multiples oder Relikte vergangener Kunstaktionen von Beuys, die sowohl diese Aktionen dokumentieren, als auch selbst eigenständige, reliquienartige Objekte sind.

Obwohl Beuys zweifelsohne zu den wichtigsten deutschen Künstlern des 20. Jahrhunderts zählt, ist er für weite Teile der Öffentlichkeit der Inbegriff für unverständliche Kunst, vielfach gar für Scharlatanerie. Wie kann man mit Kindern und Jugendlichen solch ein sperriges, umstrittenes Werk erschließen? Der Kunstpädagoge Gert Selle entwirft hierfür kein didaktisches Modell, vielmehr nimmt er sich das Vorgehen von Künstlerinnen und Künstlern als Vorbild, das er exemplarisch auch für didaktisches Handeln betrachtet. Im künstlerischen Handeln entdeckt er einen Freiraum ästhetischen Experimentierens und Gestaltens, der zur Bewusstseinsbildung und Handlungsfähigkeit für ein selbstverantwortetes Leben beiträgt. Dabei steht die subjektive Wahrnehmung der Kunstwerke im Vordergrund. So sind Kinder vielfach von der Materialästhetik Beuys'scher Werke fasziniert: Da schmiert jemand mit Fett, mit Gegenständen wird experimentiert, Objekte werden gesammelt, Dinge werden bemalt und notdürftig miteinander verbunden … Kinder erleben Beuys' Werke als eine Spiel- und Experimentierwiese, ohne dass diese durch technischen oder handwerklichen Perfektionismus beschränkt wird.

Ziel ästhetischer Bildung im Sinne Selles ist es, solche rein subjektiven, ästhetischen Auseinandersetzungen vorzubereiten, anzustoßen und die Betrachterinnen und Betrachter dabei zu eigener ästhetischer Tätigkeit zu motivieren. Allerdings sprengen nach Selle die künstlerischen Strategien und Materialien den unterrichtlichen Rahmen in der Schule, sodass er außerunterrichtliche, zumeist projektförmige Begegnungsorte mit Kunst sucht. Exemplarisch für dieses Vorgehen steht eine didaktische Auseinandersetzung mit Kunstwerken von Beuys, die direkt im »Block Beuys« stattfindet. Ohne vertiefte kunsthistorische Einführung erkunden Kinder mehrere Tage projektartig die Arbeiten. Zentral ist dabei zum einen der unbefangene Zugang zu den Werken, zum anderen die Bereitstellung und Auseinandersetzung mit »Beuys-nahen« Ma-

Blick in Raum 3 des Beuys-Blocks im Hessischen Landesmuseum Darmstadt, 1958–1961

terialien wie Papierbahnen, Filz, Schnüre, Steine etc. In einem ersten Schritt nähern sich die Kinder den Kunstwerken, indem sie sich im Museum mit Rötel, Kohle, Papier und Karteikarten selbst verorten und im Raum eigene ästhetische Markierungen hinterlassen. Mit Raumplänen in der Hand finden und gestalten sie eigene Wege durch das Museum. Ein assoziativer Zugang zu allen Räumen erfolgt. Am zweiten Tag durchforsten die Kinder einen angrenzenden Park. Gegenstände werden gesammelt, die Fundorte markiert, die Fundstücke sortiert und verpackt. Mit Packpapier und Taschenlampe ausgerüstet suchen sich die Kinder individuelle Orte, an denen sie sich ein Lager einrichten. Diese Lager werden – in Anlehnung an Beuys' Arbeitsweise – nach Abschluss der Aktion eingepackt, mit Mullbinden zu einem Rucksack gefaltet und zu einer gemeinsamen Sammelstelle gebracht. Nach weiteren Aktionen werden diese Objekte als Relikte ihres individuellen Lagers und der gemeinsamen Handlungen in den Beuys-Block gebracht. Am dritten Tag verarbeiten die Kinder die Spuren und Relikte weiter und errichten anschließend im Park mit Fundsachen, Papierbahnen und Stöcken ein gemeinsames Lager. Auch dieses findet nach beendeter Aktion seinen Ort im »Block Beuys«. Die Kinder sammeln und inventarisieren – erneut in Beuys'scher Manier – ihre Objekte in Vitrinen oder Raumecken und halten ihre Erfahrungen schriftlich fest. Zusätzlich zu den bisherigen sieben Räumen mit Beuys-Werken entsteht ein achter Raum im »Block Beuys«.

Diese kunstpädagogische Arbeit am und mit dem Werk von Beuys ist exemplarisch für Gert Selle. Für ihn steht das Erleben bzw. das Zusammenleben mit Kunst im Mittelpunkt, das nicht allein durch rezeptive Akte geprägt ist, sondern in eigenes ästhetisches Tun mündet. Selle ist sich dabei bewusst, dass Kunstwerke hierbei aus kunstwissenschaftlicher Sicht nicht angemessen rezipiert werden. Sowohl das Gesamtwerk des Künstlers, dessen kunstgeschichtliche Zusammenhänge sowie werkimmanent nicht zugängliche Dimensionen eines Werkes bleiben weitgehend unberücksichtigt. Selle betrachtet dies jedoch als »legitimen Missbrauch«

### ZUM KÜNSTLER

***Joseph Beuys*** (1921–1986) faszinierte und provozierte die Kunstlandschaft in der zweiten Hälfte des 20. Jahrhunderts vor allem mit Installationen, Aktionen, Performances und Zeichnungen. Der »Block Beuys« in Darmstadt umfasst in sieben Räumen ausgehend von der Sammlung Karl Ströhers den weltweit größten, authentischen Werkkomplex, den Beuys selbst 1970 aufgestellt hat. Der Block versammelt mehr als 250 plastische Arbeiten, die zwischen 1949 und 1972 entstanden sind, sowie zahlreiche Zeichnungen. Zudem werden dort zentrale raumgreifende Objekte und Installationen von Beuys, wie »Grauballemann« (1952), »Jungfrau« (1961), »Szene aus der Hirschjagd« (1961), »FOND II« (1968) und »FOND III« (1969), gezeigt.

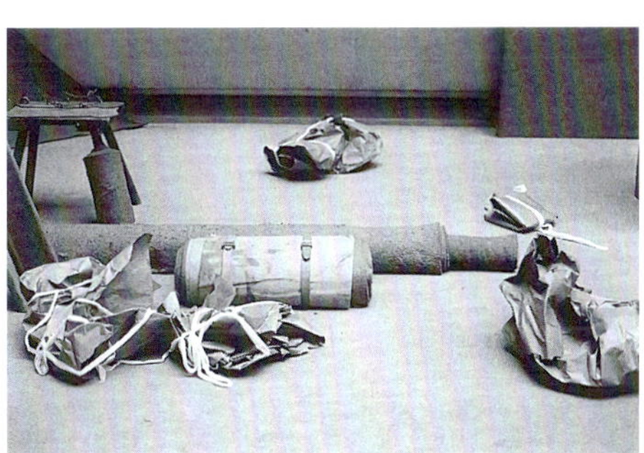

von Kunst. Diesem subjektiv motivierten Missbrauch sei dadurch zu begegnen, dass ein solches Vorgehen immer wieder in Balance zu einem professionell-distanzierten Bewusstsein gebracht werden müsse (Selle 1994, 125–131).

Auffällig ist, dass Selle zumeist mit Erwachsenen und jüngeren Kindern arbeitet. Diese kunstpädagogischen Projekte zeugen von einer großen Begeisterung der Teilnehmenden und einer hohen Kreativität. Auffällig ist jedoch auch, dass vergleichbare Projekte mit älteren Kindern und Jugendlichen weitgehend fehlen. Ob diese Schwerpunktsetzung inhaltlich begründet ist, bleibt offen. Es ist somit fraglich, ob sich Heranwachsende aller Altersstufen auf eine derart subjektorientierte, ästhetisch-produktive Anstrengung einlassen. (cg)

### LITERATURHINWEISE

Selle, Gert (Hg.), Experiment ästhetische Bildung. Aktuelle Beispiele für Handeln und Verstehen, Reinbek 1990.

Selle, Gert (Hg.), Kunstpädagogik und ihr Subjekt. Entwurf einer kunstpädagogischen Praxis, Oldenburg $^{2}$2003.

Selle, Gert (Hg.), Betrifft Beuys. Annäherung an Gegenwartskunst, Unna 1994.

Arbeiten von Kindern, angeregt durch die Werke im Beuys-Block, Darmstadt

# 7. »Blühende Gebeine« im Paradiesgarten

## Künstlerische Bildung und Ästhetische Forschung

Vor über 500 Jahren verzierten die Zisterzienserinnen im Kloster Bersenbrück den Reliquienschatz der Bentlager Kreuzherren. Dicht gedrängt sind die Reliquien in einem bildhaft-flächigen Paradiesgarten aus kunstvoll handgearbeiteten Blumen eingebettet. Zusätzlich werden Edelsteine wie Bergkristall, Granat, Korallen und Flussperlen sowie Gemmen und Silberpailletten eingehängt. Die Komposition

»Reliquiengarten«, Bentlager Reliquienschrein, um 1499

erinnert durch die Kreuzigungsszene an einen Kalvarienberg, durch den Blumenschmuck an einen Paradiesgarten. Sündenfall und Erlösung gehen dadurch eine visuelle Synthese ein – begleitet von den Reliquien der in der Nachfolge Christi stehenden Heiligen. Die Reliquien sind um das Kreuz hierarchisch angeordnet, sorgfältig mit Pergamentstreifen versehen, die die jeweiligen Heiligennamen bezeichnen. Doch wie kann ein historisches Zeugnis spätmittelalterlicher Reliquienfrömmigkeit heute religionspädagogisch fruchtbar gemacht werden? Hierzu lohnt ein Blick auf neuere Entwicklungen in der Kunstpädagogik, die unter den Stichworten »Künstlerische Bildung« bzw. »Ästhetische Forschung« zusammengefasst werden.

Ähnlich wie bei Gert Selle (→ Kap. 6) wurden beim Konzept der »Künstlerischen Bildung« Inhalte, Methoden und Medien analog zu künstlerischen Arbeitsweisen entwickelt. Dabei wird jedoch das ästhetische Objekt eingehender als bei Selle – und auch wissenschaftlich – erforscht. Ausgangspunkt der künstlerischen Bildung ist ein (ästhetischer) Gegenstand oder ein Kunstwerk, manchmal aber auch eine Thematik oder Fragestellung, die zu experimenteller, ästhetischer Gestaltung herausfordert. Ziel ist die eigene ästhetische Praxis, die aber Recherche, Analyse und Reflexion mit einschließt. Im künstlerischen Tun und Reflektieren gilt es somit, individuelle Kompetenzen zu entwickeln und zu einem schöpferischen und selbstbestimmten gesellschaftlichen Handeln zu befähigen.

Innerhalb der vielfältigen Ansätze künstlerischer Bildung (Gärtner 2011, 130–146) sei ein Blick auf die »Ästhetische Forschung« gelenkt (Kämpf-Jansen 2001). Dazu ein Beispiel: Ein Fund von Postkarten ist Ausgangspunkt des ästhetischen Projekts »Wer war Ursel P.?« (Kämpf-Jansen 2001). Die Postkarten sind an Ursel P. in Paderborn adressiert. Eine Kunstpädagogikstudentin begibt sich auf die Suche nach dieser Person und ihrer Geschichte sowie nach persönlichen Erinnerungsstücken. Dabei durchdringen sich die Ebenen der wissenschaftlichen Recherche, der vorwissenschaftlichen, teils sehr emotionalen Auseinandersetzung mit der Biografie von Ursel P. und der künstlerischen Gestaltung. Lineare Zeitabläufe werden durchbrochen, Fiktion und Authentizität verschwimmen ineinander. Das Suchen, Dokumentieren und Erfinden ist Teil des kunstpädagogischen Prozesses, der in eine abschließende Gestaltung einer Rauminstallation mit Objektkästen, Tableaus und des Grabes von Ursel P. mündet.

Wie bei Selle wird bei der »Ästhetischen Forschung« aus Kunstwerken und ihrem Entstehungsprozess ein didaktisches Modell entwickelt. »Ästhetische Forschung« bezieht sich dabei vor allem auf künstlerische »Spurensicherungskonzepte« der 1970er-Jahre bis hin zu multimedialen Installationen. Aus den Werken werden vorwissenschaftliche (Sammeln, Ordnen, Präsentieren von Objekten usw.), künstlerische und wissenschaftliche (Recherchieren, Analysieren, Dokumentieren, Archivieren usw.) Verfahren und Methoden abgeleitet, die sowohl für das künstlerische als auch für das kunstpädagogische Arbeiten als zentral betrachtet werden. In kunstpädagogisch initiierten Projekten – wie bei »Wer war Ursel P.?« – sollen diese künstlerischen Verfahren jedoch nicht kopiert, sondern vielmehr eigenständig angeeignet und modifiziert werden.

Die reiche ästhetisch geprägte Tradition des Christentums bietet mannigfaltige Anlässe ästhetischer Forschung mit religionspädagogischem Fokus. Von christlich geprägten Kunstwerken über religiöse Bildstöcke in der Natur bis hin zur Friedhofskultur lassen sich auch heute noch religiöse Gegenstände und Themen finden, die für ästhetische Forschungsprojekte geeignet sind, so auch der Bentlager Reliquiengarten. Reliquien sind Kindern und Jugendlichen in der Regel fremd. Derart ästhetisch gestaltete Reliquienschreine können jedoch ihre Neugier erwecken: Wessen Knochen befinden sich im Reliquiar? Warum wurden die Reliquien so geschmückt und mit Kreuz und Figuren ergänzt? Welche Glaubensvorstellungen kommen hierin zum Ausdruck? Diese und ähnliche Fragen werden in (vor-)wissenschaftlichen Recherchen von den Heranwachsenden erkundet und sind notwendige Voraussetzung, um das Reliquiar zu erschließen. Zugleich bietet das Reliquiar ästhetische Reize und Verfahren, die Kinder und Jugendliche aus ihrer Lebenswelt kennen: (Subjektiv) bedeutsame Dinge werden gesammelt, ausgestellt, geschmückt. Dabei entwickeln sie häufig individuelle ästhetische Strategien der Sammlung und Gestaltung, die auch Grundlage sind, um die theologische und ästhetische Logik des Reliquiengartens aufzuspüren. Eine solche ästhetische Forschung kann wiederum in eine ästhetische Gestaltgebung münden. Zentral dabei ist, dass die (vor-)wissenschaftliche Erforschung nicht in eine sachlich orientierte Ergebnisdarstellung mündet (z. B. Lernplakat), sondern zu einer eigenständigen ästhetischen Weiterarbeit, zu einer individuellen Aneignung oder Transformation des Erforschten

### ZUM KUNSTWERK

Der ***Reliquienschrein*** des Klosters Bentlage entstand um 1499. Während in vergleichbaren Reliquiengärten häufig Maria im Mittelpunkt steht, ist es hier der Gekreuzigte. Diese Fokussierung hängt mit der Spiritualität des Kreuzherren-Klosters zusammen, die einhergeht mit einer Deutung des Kreuzes als neuem Paradiesbaum. Wie einst ein Baum die Sünde und Vertreibung aus dem Paradies brachte, so bringt das Kreuz als neuer Paradiesbaum Erlösung von der Sünde und ewiges Leben im himmlischen Paradies.

Die »blühenden Gebeine« (Angenendt 2010, 165) weisen darauf hin, dass die Gebeine der Heiligen bereits neu himmlisch erblühen. Es ist jedoch fraglich, inwiefern im Spätmittelalter die Gläubigen vor diesen Reliquiengärten beteten. Denn die spätmittelalterlichen Gebetbücher und Gebetspraktiken zeugen zwar von Gebeten vor Bildern, nicht aber vor Reliquiengärten (vgl. ebd., 189).

motiviert. Das Erforschte wird quasi einverleibt, um dann im Modus des Ästhetischen (neu) einen Ausdruck zu finden. (cg)

## PRAXISBAUSTEINE

- Die Teilnehmerinnen und Teilnehmer recherchieren Aspekte aus dem Leben von Heiligen und stellen sie in einem »künstlerischen Projekt« visuell vor.
- Sie erforschen mittelalterliche Reliquienkultur, sammeln und vergleichen unterschiedliche Reliquiare. Ggf. mündet diese Recherche ebenfalls in ein »künstlerisches Projekt«.
- Das Erbe der Reliquientradition in der bildenden Kunst wird erkundet, z. B. in dem Werk von Joseph Beuys (→ Kap. 6) oder Daniel Spoerri (→ Kap. 37).

## LITERATURHINWEISE

Angenendt, Arnold, »Eure Gebeine werden wie Pflanzen sprossen«. Zum religionsgeschichtlichen und theologischen Hintergrund der Reliquiengärten, in: Ders., Die Gegenwart von Heiligen und Reliquien, Münster 2010, 163–192.

Gärtner, Claudia, Ästhetisches Lernen. Eine Religionsdidaktik zur Christologie in der gymnasialen Oberstufe, Freiburg u. a. 2011, 130–146.

Kämpf-Jansen, Helga, Ästhetische Forschung. Wege durch Alltag, Kunst und Wissenschaft. Zu einem innovativen Konzept ästhetischer Bildung, Köln 2001.

# 8. »Ohne Bilder findet man sich nicht mehr zurecht«

## Über den Erwerb von Bildkompetenzen

Eine vierte kunstpädagogische Richtung knüpft an einen weiten Bildbegriff an, der sich nicht allein an Kunst orientiert. Diese Ansätze fragen angesichts der Tatsache, dass Bilder heutzutage fast alle Lebensbereiche durchdringen und Gesellschaft, Kommunikation, Welt- und Selbstverständnis maßgeblich prägen, nach notwendigen Bildkompetenzen, die Heranwachsende erwerben müssen. In dieser Perspektive werden Bildkompetenzen entwickelt, die auch im Hinblick auf religiöses Lernen mit Bildern aufschlussreich sind. Welche Kompetenzen hierunter zu fassen sind, sei an dem Foto des Künstlers Michael Triegel verdeutlicht.

Triegel präsentiert sich hier mit seinem Papstporträt »Benedikt XVI.« von 2010.

Michael Triegel vor seinem Porträt von Papst Benedikt XVI., 2010

Hier wird ein Gemälde in ein Pressefoto integriert, quasi als Bild im Bild. Eine kompetente Bilderschließung zielt daher in einem ersten Schritt nicht auf das gezeigte Gemälde, sondern auf das inszenierte Foto. Mit selbstbewusstem Blick und entsprechender Körperhaltung schaut der Maler in die Kamera, ganz eng an sein Bild gerückt. Nichts lenkt von ihm oder seinem Porträt ab, der rote Hintergrund verleiht beiden Bildelementen etwas Ehrwürdiges. Aufgrund der naturalistischen Malweise des Porträts scheint neben dem Maler noch eine zweite Person auf dem Foto anwesend zu sein, obwohl diese durch den Rahmen deutlich räumlich ausgegrenzt ist. Auch der Papst scheint die Betrachtenden anzuschauen, allerdings aus dem Augenwinkel heraus, als sei es ein flüchtiger Blick, ein kurzes Aufsehen von der Lektüre des Blattes, das er in Händen hält. Harmonisch fügt sich der Hintergrund des Papstporträts, eine prachtvoll gestaltete Stuhllehne mit dem Wappen Benedikts XVI. und einem Granatapfelmuster, in den roten Hintergrund des Fotos ein. Gemälde- und Fotohintergrund gehen an dieser Stelle nahezu ineinander über, was die Bildebenen ansatzweise verwischt.

Offiziell zeigt das Pressefoto die Ausstellung des Papstbildes. Doch zugleich rückt der Maler dabei in das Rampenlicht. Dabei inszeniert ihn die Fotografie nicht einfach als Urheber des Bildes, sondern durch die gewählten Bildmittel werden Papst(-bildnis) und Künstler nahezu parallelisiert. Der Papst wird durch das Bild Triegels geehrt, aber der Künstler ehrt sich mit dem Papstbildnis auch selbst. Der Glanz des Bildnisses, der auch auf den Maler fällt, ergibt sich zum einen durch das Motiv, den Papst. Zum anderen suggeriert die Mal- und Darstellungsweise in Anlehnung an die Alten Meister künstlerische Könnerschaft. Der Künstler stellt sich auf diese Weise in die Tradition berühmter Papstporträtisten. Das Foto ist somit deutlich mehr als eine Dokumentation der Ausstellung. Es stellt zugleich eine gegenseitige Adelung von Porträt, Porträtiertem und Porträtierendem dar. Nicht nur das Porträt, sondern auch das Foto wird somit zum Repräsentationsmedium.

### ZUM KÜNSTLER

Der Künstler ***Michael Triegel*** (*1968 in Erfurt) steht in der Tradition der Leipziger Schule. Sein Malstil und seine Motivik sind an den Alten Meistern orientiert, wobei er die zumeist religiösen Bildelemente teils rätselhaft neu miteinander kombiniert. Seit einigen Jahren fertigt Triegel auch Arbeiten für kirchliche Auftraggeber an. So wurde das Porträt Benedikts XVI. vom damaligen Regensburger Bischof Gerhard Ludwig Müller in Auftrag gegeben. Es hängt mittlerweile im Papst Benedikt-Institut in Regensburg. Der Künstler fertigte während einer Audienz Skizzen des Papstes an und wurde von diesem mit den Worten »Sie sind also mein Raffael!« begrüßt. Damit reihte der Papst Triegel in die Tradition offizieller Papstporträtisten ein. Das Porträt hat Benedikt XVI. durch eine Unterschrift auf einer Bildfotografie anerkannt.

An diesem Bild können Heranwachsende zahlreiche und zentrale Bildkompetenzen erwerben, wie ein Blick auf eine Zusammenstellung gegenwärtig diskutierter Bildkompetenzen verdeutlicht (Bering u.a. [2]2006, 54–55; BDK 2008, 4–10). Heranwachsende können Bilder

- als komplex gestaltete Phänomene wahrnehmen, untersuchen und gestalten *(bildstrukturale Dimension)*. Auf das Pressefoto bezogen bedeutet dies, dass sie das Foto nicht als einen »Schnappschuss« betrachten, sondern die bewusste Gestaltung – hier vor allem Farbgebung, Komposition, Gestik, Mimik – erschließen.
- als komplexe Form-Inhalt-Gefüge wahrnehmen, untersuchen, deuten, gestalten *(bildinhaltliche Dimension)*. Anhand des Fotos erkennen sie, dass die gewählte Form (Parallelisierung Künstler – Papst, Malstil, Hintergrundfarbe) die Funktion besitzt, Maler und Gemalten wechselseitig zu adeln.
- unterschiedlicher Sorte und medialer Provenienz sowohl rezeptiv als auch gestalterisch in Wechselbeziehung bringen *(crossmediale Dimension)*. An dem Foto lässt sich sowohl über das Medium Foto als auch über das Medium Gemälde reflektieren und die Frage nach der spezifischen Funktion von Malerei angesichts von Fotografie und anderen Reproduktionsmöglichkeiten aufwerfen.
- als durch historisch-kulturelle Kontexte determiniert wahrnehmen, untersuchen und deuten *(bildgeschichtliche Dimension)*. Diese Kompetenz wird geschult, wenn das Papstporträt mit anderen historischen Papstporträts (z.B. Velázquez, Raffael) und neueren Darstellungen (z.B. Francis Bacon) verglichen wird.
- und die dort wahrnehmbaren interkulturellen Differenzen und transkulturellen Zusammenhänge untersuchen und deuten *(transkulturelle Dimension)*. Um diese Kompetenz zu schulen, wird die Fotografie mit Abbildungen von hochrangigen Repräsentanten anderer Kulturen oder Religionen verglichen (z.B. mit Fotoaufnahmen von Imamen, wie sie die Künstlerin Lidwien van de Ven gemacht hat).

Bilder sind diesem kunstpädagogischen Ansatz zufolge kein Sonderbereich von Lernen und Bildung, sondern Bildkompetenzen sind konstitutiver Teil der Allgemeinbildung und Schlüsselkompetenzen, ohne die ein kritisch-reflektierter Weltzugang heutzutage nicht mehr möglich ist. Wenn auch dem Kunstunterricht eine Schlüsselrolle im Erwerb dieser Kompetenzen zugewiesen wird, so kann gerade auch der Religionsunterricht mit seiner reichen Bildgeschichte dazu beitragen, diese Fähigkeiten zu schulen. (cg)

## PRAXISBAUSTEINE

- Die Teilnehmerinnen und Teilnehmer recherchieren und diskutieren Pressestimmen zum Papstporträt (z. B. in einer Pro-und-Kontra-Diskussion).
- Sie vergleichen das Porträt mit früheren Papstporträts (z. B. von Raffael, Velázquez, Bacon) und arbeiten die jeweilige Funktion des Bildes heraus.
- Sie stellen ein Porträt Benedikts XVI., z. B. in Form einer Fotocollage, her und beachten dabei die jeweilige Bildfunktion (Repräsentation, Karikatur etc.).
- Sie sammeln Bilder von Papst Franziskus und analysieren, wie dieser bildnerisch inszeniert wird bzw. wie er sich selbst inszeniert.
- Im Vergleich unterschiedlicher Papstporträts erörtern sie, was Bilder über das Verständnis des Papstamtes ausdrücken können.

## LITERATURHINWEISE

BDK – Fachverband für Kunstpädagogik (Hg.), Bildungsstandards im Fach Kunst für den mittleren Schulabschluss, Erfurt 2008 (online unter: www.bdk-online.info/blog/data/2008/11/BildungsstandardsBDK.pdf).

Bering, Kunibert u. a., Kunstdidaktik, Oberhausen $^{2}$2006.

Hüttel, Richard (Hg.), Michael Triegel. Verwandlung der Götter, München 2010.

Kunstsammlungen des Bistums Regensburg (Hg.), Wirklich? – Michael Triegel. Malerei und Arbeiten auf Papier, Regensburg 2010.

# I.C »Der Betrachter ist im Bild«
## Bildrezeption und Bilddidaktik

»Der Betrachter ist im Bild.« So lautet der programmatische Titel eines Klassikers der Rezeptionsästhetik (Kemp 1992). Nachdem lange Zeit das Bild im Zentrum der kunstwissenschaftlichen Bemühungen gestanden hatte, kristallisierte sich in der zweiten Hälfte des 20. Jahrhunderts die Erkenntnis heraus, dass Bilder nicht ohne ihre Betrachterinnen und Betrachter zu sehen sind und dass die Bildrezeption so unterschiedlich wie die Menschen ist. Je nach Alter, Geschlecht, historischem oder sozio-kulturellem Hintergrund u.v.m. wird ein und dasselbe Kunstwerk anders betrachtet. In der Bilddidaktik erhalten diese Rezeptionsbedingungen erst allmählich Bedeutung. In der religionspädagogischen Bilddidaktik wurden diese bislang eher marginal beachtet, aber auch in der Kunstdidaktik sind entsprechende empirische Forschungen eher rar. In diesem Kapitel werden anhand von Bildbeispielen vier zentrale Rezeptionsfaktoren – Alter, Gender, Milieu, Diversität – exemplifiziert. Einleitend soll diesbezüglich der derzeitige Stand der bilddidaktischen Forschung skizziert werden.

### Alter

Können Kinder ein abstraktes Bild gewinnbringend anschauen? Wie reagieren Jugendliche auf ungegenständliche Bilder? Zwei Antwortrichtungen standen hier lange Zeit nebeneinander. Vor allem in der Museumspädagogik herrscht die Einschätzung vor, man könne prinzipiell jedes Bild in jedem Alter anschauen, allein die Tiefe und Komplexität der Betrachtung variiere in unterschiedlichen Altersstufen (Hess 1999, 219). Demgegenüber betonen Entwicklungstheorien, dass sich die Fähigkeit der Bildbetrachtung (stufenförmig) entwickle und das Alter Einfluss auf die Bilddidaktik nehme (Gardner 1980; Parsons 1987; Schuster $^{3}$2000; Kalloch 1997). Grob zusammengefasst kommen diese Studien zu dem Schluss, dass bis zu einem Alter von sechs Jahren Bilder primär nach Farbigkeit und Motiv rein subjektiv beurteilt werden. Im Verlauf der Grundschulzeit richtet sich das Interesse der Kinder vornehmlich auf realistische Darstellungen. Unrealistische oder abstrakte Bilder werden abgelehnt. Relevant ist, was einen Bezug zur eigenen Lebenswelt hat. Erst nach und nach entwickeln Jugendliche Fähigkeiten, formale und stilistische Gestaltungsprinzipien zu begreifen und Bilder als Ausdruck psychisch geprägter Inhaltlichkeit wahrzunehmen. Das Jugendalter ist vornehmlich von einer Krise des ästhetischen Urteils geprägt, da dessen Subjektivität und Relativität die Heranwachsenden verunsichert und sich erst langsam ein eigenes autonomes ästhetisches Urteil herausbildet. Erst in dieser Entwicklungsstufe lässt sich von einem reifen Verständnis von Kunst sprechen.

Erfahrungen aus Museum und Schule sprechen jedoch vielfach gegen diese strikte Einschätzung (Kirchner [2]2001; Uhlig 2005). So zeugt die Projektarbeit von 8- bis 10-jährigen Schülerinnen und Schülern zu einem abstrakten Bild von *Asger Jorn* von einer erstaunlichen Begeisterung und Produktivität der Kinder (→ Kap. 9). Wie passen diese Beobachtungen zu den oben skizzierten Theorien? Während die geschilderten Stufentheorien vornehmlich kognitiv auf ein »tiefes Verstehen von Kunst« (Kalloch 1997, 68–69) zielen, konzentrieren sich neuere Studien nicht nur auf kognitive Erkenntnisse, sondern auch auf Fantasie und Einbildungskraft, auf sinnlich-anschauliches Denken. Steht dieses im Zentrum der didaktischen Bemühungen, dann relativieren sich die skizzierten Stufentheorien. Wenn praktisch-ästhetisches Gestalten als eigenes ästhetisches Vermögen und eine »schweifende Aufmerksamkeit« (Uhlig 2005, 64) der Kinder als erkenntnisreich betrachtet wird, dann ist dies durchaus schon im Grundschulalter möglich – ohne damit den Unterschied zu einer »reifen« und »tiefen« Kunstbetrachtung in Abrede stellen zu wollen.

### Gender

Betrachten Mädchen Bilder anders als Jungen? Sind Jungen mit anderen Bildern zu motivieren als Mädchen? Während diese Fragen bislang kaum erforscht sind, liegen in Bezug auf die Bildproduktion einige genderspezifische Untersuchungen vor. Demnach zeichnen Mädchen gerne Prinzessinnen, Pferde, Menschen in Beziehungen usw. Jungen stellen vor allem Fahrzeuge, Dinosaurier, Monster und aggressive Motive dar (Schuster [3]2000, 48–50; Wiedmaier 2009). Mädchen zeichnen und malen ordentlicher als Jungen und bevorzugen eher Farbtöne wie Rosa und Violett (Wiedmaier 2009, 381; Dietl 2004, 268). Darüber hinaus arbeiten Mädchen eher kleinteilig und dekorativ, wohingegen Jungen gerne große Gegenstände bauen und Wert auf Material und Technik legen (Malaka 2009, 177). Dabei sind jedoch die meisten Geschlechtsunterschiede im ästhetischen Gestalten sozialisationsbedingt und dürften sich als wandelbar erweisen. Gerade zeitgenössische Künstlerinnen und Künstler dekonstruieren vielfach Geschlechtszuschreibungen und können dazu beitragen, Betrachterinnen und Betrachter zu motivieren, Geschlechtsstereotypen aufzubrechen und individuelle Geschlechtsidentitäten zu entwickeln. Wie dies konkret aussehen kann, verdeutlicht *Elzbieta Jablonska* mit »Supermother« (2002; → Kap. 10).

### Milieu

Der sozio-kulturelle Kontext von Betrachterinnen und Betrachtern wurde bislang kaum in bilddidaktischen Untersuchungen reflektiert (Schnurr 2011). Die Sinus-Jugendstudie U18 ist eine der wenigen Untersuchungen, die das kulturelle Kapital sowie die kulturellen Präferenzen und Praktiken von Heranwachsenden erhebt (Calmbach u.a. 2011). Die Studie geht davon aus, dass Jugendliche in abgegrenzten Milieus leben, die sich durch eigene, ästhetisch geprägte Lebensstile auszeichnen. Sie unterscheidet dabei konservativ-bürgerliche, adaptiv-pragmatische, prekäre, materialistisch-hedonistische, experimentalistisch-hedonistische, sozialökologische und expeditive Milieus. Jugendliche des konservativ-bürgerlichen Milieus (13 % der Jugendlichen) besitzen demnach nur ein schwaches Interesse an Hochkultur; abstrakte, sperrige oder radikale Kunst ist ihnen fremd. Das Interesse der adaptiv-pragmatischen Heranwachsenden (19 %) richtet sich eher auf popkulturellen Mainstream mit gewissem »Niveau«. Anspruchsvollen und anstrengenden Kulturangeboten stehen sie distanziert gegenüber. Auf Jugendliche aus prekärem Umfeld (9 %) wirken Werke der Hochkultur befremdlich. Sie fühlen sich hierdurch oft intellektuell überfordert, die Fähigkeit zu einer intensiven Rezeption ist nur schwach ausgeprägt. Sie bevorzugen popkulturelle Angebote, z. B. im Privatfernsehen. Auch die materialistischen Hedonisten (12 %) haben kaum Berührungspunkte mit der Hochkultur. Sie orientieren sich vielmehr am angesagten Mainstream. Experimentalistische Hedonisten (19 %) distanzieren sich ebenso deutlich von der kommerziellen Massenkultur wie von der klassischen Hochkultur. Da sie aber eine deutliche Vorliebe für subkulturelle Nischenkultur und »Lust am Abseitigen, am Trash, am Schockierenden, am Kultigen, am Exzentrischen« (ebd., 257) haben, gibt es hier durchaus Anknüpfungspunkte an zeitgenössische Kunst, z. B. an den Graffiti-Künstler Banksy. Auch sozialökologische Jugendliche (10 %) sind einigen Kunstrichtungen gegenüber aufgeschlossen. Sie bevorzugen Kunstproduktionen mit hoher ästhetischer Qualität und »sozialkritischer Message« (ebd., 296). Die kulturelle Orientierung von Expeditiven (20 %) ist flexibel-multikulturell ausgerichtet, wobei die Jugendlichen auf ästhetische Qualitätsmerkmale achten. Dabei sind sie »kulturelle Wilderer« (ebd., 334) und bedienen sich bei unterschiedlichen Stilrichtungen von klassischer bis zur zeitgenössischen Kunst.

Damit besitzen knapp die Hälfte der Heranwachsenden eine prinzipielle Offenheit und ein teils ausgesprochenes Interesse an Kunst. Deutlich ist allerdings auch, dass die konservativ-bürgerlichen und adaptiv-pragmatischen Milieus eher Desinteresse an künstlerischen Fragen zeigen, wohingegen die materialistischen Hedonisten sowie die dem prekären Milieu Zugerechneten diese grundsätzlich ablehnen. Inwiefern diese Milieus, die selten im Fokus religionspädagogischer Bemühungen stehen, dennoch Kunst erschließen können, sei am Beispiel des Fotos »Die Emmaus-Jünger« von *Bettina Rheims* (→ Kap. 11) untersucht.

### Heterogenität/Inklusion

Nicht nur das sozio-kulturelle Milieu, das Alter oder das Geschlecht prägen den Zugang zu Bildern. Auch die unterschiedliche körperliche und geistige Entwicklung muss im bilddidaktischen Kontext Berücksichtigung finden. Dies ist umso dringender, da der Heterogenität von

Lerngruppen in den letzten Jahren verstärkt Aufmerksamkeit geschenkt wird. Zudem erfordert die Integration bzw. Inklusion von Kindern mit besonderem Förderbedarf in das Regelschulsystem einen sensibilisierten bilddidaktischen Umgang mit Heterogenität. Während in der Kunstpädagogik seit Langem dem ästhetischen Lernen eine kompensatorische Funktion zugemessen wurde (Theunissen 2004, 49–78; Richter 1977; Kunst + Unterricht 1995), wird dort mittlerweile der Fokus von der Defizit- zu einer Kompetenzorientierung verschoben. Die individuellen Fähigkeiten und Kompetenzen der Lernenden treten in den Vordergrund und werden gezielt gefördert (Wichelhaus 2004, 11–15). Besondere Bedeutung erhalten hierbei die Nichtsprachlichkeit und Sinnlichkeit von Bildern, denen sich die Heranwachsenden mit performativen, gestalterischen Verfahren prozesshaft nähern (Ripper 2011, 293–306). Auch wenn kognitive und verbale Aspekte in der Bilderschließung und -erstellung nicht gänzlich ausgeschlossen werden (können), so liegt der Akzent dennoch auf der körperlichen, gestalterischen Aneignung von Kunst und künstlerischen Verfahren. Die »künstlerische Bildung« (→ Kap. 7) liefert hierbei wertvolle Impulse. Am Beispiel einer *Anástasis-Ikone* wird deutlich, wie in einem Bild sowohl fundamentalanthropologische Gesten als auch zentrale theologische Inhalte miteinander verbunden sind (→ Kap. 12). In heterogenen Lerngruppen bietet das Bild eine Bandbreite an methodischen Zugangsweisen und ermöglicht unterschiedliche Lernziel- und Kompetenzniveaus. (cg)

# 9. Wie nehmen Kinder Bilder wahr?

## Altersspezifische Bilderschließung

Die Frage, wie das Alter die Bildbetrachtung beeinflusst, wird konträr diskutiert (→ I.C Einführung): Tendenziell könne jedes Kunstwerk in jedem Alter angeschaut werden (von einzelnen unpassenden Bildmotiven abgesehen), sagen vor allem Museumspädagoginnen und -pädagogen sowie Kunstlehrerinnen und -lehrer. Abstrakte und unrealistische Bilder seien bei Kindern und jüngeren Jugendlichen vielfach problematisch, meinen zahlreiche Bilddidaktikerinnen und -didaktiker, die Stufentheorien in der Tradition von Piaget vertreten. Damit wäre ein Bild wie »Geliebte Viecher in der Nacht« von Asger Jorn weder in der Grundschule noch in der frühen Sekundarstufe I geeignet. Erfahrungen aus Museum und Schule sprechen jedoch gegen diese strikte Einschätzung. Constanze Kirchner ist diesen

Asger Jorn, Geliebte Viecher in der Nacht, 1967–68

Widersprüchen nachgegangen. Sie hat in einer Gruppe von 8- bis 10-jährigen Schülerinnen und Schülern in einer Projektwoche mit diesem Bild gearbeitet und die Aktivitäten der Kinder analysiert (vgl. Kirchner [2]2001, 216–222).

Das auf den ersten Blick wirr und verschmiert anmutende Bild weist bei genauerer Betrachtung bestimmte Gestaltungsprinzipien auf. Vor einem dunklen Hintergrund winden und strecken sich menschen- und tierähnliche Physiognomien, die eine vage Dreieckskomposition bilden. Die figurativen Gebilde lösen sich jedoch zu allen Seiten hin auf und gehen in einen expressiven Pinselduktus über. Das Wechselspiel von figürlichen Andeutungen und Ungegenständlichkeit setzt stets neue Bilder frei. Zugleich besitzt das Werk genau jene Eigenschaften, die Kinder in der Grundschulzeit den stufenförmig angelegten gängigen Entwicklungstheorien zufolge eigentlich eher ablehnen müssten.

In der von Kirchner durchgeführten Projektwoche entdeckten die Kinder jedoch begeistert unzählige Tiere und Gestalten in dem Gemälde, niemand beklagte eine mangelnde Realitätstreue. Im Gespräch wiesen die Schülerinnen und Schüler sowohl auf Gestaltungselemente (Farbauftrag und Farbgebung, Rhythmus, Bewegung) als auch auf semantische Beobachtungen und Bildwirkung hin. Vor allem durch die Verbindung von schwarzem Hintergrund und leuchtenden Bildelementen wurden diese Erscheinungen als Träume in der Nacht und als Fantasiegebilde klassifiziert. Auch die anschließende Phase der eigenen Bildgestaltung zeigte, dass Kinder anhand dieses Bildes zu ganz eigenständigen, formal gestalteten Bildlösungen kamen, die sich von realistischen Vorbildern abhoben und ungewöhnlich für diese Altersstufe sind. Kirchner resümierte: »Der Erkenntnisgewinn zeigt sich nicht nur an den Äußerungen über ihre Träume, zum Teil auch Ängste, die einige Kinder zur Sprache bringen, sondern auch an der Erweiterung des kindlichen Gestaltungsrepertoires« (Kirchner [2]2001, 221).

Wie lässt sich dieser produktive Bildzugang, der sich durch zahlreiche dokumentierte Beispiele ergänzen ließe, mit den Vorbehalten der Stufentheorien in Einklang bringen? Zentral ist hierbei, die unterschiedlichen Erwartungshorizonte bei der Bildbetrachtung wahrzunehmen. Die genannten Stufentheorien sind vornehmlich kognitiv ausgerichtet und zielen auf ein Verstehen von Kunst. Niedrigere Stufen werden als defizitär, höhere als Fortschritt betrachtet. Bei der Arbeit

ZUM KÜNSTLER

**Asger Jorn** (1914–1973), dänischer Künstler, war Mitbegründer der Künstlergruppe CoBrA, ein Akronym, das auf die Herkunftsorte der beteiligten Künstler verweist: Copenhagen, Brüssel, Amsterdam. Ihr Interesse war auf expressiv-abstrakte Formgebung gerichtet, die sich in der Tradition des Informel begreift. »Geliebte Viecher in der Nacht« kann als ein exemplarisches Werk dieser Gruppierung betrachtet werden.

mit »Geliebte Viecher in der Nacht« stehen jedoch die Fantasie und Einbildungskraft der Kinder im Vordergrund. Die eigenen Gedanken, Fantasien und nicht zuletzt die produktiv ästhetische Tätigkeit stellen einen eigenen ästhetischen Wert dar, der nicht im kognitiven ästhetischen Urteil aufgeht. Dabei deuten die empirischen Befunde darauf hin, dass durchaus »Verstehensprozesse bei den Kindern in Gang gesetzt und ästhetische Erkenntnisse gewonnen werden können« (ebd., 281). Diese Erkenntnisse sind jedoch stark subjektiv geprägt, ohne dabei beliebig zu sein. Vielmehr machen Kinder diese an Einzelbeobachtungen fest. Ihr Interesse ist auf Details und Ausschnitte, weniger auf die Gesamtwirkung des Werkes gerichtet – ein Unterschied zu einer »reifen« und »tiefen« Kunstbetrachtung. Kinder wandern im Bild umher und halten an Stellen inne, die Bezug zu ihrer Lebenswelt haben. Ein solcher Bezug muss nicht allein im Motiv begründet liegen. Kinder knüpfen auch an materiellen oder technischen Vorlieben an, unstrukturiert, aber nicht unplausibel, selektiv, aber nicht beliebig – kurz: einfach anders als Erwachsene.

»Geliebte Viecher in der Nacht« kann demnach – ungeachtet der Stufentheorien – in der Grundschule betrachtet werden. Das Bild weckt bei Kindern

Praxisarbeiten von Grundschülerinnen und -schülern zu Asger Jorns Bild »Geliebte Viecher in der Nacht«

Assoziationen zu eigenen Träumen und Ängsten, regt die Fantasie und Vorstellungskraft an, erweitert den eigenen ästhetischen Gestaltungsschatz. Dies geschieht, indem ästhetische Prozesse bewusst subjektiv gehalten werden, indem Phasen der Rezeption mit Phasen praktischer Tätigkeit einhergehen. Solche ästhetischen Prozesse sind zumeist nicht in vorformulierten Lernzielen operationalisierbar, die pädagogischen Prozesse nicht umfassend planbar, denn die Lernprozesse sind in der Regel so vielfältig wie die anwesenden Lernsubjekte. (cg)

## PRAXISBAUSTEINE

- Die Teilnehmerinnen und Teilnehmer schreiben eine Geschichte zu »Geliebte Viecher in der Nacht« .
- Sie analysieren anhand der Farbwahl (Hell/Dunkel) die Bildkomposition.
- Sie gestalten selbst Bilder zur Thematik »Viecher« oder »Nacht«.

## LITERATURHINWEISE

Kirchner, Constanze, Kinder und Kunst der Gegenwart. Zur Erfahrung mit zeitgenössischer Kunst in der Grundschule, Seelze [2]2001.

Messer, Thomas M. (Hg.), Asger Jorn. Retrospektive, Ostfildern-Ruit 2001.

# 10. Ritter und Prinzessin, Spiderman und Zauberfeen

## Gendersensible Bilderschließung

Elzbieta Jablonska, Supermother, 2002

Mädchen zeichnen, malen und gestalten anderes und anders als Jungen. Aber betrachten sie Bilder auch anders als Jungen? Und lässt sich anhand von Bildern mit Männern anders arbeiten als mit Frauen? Der Zusammenhang von Gender und Bildbetrachtung ist bislang weder in Religionspädagogik, Kunstpädagogik oder Lernpsychologie umfassend erforscht. Auch die didaktischen Konsequenzen zeichnen sich erst vage ab. Dabei kristallisieren sich »zweigleisige« Verfahren heraus: Künstlerisches Gestalten muss einerseits Möglichkeiten bieten, den ästhetischen Vorlieben der Kinder nachzugehen, auch wenn diese geschlechtsstereotyp ausgeprägt sind. Anderseits sollen die didaktischen Settings offene und herausfordernde Anregungen bieten, damit Heranwachsende ihre Geschlechterrollen variieren, Stereotypen aufbrechen und individuelle Geschlechtsidentitäten entwickeln können (Malaka 2009, 177).

Kunst kann hierbei einen wichtigen Beitrag leisten. Denn sie spielt zum einen häufig mit stereotypischen Geschlechtszuschreibungen und dekonstruiert diese zugleich. Sie führt Betrachterinnen und Betrachter in einen »Gender-Trouble«, der fest gefügte Geschlechteridentitäten und -stereotypen aufbrechen kann. So inszeniert sich die Künstlerin Elzbieta Jablonska in »Supermother« (2002) mit ihrem Sohn Antek als Batman. Obwohl das Kostüm ihren Körper weitgehend verdeckt, ist sie als Frau zu identifizieren. Nicht nur die weiblich anmutende Mundpartie, sondern auch die Körperhaltung und der Küchenhintergrund lassen in ihr einen weiblichen Batman erkennen. Hier prägen geschlechtsspezifische Wahrnehmungsmuster die Betrachtung deutlich mit. Und zugleich resultieren die Spannung und der Witz dieser künstlerischen Arbeit aus diesen Stereotypen. Didaktisch gewendet bedeutet dies aber auch, dass mit dieser Arbeit geschlechtsstereotype, ästhetische Vorlieben von Jungen und Mädchen sowohl angesprochen als auch hinterfragt werden. Denn die Irritation dieses Werks entsteht aus dem Spiel mit diesen Klischees.

Darüber hinaus ruft Jablonska auch religiös geprägte Wahrnehmungsmuster hervor. Die Künstlerin nimmt auf das Bildmotiv von Madonna mit Kind Bezug. Die zum Betrachtenden hingewendete Pose mit Jesus auf dem Schoß ist eine kunstgeschichtlich eindeutig ausgestaltete Körperhaltung. Auch die Gestik – eine Hand umfasst das Kind, die andere überreicht einen Gegenstand – ist klassisch. (siehe Abb. von Hans Memling, folgende Seite). Vielfach reicht die Madonna dem Jesuskind einen Apfel und bezeichnet sich damit als »neue« Eva. So wie Eva mit der verbotenen Frucht den Sündenfall brachte, so birgt der von Maria überreichte Apfel in Jesus Christus die Erlösung der Menschheit. Jablonska greift diese Gestik explizit auf, doch sie gibt ihrem Sohn ein Obststück oder einen Keks. Der religiös aufgeladene Gestus wird zu einer Geste des Ernährens gewandelt. Damit ist das Werk auch ein Beispiel, wie religiöse Motivik in zeitgenössischer Kunst transformiert wird. Jablonska belegt ihre eigene Arbeit mit entsprechenden Bildassoziationen und macht so darauf aufmerksam, dass die Marienbilder bis heute ihre Bildgeschichte und Bildwirkung besitzen. Dies ruft zugleich ins Gedächtnis, wie maßgeblich Frau- und Mutter-Sein in der Geschichte des Christentums durch den Blick auf Maria, die Mutter Jesu, in Kunst, Gesellschaft und Religion geprägt wurde. Maria erfährt dabei als Gebärerin des Erlösers zum einen große Verehrung. Zum anderen wird durch ihre Jungfräulichkeit ein entsexualisiertes und durch ihre immer wieder hervorgehobene Demut ein (mit-)leidendes, passives Frauen- und Mutterbild gezeichnet: »In der Kombination ›Entsexualisierung plus Demut‹ wurde Maria zum weiblichen Ideal schlechthin stilisiert. Das Idol wird er-

**ZUR KÜNSTLERIN**

***Elzbieta Jablonska*** (*1970), lebt und arbeitet in Polen. Ihr breites künstlerisches Schaffen umfasst Zeichnung, Malerei, Installation, Performance und Fotografie. Durch ihre polnische Heimat ist sie vom Katholizismus tief geprägt, was sich in ihren Arbeiten ebenso niederschlägt wie in ihrem Interesse an Genderfragen.

höht und auf den Sockel gestellt. (…) Das Ganze wird noch verstärkt durch den Gegensatz Eva – Maria: Eva, die Verführerin zur Sünde, besonders zur sexuellen Sünde, auf der einen, und Maria, sündenlos, weil ohne sexuelles Begehren, auf der anderen Seite« (Lücking-Michel 1999, 113). Maria wird zur »Supermother«.

Zugleich rekurriert Jablonska auf eine Aufgabe, die traditionell der Frau zugeschrieben wird: die Sorge um Speise und Trank. Nicht umsonst ist die Szene in einer Küche situiert. Dieser Ort wirkt beschaulich und mutet nach einem geruhsamen Familienleben an. Im Kontrast dazu sitzt die Mutter dort im Batmankostüm – und ruft damit alles andere als Bilder von Heimeligkeit hervor. Die Mutter präsentiert sich hier als Kämpferin für Gerechtigkeit, die in ihrer Eigenschaft als Batman konsequent Unrecht bekämpft. Zugleich hinterfragt sie damit tradierte Vorstellungen von Mutter-Sein. Ist Mutter heute die Hüterin und Seele des Hauses oder arbeitet sie sich nicht viel eher an dem Vorbild einer multitaskingfähigen Superheldin ab?

Die Arbeit enthüllt noch eine weitere »Genderfalle«, nämlich die weitgehende Abwesenheit von Vätern bzw. Männern mit differenzierten Geschlechtsidentitäten. In »Supermother« findet sich nur ein bildlicher Verweis auf diesen Mangel. Im Hintergrund steht ein Tablett mit einem Ehepaar, auf dem der Mann durch seine Größe die Frau überragt. Diese Abbildung wird in ihrer klischeehaften Darstellung der gesellschaftlichen Herausforderung nach gendersensiblen Väter- bzw. Paarbildern nicht gerecht.

Die Arbeit von Jablonska provoziert somit in vielerlei Hinsicht einen didaktisch wünschenswerten »Gender-Trouble« und ruft zumindest ein Nachdenken über Geschlechtsstereotypen hervor. Dabei werden den Heranwachsenden keine neuen oder anderen Geschlechterbilder angeboten. Vielmehr fordert die Offen-

Hans Memling, Aus dem Diptychon des Maarten van Nieuwenhove, 1487

heit und Mehrdeutigkeit von Kunst zu eigenem Reflektieren heraus – und besitzt dadurch einen didaktischen Mehrwert, der auch bei Genderthemen inspirierend sein kann. Bei einem solchen »Gender-Trouble« können durch eine Relecture der biblischen Texte über Maria weniger bekannte Marienbilder entdeckt und gefunden werden. Die biblischen Texte zeichnen Maria nicht nur als starke, tatkräftige und sich kümmernde Mutter, sondern auch als eigenständige Frau, die im Magnifikat in gesellschaftspolitischen Kategorien denkt und betet (Lk 1,46–55). Die lernen muss, ihren Sohn loszulassen (Lk, 2,41–52; Mk 3,31–35) und die nach der Himmelfahrt ihres Sohnes im Kreise seiner Jüngerinnen und Jünger verbleibt (Apg 1,12–14). Das biblische Marienbild ist somit viel komplexer, sperriger und auch für heutige Mütter- und Frauenbilder inspirierender als es das »Vorbild« der reinen Gottesmutter erahnen lässt (Miller 1999). Für eine kultur- und zugleich genderkritische Sicht auf heutige Mutterrollen gilt es diese Vielfalt zu erschließen, die auch durch den Blick auf andere Frauen in der Bibel erweitert werden können. Gendervielfalt in Bibel und Tradition zu entdecken, androzentrische Texte auf vergessene, marginalisierte Sichtweisen zu befragen und Androzentrismen in Bibel und Tradition aufzudecken ist dabei ein wichtiges Ziel religiöser Bildung (Lehner-Hartmann 2011, 88 f.).

Im Horizont von Werken wie »Supermother« können derart erschlossene biblische Geschichten ihre kulturkritische Kraft entfalten und zugleich gendersensible Identifikationsmöglichkeiten eröffnen. Inwiefern dieses Nachdenken bei Heranwachsenden zu einer Reformulierung ihrer eigenen Identität führt, entzieht sich allerdings einem didaktischen Unterfangen. (cg)

### PRAXISBAUSTEINE

- Die Teilnehmerinnen und Teilnehmer notieren, was ihnen an dem Bild gefällt, was sie irritiert oder stört. Die Antworten werden geschlechtsspezifisch ausgewertet und verglichen.
- Sie erstellen selbst Fotografien, in denen Geschlechtsstereotypen aufgebrochen werden. Sie posieren dazu in ungewohnten Rollen.
- Sie vergleichen »Supermother« mit Mariendarstellungen und erarbeiten den religiösen Horizont des Bildes. Sie reflektieren den Einfluss von Religion auf unsere Vorstellungen von Mutter, Frau, Mann etc.

### LITERATURHINWEISE

Bilstein, Johannes (Hg.), Mutter Vater Kind. Bilder aus Kunst und Wissenschaft, Köln 2000.
Pitzen, Marianne, Mythos Mutter, Bonn 2005.
Themenheft: »Mutter Unser«, in: kunst und kirche 3/2010.

# 11. »Kunst ist doch nur was für Gymnasiasten!«

## Milieusensible Bilderschließung

Die Fotografie »Die Emmaus-Jünger« (1998) verlegt die biblische Szene Lk 24,13–35 in eine französische Bar – hierauf weist die Leuchtreklame hinter den Fenstern hin. Ein weiß gekleideter Mann ist durch Dornenkrone, Wundmale und Gestik als Jesus-Figur zu erkennen. Jesus erscheint durch die strahlend weiße Kleidung, den Nebel, seine Körperhaltung und die Beleuchtung verklärt und der Szenerie entrückt. Von draußen schauen mehrere Personen gebannt auf die »Erscheinung«. Im Innenraum der Bar sitzen drei junge Männer leger und modisch gekleidet an kleinen Tischen. Eine junge Serviererin ist aufreizend gestylt und lehnt lässig am Tresen, auf dem ein Geschirrtuch mit Zange und Nägeln liegt. Viele Bildelemente sind aus der christlichen Ikonografie bekannt. So erinnert die

Serge Bramly/Bettina Rheims, Die Emmaus-Jünger, 1998

Fotografie durch Zange und Nägel an das Leiden Jesu und knüpft an die Bildtradition der »Arma Christi« an. Zusammen mit dem Titel lässt sich die Szene daher eindeutig als die Erscheinung Jesu in Emmaus erkennen. Serge Bramly und Bettina Rheims aktualisieren die Szene jedoch konsequent und schaffen dadurch zugleich eine Distanz zur Bildmotivik und Bildtradition.

Kann man heute noch mit Jugendlichen oder Erwachsenen solch ein Bild anschauen, das voraussetzungsreich auf einen Bibeltext und auf tradierte christliche Bildmotive verweist? Und grundlegender gefragt: Kann man mit ihnen Werke der sogenannten Hochkultur anschauen, wenn sie noch nie in einem Museum waren und wenn ihre Bilderwelten vornehmlich von Videoclips und Castingshows geprägt sind? Gehen nicht all die wohlgemeinten didaktischen Bildererschließungen stillschweigend von bildungsbürgerlich geprägten Adressaten aus? Die wenigen Studien, die sich bislang diesen Fragen widmen, erlauben hierauf keine einfachen Antworten: Betrachtet man das kulturelle Kapital und die kulturellen Vorlieben in den unterschiedlichen Jugendmilieus, dann lässt dieses darauf schließen, dass rund die Hälfte der Heranwachsenden Kunst gegenüber prinzipiell aufgeschlossen ist und teils sogar ein ausgesprochenes Interesse für zeitgenössische Kunst (expeditives und sozialökologisches Milieu) bzw. für kunstaffine Subkultur (experimentalistisches Milieu) hat (→ I.C Einführung). Allerdings haben Jugendliche, die materialistischen Hedonisten oder einem prekären Umfeld zuzurechnen sind, kaum Vorerfahrungen mit Kunst. Ein religionspädagogischer Einsatz von Kunstwerken bei diesen Jugendlichen, deren Bildungsgänge sowieso in der Religionspädagogik eher ein Schattendasein fristen, könnte somit dazu beitragen, Lernbarrieren aufzubauen und die Distanz zu religiösen Lernsettings noch zu vergrößern. Dennoch soll exemplarisch am Beispiel von »Die Emmaus-Jünger« im Folgenden erörtert werden, inwiefern diesen Jugendlichen ein Zugang zu zeitgenössischer Kunst eröffnet werden kann.

Das Bild erinnert formal an Werbefotografien aus Lifestyle-Magazinen. Es ist nicht einfach schön, es ist darauf angelegt, übertrieben schön zu sein. Rheims und Bramly benutzen Fotografie als aktuelles Medium und greifen formal auf eine ästhetische Sprache zurück, wie sie besonders in der Konsum- und Modewelt benutzt wird. Zum einen bedienen sie sich mit dieser Sprache einer Ausdrucksweise, die auch hedonistischen und konsum-materialistischen Jugendlichen vertraut ist. Dieses Bild – sowie eine Vielzahl zeitgenössischer Werke spätestens seit der Pop Art – schöpft aus dem visuellen Repertoire der Pop-, Trash- und Mainstreamkultur und bietet damit zugleich auch jenen Jugendlichen einen Zugang, die Werken der klassischen »Hochkultur« eher fremd gegenüberstehen. Dennoch stellt »Die Emmaus-Jünger« weder formal noch inhaltlich eine Spiegelung der Alltagskultur der Jugendlichen dar. Trotz Anleihen bei der Welt der Mode führt das

Werk anschaulich vor Augen, dass hier Schönheit und Verklärung explizit inszeniert und diese Inszenierung nicht verdeckt wird. Hierauf weisen nicht zuletzt der Scheinwerfer am rechten Bildrand sowie der aufsteigende Nebel hin.

Zum anderen gehen Bramly und Rheims in formaler Sicht nicht anders vor als die meisten christlichen Künstlerinnen und Künstler der vergangenen Jahrhunderte. Denn stets »war es das Bemühen der Künstler ihrer Zeit, das Christusgeschehen auch in seiner Herrlichkeit und Schönheit zu zeigen. Selbstverständlich wurde Christus dargestellt gemäß dem Schönheitsideal seiner Zeit« (Reuter 2001, 65). Beachtenswert bei der Fotografie ist in dieser Traditionslinie jedoch, dass die zwei Künstler den Versuch bzw. den Anspruch, im Visuellen und Sinnlichen Übersinnliches zur Geltung zu bringen, hinterfragen bzw. untergraben – Scheinwerfer und Nebel verweisen auf die bloße Inszenierung der Schönheit. Bei Rheims und Bramly wird die »wahre« Schönheit aufgebrochen, Schönheit entpuppt sich als Make-up oder perfekte Beleuchtung. Rheims und Bramlys Fotografie ist daher ein enttäuschendes Christusbild. Damit richten die Künstler zugleich die Frage an die Betrachtenden, was oder wer hinter dieser Inszenierung, dieser Ent-Täuschung steht. Emmaus – alles nur wunderbar? Emmaus – alles nur Show? Emmaus – einfach nicht darstellbar?

Einmal über die ihnen geläufige Bildsprache in solche zeitgenössischen Kunstwerke gelockt, entdecken auch ungeübtere Betrachterinnen und Betrachter schnell, dass diese Bilder zum einen vertraut sind, zum anderen irgendwie anders »funktionieren« – auch wenn dieses »anders« häufig nur schwer zu versprachlichen ist. Und dem (ganz) »Anderen« auf die Spur zu kommen, das ist und bleibt die – in Wort oder Bild – nicht leichte Herausforderung einer jeden religionspädagogischen Praxis. (cg)

### ZU DEN KÜNSTLERN

Die französische Fotografin ***Bettina Rheims*** (*1952) und der Schriftsteller und Kunstkritiker Serge Bramly (*1949) erregten mit der 1998 erschienenen Bildserie »I.N.R.I« einiges Aufsehen. Sie inszenierten und fotografierten 85 Szenen aus Jesu Leben, Passion und Auferstehung in Landschaften des Mittelmeers sowie in verlassenen Garagen, Fabriken und Krankenhäusern bei Paris. »Die Emmaus-Jünger« ist Teil dieser Serie. Neben ihren künstlerischen Arbeiten fotografiert Bettina Rheims auch für Modemagazine und Werbeagenturen.

## PRAXISBAUSTEINE

- Die Teilnehmerinnen und Teilnehmer recherchieren über das I.N.R.I-Projekt, stellen unterschiedliche positive und negative Stimmen dazu zusammen und verfassen selber eine Ausstellungskritik.
- Sie diskutieren, inwiefern sie die Darstellung des Auferstandenen gelungen finden oder nicht.
- Sie aktualisieren zentrale Bibelstellen, indem sie die Perikopen inszenieren und diese fotografisch festhalten.

## LITERATURHINWEISE

Bramly, Serge/Rheims, Bettina, I.N.R.I, München 1998.

Fendrich, Herbert, Geht da noch was? Das Fotoprojekt I.N.R.I, in: KatBl 126 (2001), 339–344.

Reuter, Ingo, I.N.R.I – eine werbeästhetische Reinszenierung des Christusgeschehens, in: ZPT 53 (2001), 62–67.

# 12. »Rette mich, wer kann«

## Bilderschließung in heterogenen Lerngruppen

Anástasis (Auferstehung), russische Ikone, 1. Hälfte 16. Jahrhundert

Das Auferstehungsbild der Kirchen des Ostens, die Anástasis, ein hierzulande wenig bekanntes Bildmotiv, zeigt die Auferstehung nicht als individuelles Aufsteigen Jesu Christi aus dem Grab, sondern als seinen Abstieg in das Reich des Todes, wie ihn das Apostolische Glaubensbekenntnis formuliert und der Karsamstag bedenkt. Das Bildmotiv selbst hat keinen unmittelbaren biblischen Referenztext; der Hinweis in Mt 12,40, dass der Menschensohn – wie Jona – drei Tage und drei Nächte im Innern der Erde sein werde, gehört eher in den eschatologisch-prophetischen Kontext der Lehre Jesu bei Matthäus.

Das Fehlen eines entsprechenden »Berichts« im Evangelium ist einerseits ein Problem, weil zu fragen ist: Woher weiß man das? Es ist andererseits aber eine besondere Chance in unterrichtlichen Prozessen, weil es so möglich wird, jenseits einer exegetisch-religionsgeschichtlichen Erörterung der historischen Frage, ob das Grab wirklich leer war, der existenziell-religiösen Frage der Bedeutung der Auferstehung Jesu Christi nachzugehen. In leistungsmäßig, religiös und milieuspezifisch heterogenen Lerngruppen gilt das Prinzip der »Hierarchie der Wahrheiten« (Unitatis Redintegratio 11) in modifizierter Form, nämlich in Gestalt einer Fokussierung auf gleichermaßen fundamental-anthropologisch wie theologisch bedeutsame Inhalte, um Verstehenszugänge anzubahnen und offenzuhalten, vor allem aber auch, um den Konstruktionen der Schülerinnen und Schüler Raum und Ausdrucksmöglichkeit zu schaffen.

Die russische Ikone aus der 1. Hälfte des 16. Jahrhunderts stellt das Ereignis der Auferstehung in einem Bildprogramm dar, das Ausschmückungen der apokryphen Schriften und Elemente der kaiserlich-byzantinischen Triumph-Ikonografie mit dem eher dürren Satz des Glaubensbekenntnisses verbindet (Lange 1988, 228–239). Zu sehen ist der auferstandene Christus, der die Pforten der Unterwelt geöffnet, Schloss und Riegel zerbrochen hat und nun Adam, der ihm Hilfe suchend einen Arm entgegenstreckt, mit einem energischen Griff ans Handgelenk zu sich zieht, während Eva und mit ihr weitere Personen noch auf ihre Rettung warten.

Sowohl das Treten Christi auf die aus den Angeln gerissenen Pforten der Unterwelt als auch sein Griff ans Handgelenk Adams entstammen der antiken Herrscherikonografie. Den Fuß auf den Besiegten zu stellen markiert in antiken Bildprogrammen dessen absolute Unterwerfung und im Umkehrschluss die absolute Überlegenheit des siegreichen Feldherrn. Und mit dem Griff ans Handgelenk erhebt in zahlreichen Darstellungen der überlegene Herrscher huldvoll den vor ihm knienden Tributpflichtigen oder Sklaven. Er reicht ihm nicht die Hand wie zur Begrüßung unter Gleichen, sondern zieht ihn mit Kraft, mit *Macht* zu sich. Die schlaffe Hand des Gezogenen markiert dabei umgekehrt dessen absolute Kraftlosigkeit und damit Abhängigkeit und Ohnmacht. Diese geprägten antiken Gesten werden in der christlichen Ikonografie eins zu eins übernommen. So tritt Jesus

Christus in vielen Darstellungen – oft auch noch gerüstet wie ein antiker Feldherr – auf das Böse in Gestalt von Löwen und Drachen oder im Auferstehungsgewand auf den personifizierten Tod; oder eben, wie auch in der hier vorgestellten Ikone, auf die Pforten zu dessen Reich (Lange 2002, 234–241). Und er erhebt huldvoll – allein aus Gnade – Adam aus dem Reich des Todes, aber er hebt auch mit der gleichen Geste in zahlreichen Darstellungen die Schwiegermutter des Petrus (Mk 1,29–31) und den Gelähmten (Mk 2,1–12) von ihrem Krankenlager, er rettet mit diesem Griff Petrus aus den Fluten des Sees (Mt 14,31; Loeschke 1971, 940–944). Die antike Herrschergeste wird zur vielseitig eingesetzten christlichen Rettungs- und Erlösungsgeste.

Noch bevor der Griff ans Handgelenk aber in dem einen oder in dem anderen ikonografischen Bedeutungszusammenhang genutzt wurde, war und ist er eine bis heute auch nahezu allen Kindern und Jugendlichen unmittelbar bekannte und zugängliche *fundamentalanthropologische* Rettungsgeste. So packen Eltern ihre kleinen Kinder am Straßenrand, wenn ein Auto sich nähert. So ziehen Helfer abgestürzte Wanderer zurück auf den Weg. Rettungsschwimmer bringen im Fesselschleppgriff mit dem Griff ans Handgelenk Ertrinkende sicher ans Ufer. Allen diesen Griffen ist gemeinsam, dass sie fest sind und deshalb besonders wirksam und hilfreich. Sie schränken gleichzeitig aber auch die Bewegungsfreiheit des anderen massiv ein. Sie changieren zwischen Sicherheit und Zwang. Sie erfordern Vertrauen und die Hoffnung auf die größere Kraft *und* die gute Absicht des anderen. Über diesen fundamentalanthropologischen Zusammenhang erschließen sich methodisch vielfach zu variierende, unterschiedliche Wahrnehmungs- und Ausdruckskompetenzen berücksichtigende Zugänge zu der ansonsten frömmigkeitsgeschichtlich, motivisch und bildkünstlerisch den meisten Kindern und Jugendlichen höchst fremden Ikone.

Das hier vorgestellte Beispiel einer Anástasis-Ikone kommt dabei auch Schülerinnen und Schülern mit wenig ausge-

#### ZUR IKONE

***Ikone,*** von griech. εἰκον *(eikon)* – »Bild«, bezeichnet das Kultbild der orthodoxen Kirchen. Mit dem Abschluss des Bilderstreits im 8. Jahrhundert durch das 2. Konzil von Nizäa (787) wurde festgehalten, dass Bilder zur kirchlichen Tradition gehören und dass ihre Verehrung spirituell für die einzelnen Gläubigen, aber auch für die kirchliche Gemeinschaft und den liturgischen Dienst der Kirche von Bedeutung ist. Neben den Christus-, Marien- und Heiligenikonen kommt den Festtagsikonen als »ikonische Lehrinformation« (Konrad Onasch) und damit als Garanten der Orthodoxie eine besondere Bedeutung zu. Ikonen sind in den Kirchen der Orthodoxie in die Liturgie eingebunden. Im Kirchenraum haben sie ihren Ort vornehmlich in der Ikonostase, der »Bilderwand«, die den Altarraum vom übrigen Kirchenraum trennt. Die Ikonostase zeigt die Ikonen in mehreren Reihen und nach einem festgelegten Schema.

bildeten Wahrnehmungsfähigkeiten oder Wahrnehmungseinschränkungen entgegen, weil es relativ großflächig, farblich kontrastreich und dadurch insgesamt recht »ruhig« wirkt. Es sollte bei Reproduktion im Klassenraum möglichst in Originalgröße gezeigt werden. Die Ikone kommt darüber hinaus aber auch religiös und milieuspezifisch heterogenen Lerngruppen entgegen, da die auch fundamentalanthropologisch zu verstehende Geste gegenüber den weiteren eher hermetisch wirkenden christlichen Bildzeichen oder den leicht missverständlichen Bezügen auf unbekannte Gestalten und Geschichten unzweifelhaft im Vordergrund steht: »Der kommt da so angerannt und packt den so!« Das ist das bildliche und inhaltliche Zentrum. Je nach Erfahrung der Lerngruppe mit Bildern der Kunst ist es u.U. angezeigt, zunächst nur eine Umrisszeichnung von Christus und Adam zu zeigen. Die (nicht zentral-)perspektivischen Verhältnisse der Ikone sind oft für geübte Kunstbetrachterinnen und -betrachter schwieriger als für nicht geübte. Sie können gerade in ihrer »Ungereimtheit« genutzt werden, um Überlegungen anzustellen, was denn im Bild *eigentlich* gezeigt werden soll. (rb)

## PRAXISBAUSTEINE

- »Komm, gib mir deine Hand!« Die Teilnehmerinnen und Teilnehmer sammeln und erproben im Vorfeld der Bildbetrachtung in Partnerarbeit unterschiedliche Möglichkeiten und Situationen, einander die Hand zu geben (Begrüßung, Tanz, Sport und Spiel, Kampf, Rettungsgriff). Wer gibt die Hand? Wer nimmt die Hand? Was tue ich mit dem anderen, was tut die andere mit mir, wenn wir uns so die Hand geben? Ist das Gefühl für beide gleich? Anschließend Identifizierung und Deutung der Geste im Bild.
- Die Teilnehmerinnen und Teilnehmer betrachten Fotos mit Begrüßungsgesten (Freunde, Bundespräsident, die Queen), Fesselschleppgriff (DLRG-Broschüre), Kampfgriff (z.B. Judo) und benennen Unterschiede. Anschließend Identifizierung und Deutung der Geste im Bild.
- Im Anschluss an eine elementarisierende Bilderschließung: Die Teilnehmerinnen und Teilnehmer gestalten mit einem Seil oder einem dunklen Tuch einen »Abgrund« im Klassenraum und ziehen sich wechselseitig darüber. Schaffen wir das? Wie groß darf der »Abgrund« maximal sein? Trauen wir einander? Ist es immer gut gegangen? Geht es eigentlich bei Jesus gut? Woher können wir das wissen? Im Anschluss Vorlesen von Versen aus Ps 28 in einfacher Sprache unter Auslassung der »Übeltäterverse«.

## LITERATURHINWEIS

Kittel, Gisela, Befreit aus dem Rachen des Todes. Tod und Todesüberwindung im Alten und Neuen Testament, Göttingen 1999.
Lange, Günter, Bilder zum Glauben. Christliche Kunst sehen und verstehen, München 2002, 234–244.

# II. Bildtheologische Grundfragen

# II.A Darf, kann, muss und soll das Unsichtbare sichtbar werden?

## Der Streit um das Bild im Christentum

Das Christentum versteht sich von seinen Wurzeln her nicht als Bildreligion, sondern als Wort- und Schriftreligion. Umso erstaunlicher ist die breite Bildtradition, die zu verehrende Kultbilder ebenso umfasst wie die bildhafte Ausschmückung der Kirchengebäude, die Bilder als lehrhafte und schmückende Illustration kennt und als spirituell und moralisch bewegende Andachtsbilder. Dabei verläuft der Weg hin zu dieser Bilderfülle nicht geradlinig. Besonders irritierend erscheint das eigentlich unvereinbare gelegentliche Nebeneinander von Bilderfreundschaft und Bilderskepsis, aber auch die stete Wiederkehr scheinbar längst beigelegter Konflikte um das Bild. Darf, kann, muss, soll das Unsichtbare sichtbar werden? Das Konfliktfeld der christlichen Bildgeschichte reicht von ihren Anfängen in der Spätantike bis in die Gegenwart des 21. Jahrhunderts: vom frühkirchlichen katechetisch-religionspädagogischen Streit um Duldung und Indienstnahme (Lange 1999) bis zum noch heute andauernden philosophisch-theologischen Streit um die Gegenwart des Heiligen und die Wahrheit des Bildes (Nordhofen 2001; Hofmann/Matena 2010), vom historischen innerkirchlichen Streit um die Macht der Bilder und die Macht durch Bilder (Belting 2000) bis zum institutionellen Streit um die Ausdrucks- und Gestaltungsfreiheit der Kunst im Raum der Kirche (Schwebel 1968; Stock 1999) und dem gesellschaftlichen Streit um die Konkurrenz und die Synergien der »Sinnagenturen« Kunst und Religion (Dohmen/Wagner 2012; Erne/Schüz 2012).

### Dürfen?

»Man darf sich doch kein Bild machen!« Überraschend oft verweisen Kinder und Jugendliche im Religionsunterricht, aber auch Erwachsene etwa in Bildungsveranstaltungen auf das biblische Bilderverbot (Ex 20,4; Dtn 5,8). Auch wenn die Nachfrage gelegentlich herausfordernd gemeint ist, so ist doch zum einen bemerkenswert, wie präsent das Bilderverbot ist, zum anderen aber auch, dass es als *fundamentales* Gebot gilt, das als *Kunstverbot* verstanden wird. Dessen offenkundig permanente Übertretung in der christlichen Bild- und Kunstgeschichte irritiert dann folgerichtig und lässt an der Legitimität der christlichen Bilder, aber auch an der produktiven Möglichkeit und der grundsätzlichen Sinnhaftigkeit einer an Bildern orientierten Auseinandersetzung mit Glaubensfragen zweifeln. Die Nachfrage ist also gewichtig und in Bezug auf die Beschäftigung mit den konkreten (Kult-)Bildern der Tradition lohnt eine grundsätzliche Vergewisserung bezüglich des biblischen Bilderverbots.

Dessen Formulierung im Kontext der Zehn Gebote in Ex 20,2–5a ist als »Ausführungsbestimmung« des zentralen Fremdgötterverbots zu verstehen. Israel wird ermahnt, den Bund mit seinem Gott (nun doch endlich) exklusiv zu verstehen und die Anfertigung und Verehrung von Kultstatuen der anderen orientalischen Göttinnen und Götter aufzugeben bzw. die bis dahin durchaus übliche Verehrung des (bildlosen und ortsungebundenen) Gottes Jahwe in den Bildern und an den Kultorten der anderen zu unterlassen, um Missverständnisse in der multireligiösen und polytheistischen Umwelt zu vermeiden (Dohmen 2012, 65 f.; Assmann 2001, 60). Diese Formulierung des Bilderverbots ist auch heute noch aktuell, insofern in ihr eine »Vertrauensfrage« gestellt wird: »Auf wen setze ich wirklich?« Die zeitlich spätere Einbindung des Bilderverbots in Dtn 4,15–18 akzentuiert etwas anders. Dort wird betont, dass sich der Gott Israels am Horeb »in keinerlei Gestalt« gezeigt hat, vielmehr »aus dem Feuer« zu seinem Volk gesprochen hat. Die Formulierung macht deutlich, dass die Wirklichkeit Gottes alle menschenmöglichen Gestaltungen und Vorstellungen im Letzten übersteigt, dass sich Gott zwar in die nächste Nähe der Menschen begibt und zu ihnen spricht, sie über diese faszinierende, doch auch gefährliche Nähe aber nicht verfügen können. Dieser Erzählstrang betont einerseits die Präsenz Gottes in der Geschichte, die jede bildliche Repräsentation überbietet und daher die bildlichen Fixierungen verbietet (Assmann 2001, 62). Er betont andererseits die grundlegende Unverfügbarkeit des unsichtbaren Gottes, seine Transzendenz und Alterität. Das Bilderverbot in dieser Lesart verweist die menschliche Gottesrede – auch in den Gestaltungen der Kunst – auf ihre grundsätzliche *Relativität* und ihre geschichtlich-zeitgenössische Gebundenheit und damit Vorläufigkeit. Es erfüllt damit eine theologische »Wächterfunktion« (Dohmen 2012, 72).

### Können?

»Kann denn überhaupt das Unsichtbare sichtbar werden?« Diese Frage stellt sich für das frühe Christentum mit seiner Inkulturation in den hellenistischen Kulturraum. Die heidnische Spätantike ist eine bilderfreundliche Zeit. Bilder werden nicht nur zum Zwecke der Dekoration oder der kulturellen und religiösen Erinnerung *(memoria)* und Tradition geschätzt, sondern – ganz deutlich vor allem im Kaiserkult – auch als wirkmächtiges Gegenüber angesehen. Statuen von Göttern, Heroen und Kaisern »handeln wie der Dargestellte, tun ihren Willen kund, künden Zukünftiges an (…) und verhalten sich auch sonst wunderbar« (Thümmel 1990, 5 f.). Es ist dieses realpräsentische (Kult-)Bildverständnis, das die Christinnen und Christen gleichermaßen fasziniert wie herausfordert. Heidnisch geprägte Katechumenen wünschen sich Bilder Christi zur Verehrung; Theologen wie Eusebius von Cäsarea († um 339) weisen derartige Anliegen mit Verweis auf den heidnischen Götzendienst harsch zurück (Belting 2000, 165). Insbesondere die Lehre von der »unvermischten« und »ungetrennten« göttlichen und menschlichen Natur Jesu Christi, wie sie das Konzil von Chalcedon 451 formuliert hat, sehen die theologischen Bildskeptiker durch ein »Porträt« Christi gefährdet: Die Darstellung des Menschen Jesus greift christologisch zu kurz, die Darstellung des unsichtbaren Gottes unterliegt dem Bilderverbot. Trotz aller (theologischen) Zurückhaltung gegenüber dem Kultbild erlangen die Bilder in der christlichen Spätantike aber mehr und mehr an Bedeutung. Bereits in den ersten Jahrhunderten finden sich bildlich-symbolische Kurzformeln des Glaubens (z. B. Christus als Hirt) insbesondere im Bereich der Sepulkralkultur. Neben diesen Hoffnungsbildern auf Sarkophagen und an den Wänden der Katakomben gab es ab der 2. Hälfte des 4. Jahrhunderts im Bereich der Kirchendekoration auch repräsentative Christusdarstellungen sowie Bilder, die biblische Ereignisse schildern. Vonseiten der Theologie wurden diese Darstellungen als Mittel der Unterweisung, als Elemente der Förderung liturgischer Feierlichkeit und der Vertiefung der persönlichen Frömmigkeit verstanden. Sie sollten der *memoria* der christlichen Heilsgeschichte dienen und wurden durch deutende Texte und Beischriften *(tituli)* vor der Verwechslung mit antiken Bildprogrammen geschützt (Thümmel 1990, 11). Die offizielle Bilderlehre dieser Zeit sucht die Bildskeptiker zu beruhigen – das Bild sei lediglich »schweigendes Wort« (Lange 1990, 18) – und die Bildverehrer zu disziplinieren. So bindet man die Bilder in Programme der Unterweisung und der Kirchendisziplin ein und versucht mit dieser didaktischen Indienstnahme magische Bildpraktiken und realpräsentische Bildverehrung einzudämmen (Belting 2000, 13; Lange 1990, 18 f.). Doch das gelingt nicht. Die Bildverehrung nimmt zu: Man betet zu Bildern, opfert ihnen Kerzen und Weihrauch, schreibt ihnen Wundertaten zu; verehrt »nicht von Menschenhand gemachte« Bilder (→ Kap. 13).

Die bildskeptische Partei wird gestärkt, als mit Kaiser Leon III. 726 ein Bilderfeind an die Macht kommt. Der Kaiser, der sich zugleich als Prediger und Glaubenshüter *(hiereus)* versteht (Lange 2007, 177), macht noch einmal das dogmatische Argument der Zweinaturenlehre stark und hält fest, dass der unsichtbare Gott und auch die göttliche Natur Christi nicht darstellbar sei. Legitimes materielles Bild Christi seien nur die eucharistischen Gestalten, legitimes Zeichen für Christus nur das Kreuz. In seinem Auftrag entfernen staatliche Stellen Ikonen – was zum Auftakt eines Bürgerkriegs wird, der aber nicht monokausal auf diesen Anlass reduziert werden darf (Belting 2000, 166 f.), in dessen Folge aber zahlreiche Bildwerke der christlichen Spätantike vernichtet werden. Dass dabei ausgerechnet im Herrschaftsbereich des jungen (bilderfeindlichen) Islams in den Klöstern der zumeist bilderfreundlichen Mönche byzantinische Ikonen den Ikonoklasmus unbeschadet überstehen, ist religionsgeschichtlich bedenkenswert.

Der Bilderstreit und die mit ihm verbundenen theologischen Auseinandersetzungen zwischen Hoftheologie und Mönchtum werden 787 mit den bilderfreundlichen, die Bildverehrung aber strikt reglementierenden Beschlüssen des Zweiten Konzils von Nizäa beendet. Hier wird formuliert, was bis heute im Raum der orthodoxen und der katholischen Kirchen gilt: Den Bildern gebührt »achtungsvolle Verehrung (…), nicht jedoch die nach unserem Glauben wahre Anbetung, die allein der göttlichen Natur zukommt«. Die dahinter stehende Vorstellung ist platonischen Ursprungs: Das Bild als Abbild hat Anteil am Urbild, daher geht auch »die Verehrung des Bildes (…) über auf das Urbild und wer das Bild verehrt, verehrt in ihm die Person des darin Abgebildeten« (Denzinger-Hünermann 2007, Nr. 601). Ein gewichtiges Argument im byzantinischen Bilderstreit hat Johannes von Damaskus beigetragen. Er führt zur Legitimation der Christusbilder die Inkarnation an. Gott hat selbst ein Bild von sich gegeben. Und stärker noch, in einer gleichsam schöpfungstheologischen Fortführung der Inkarnationstheologie: Weil Gott in der Materie als Materie erschienen ist, ist es möglich, das materielle Bild Christi wertzuschätzen: »Ich bekenne nun, dass die Materie ein Werk Gottes ist und dass sie gut ist« (Feige/Hradsky 1996, 71).

### Müssen? Sollen?

Das inkarnationstheologische Argument wird von der scholastischen Theologie des Mittelalters aufgenommen und verbindet sich mentalitäts- und frömmigkeitsgeschichtlich mit den mittelalterlichen Vorstellungen zur Präsenz des Heiligen in Bildern und Reliquien. Die Vorstellung der Wirkmächtigkeit des Heiligen im Bild führt dann folgerichtig zur Heilsvermittlung durch das Bild und deren kirchlicher Kontrolle. Dass das Unsichtbare in diesem Sinne sichtbar werden muss, führt im Spätmittelalter bereits in den innerkirchlichen Reformbewegungen zur Bildkritik, die im Zuge der Reformation mit einer kirchenpolitischen, das Sola-scriptura-Prinzip stärkenden Akzentuierung auch zu protestantischen Bilderstürmen führt. Dabei nehmen die Reformatoren selbst sehr unterschiedliche Positionen ein. Während Luther die Bilder als Nebensächlichkeiten *(Adiaphora)* ansah, betrieben Calvin und Zwingli die konsequente Entfernung der religiösen Bilder, die täuferischen Gruppen deren Zerstörung (Belting 2000, 512). Bleibt schließlich die Frage: »Soll das Unsichtbare sichtbar werden?« Jenseits der schon älteren Diskussion um die Autonomieansprüche der Kunst (Beck/Volp/Schmirber 1984) wird auch heute wieder die Diskussion um religiöse, para-religiöse und religionsanaloge Sinnstiftungsstrategien und -ansprüche geführt (Ullrich 2011).

### Exkurs: Das Bilderverbot im Islam

In den heterogenen Lerngruppen des Religionsunterrichts der Gegenwart wird im Zusammenhang bildtheologischer Fragen sicherlich auch das Bilderverbot im Islam thematisiert, welches als radikal angesehen wird. Der Koran selbst formuliert an keiner Stelle ein ausdrückliches Bilderverbot, lediglich in Sure 21,59 wird erzählt, dass Abraham die Statuen seiner Haus- und Familiengottheiten zerschlägt. Dabei steht jedoch – so wie auch im biblischen Fremdgötterverbot – die Durchsetzung des Monotheismus im Vordergrund. Auch die Sunna erzählt von einer solchen Zerstörung: Bei der Einnahme Mekkas hat Muhammad eigenhändig zahlreicher Götterstatuen zerschlagen. Als strukturanaloger gewalttätiger und zerstörerischer Versuch der Durchsetzung des Alleinverehrungsanspruchs Allahs – mit vermeintlicher Legitimation durch den Propheten selbst –, ist auch die Zerstörung der Buddhastatuen von Bamiyan durch fundamentalistische Taliban im Jahr 2001 zu verstehen (Renz 2012, 27).

Gerade angesichts aktueller islamischer und anti-islamischer Zuspitzungen ist eine bildtheologische Klärung erforderlich. Zum einen ist die Einzigartigkeit, Unvergleichlichkeit und Transzendenz Gottes Grundlage für ein absolutes Verbot der Darstellung Gottes im Islam. Zum anderen aber formuliert die Sunna – und das bedingt das Verbot der Darstellung von Menschen und Tieren –, dass es den Menschen nicht zusteht, Bilder lebender Wesen zu schaffen, da sie sie sich damit als Schöpfer des Lebendigen gebärden würden, als Nachahmer des Schöpfergottes. Dieser Begründung liegt ein Bildverständnis zugrunde, das in der Darstellung nicht nur eine reine Abbildung sieht: »Vom Verbot der Bilder ist ein Bildbegriff betroffen, bei dem es darum geht, körperliches Leben mit Stimme und Atem auf leblose Bilder zu übertragen. (…) Sie durften den Betrachter nicht zu einem Blicktausch verführen, wie man ihn nur mit lebenden Personen wechseln konnte. Selbst wenn man solche Bilder nur anblickte, erkannte man sie stillschweigend als lebende Wesen an oder verwechselte sie mit solchen. (…) Der Blick wurde nicht verführt, wenn Bilder auf dem Boden oder einem Teppich ein unauffälliges Dasein führten. Wenn man auf sie mit Füßen trat, konnte man sie nicht anblicken und in ihnen keine Lebewesen erkennen« (Belting 2008, 77). Dieses Verständnis zeigt, warum es in islamischen Kulturbereichen vor allem eine breite Tradition der Darstellung der Pflanzenwelt, des dekorativen Ornaments und der kunstvollen Ausgestaltung der Schrift in der Kalligrafie gibt. Demgegenüber begegnen figurative Darstellungen vor allem im vielfach wiederholenden Rapport von Textilien oder in der textbezogenen Buchillustration. Auffällig ist, dass zwischen den unterschiedlichen Rechtsschulen und Landeskulturen, aber auch innerhalb ein und derselben Zeit oder innerhalb der gleichen Kultur sehr unterschiedliche Auslegungen und unterschiedliche Bildpraktiken nebeneinander existieren. Es ist nicht möglich, von einer abgeschlossenen, einheitlichen oder gar festgefügten islamischen Bildtheologie zu sprechen.

Die folgenden Bildbeispiele machen exemplarische Fragen im christlichen Streit um das Bild anschaulich:

- Die Ikone des 12. Jahrhunderts stellt die Frage nach der Bedeutung des »nicht von Menschenhand gemachten«, authentischen Christusbildes vor (→ Kap. 13).
- Das Mosaik im Kirchenraum von Sant' Apollinare Nuovo bietet ein Beispiel für die lehrhafte Inanspruchnahme der Bilder vor allem in der westlich-lateinischen Tradition (→ Kap. 14).
- Fragen zur Einbindung von Kunst in den Kirchenraum und die damit einhergehende liturgische Indienstnahme sowie damit verbundene Restriktionen und Potenziale werden an einem Beispiel der Gegenwartskunst anschaulich (→ Kap. 15).
- Die reformatorische Bildkritik wird an einem Akt der Zerstörung im Münsteraner Dom vorgestellt, der sowohl das zeitgenössische theologisch-spirituelle wie auch das sozialpolitische Bezugsfeld deutlich werden lässt (→ Kap.16).
- Die Überführung der Diskussion in den genuin künstlerischen Kontext markiert der »bildinterne Ikonoklasmus« (Gottfried Boehm) in der Arbeit von Angus Fairhurst (→ Kap. 17).
- Zuletzt wird am Beispiel des berühmt-berüchtigten gekreuzigten Frosches gefragt, welches (religiöse) Erregungspotenzial sich heute noch mit bildlichen Darstellungen verbindet (→ Kap. 18). (rb)

# 13. »Nicht von Menschenhand gemacht«

## Die frühchristliche Legitimation der Kultbilder

Johannes von Damaskus hatte im Bilderstreit die Inkarnationslehre als Begründung für die Möglichkeit des Kultbildes und seine Verehrung stark gemacht. Der unsichtbare Gott hat in Jesus Christus ein Bild von sich selbst gegeben. Abbilder Jesu Christi dürfen verehrt werden, da in ihnen das Urbild verehrt wird. Wenn damit die grundsätzliche Möglichkeit von Bildbesitz und Bildverehrung gegeben ist, so stellt sich doch die Frage nach der Möglichkeit einer Bild*produktion,* die der

Mandylion, Ikone aus Nowgorod, 12. Jahrhundert

Relation von Urbild und Abbild Rechnung trägt.

Wenn Gott der Welt in Jesus Christus ein Bild von sich gegeben hat, so müssen die Abbilder folgerichtig in Beziehung zur Person Jesu Christi stehen. Gefragt wird damit nach der Authentizität des Christusbildes, im Letzten nach der Wahrheit der Ikone – und zwar jeder einzelnen. Wenn also im 6. Jahrhundert eine zunehmende Vereinheitlichung der Christusdarstellungen zu beobachten ist und parallel dazu Beschreibungen des Aussehens Jesu im Umlauf sind, die auf vermeintliche Augenzeugen zurückgehen, so spiegelt sich darin der Wunsch, die Beziehung der Ikone zum Urbild und damit ihren Anspruch auf Verehrung zu beglaubigen (Lange 2002, 71). Die frühchristlichen Legenden zum sogenannten *Acheiropoieton,* zum »nicht von Menschenhand gemachten Bild«, bringen dies zum Ausdruck. So erzählt ein mehrfach erweiterter Legendenstrang, der aramäische König Abgar habe Jesus durch einen Boten um Hilfe in Krankheit gebeten und einen handgeschriebenen Brief erhalten. In einer Erweiterung der Erzählung wird berichtet, der Bote sei Maler gewesen und habe ein Porträt des lebenden Jesus angefertigt bzw. (in einer noch späteren Version der Legende) den Abdruck des Gesichts Jesu in einem Tuch erhalten (Belting 2006, 61). Deutlich wird hier das Bedürfnis nach dem »echten« Bild, wobei die künstlerische Porträtgenauigkeit durch eine körperlich-substanzielle Bildwerdung noch übertroffen wird (vgl. auch Dorothee von Windheim, → Kap. 48). Die besondere Verehrung, die den verschiedenen Tuchbildern der christlichen Tradition (Grabtuch von Turin, Schweißtuch der Veronika) entgegengebracht wird, belegt die Wertschätzung dieser Bilder. Deutlich wird an ihnen, dass die spirituelle Verbindung mit dem Heiligen, auch die Nähe des unsichtbaren Gottes nachgerade leibhaftig gedacht wird. Die Bilder sind dort am wirksamsten, wo sie eigentlich *Reliquien* sind. Deren Wirksamkeit und Nähe zum Urbild bleibt aber auch in den originalgetreuen Abbildern oder Kopien erhalten. Das führt dazu, dass das sogenannte *Mandylion,* das Tuchbild, zu einer der wichtigsten Ikonendarstellungen zählt.

Die hier gezeigte russische Ikone des 12. Jahrhunderts zeigt das Gesicht Jesu Christi, wie es seit dem 6. Jahrhundert als verbindlicher Typus überliefert ist: ein ebenmäßig schmales Gesicht, in der Mitte gescheiteltes, halblanges braunes Haar, ein voller Bart. Die Darstellung entspricht antiken Vorstellungen von männlicher Schönheit. Die ausgewogenen Proportionen und die zurückgenommene Mimik machen den hoheitlichen Anspruch deutlich. Auffällig sind kleine Unregelmäßigkeiten: die Stirnlocke sowie die Augenstellung, die den Eindruck von Gleichmaß und Zentrierung etwas irritieren. Besonders auffällig aber ist das Fehlen von Hals und Oberkörper, das Gesicht scheint vor dem Kreuznimbus und dem Goldgrund förmlich zu schweben. Dies ist ein Hinweis auf die Herkunft der Darstellung aus dem Tuchabdruck, der ja nur das Gesicht zeigt. Während andere Darstellungen dieses Typs das Tuch selbst oft von Engeln gehalten oder mit Knoten gerafft darstellen, verzichtet diese Ikone auf eine »naturalistische« Abbildung des eigentlichen Bildträgers aus dem Kontext der Bildentstehungslegende. Das Antlitz Jesu Christi schwebt vor dem Kreuznimbus, in den es wie in eine Kreisform eingezeichnet ist. Gerade die merkwürdige Unkörperlichkeit bewirkt aber, dass die Betrachterinnen und Betrachter sich umso mehr von diesem Antlitz angeschaut erfahren. Das Wechselspiel von Sehen und Gesehenwerden, die »Kraft des Blickes« (Bredekamp 2010, 238) gehört – lange vor der christlichen Ikone – zum spezifischen Bildvermögen, von dem im Übrigen auch das biblische Bilderverbot etwas weiß, wenn es in den prophetischen und weisheitlichen Texten geradezu beschwörend von den »Nichtsen« spricht (Weish 13).

Die Nowgoroder Ikone erhält durch ihre spezifische Form einen widersprüchlichen »Doppelcharakter« zwischen Körperspur und Maske, zwischen Beweis und Bild, der aber durch den Blick aufgehoben wird: »Der Blick verwandelt die Maske gleichsam in das lebende Gesicht zurück, von dem der Abdruck einmal genommen wurde (Belting 2006, 50). Die besondere Form zielt dabei aber »nicht vorrangig auf Ähnlichkeitsmomente« (Hoeps 2012, 92 Anm. 5). Das Zueinander von Symmetrie und Asymmetrie sowie die Einbindung in eine anaturalistische, ornamentale Struktur machen deutlich, dass diese Bildform nicht »echt« und »wahr« im Sinne von Historizität sein will. Die Ikonenmalerei und die mit ihr verbundene Theologie zielen nicht und zielten nie auf das Aussehen des charismatischen Wanderlehrers aus Nazaret! Vielmehr kommt hier der Anspruch zum Ausdruck, in einer formalen Struktur Möglichkeiten menschlicher Gottesrede ganz grundsätzlich auszuloten, die in der Christusikone nicht zuletzt um das Zueinander und die Einheit von menschlicher und göttlicher Natur kreist. »Bilder im Christentum haben (...) teil an der Inkommensurabilität des menschlichen Erkenntnis- und Ausdrucksvermögens gegenüber dem Göttlichen. Die

### DER VATER DER »BILDTHEOLOGIE«

***Johannes von Damaskus*** wurde um 650 geboren. Er entstammt einer arabisch-christlichen Familie, die außerhalb des Byzantinischen Reichs lebte. Sein Vater war Hofbeamter des Kalifen und auch Johannes trat zunächst in den Staatsdienst ein. Aufgrund des antichristlichen Kurses späterer Herrscher zog er sich in das Sabaskloster bei Jerusalem zurück. Er gilt als Verfasser liturgischer Gesänge und war Berater des Patriarchen von Jerusalem. Im byzantinischen Bilderstreit setzte sich Johannes für die Verehrung der Ikonen ein. Ob seine apologetischen Schriften im Reich rezipiert wurden, ist unklar (Feige/Hradsky 1996, 12). Im Jahr 754 wurde er auf der bilderfeindlichen Synode von Hiereia verurteilt, auf dem bilderfreundlichen Konzil von Nizäa 787 als »Verteidiger der Wahrheit« gerühmt (ebd., 13). Er starb um 750, seine Reliquien wurden im 14. Jahrhundert nach Konstantinopel übertragen.

Unangemessenheit schränkt ihren Wert als ›naturgetreue‹ Abbilder ein, sie ist aber auch der tiefere, sachliche Grund für die Existenz von Bildern im Christentum, insofern diese mit dem Streben nach Darstellung zugleich die Grenzen des Darstellbaren reflektieren« (ebd., 92). In dieser Hinsicht haben die traditionellen Ikonen auch heute noch Anteil an der unabgeschlossenen theologischen Vergewisserung über die Rede von Gott. (rb)

### PRAXISBAUSTEINE

- Die Teilnehmerinnen und Teilnehmer recherchieren und vergleichen Positionen zum Turiner Grabtuch und zur Fankultur der Gegenwart. Zum Beispiel: 2007 gab es bei einem Konzert der Boygroup »Tokio Hotel« ein Gerangel unter den Fans um ein Handtuch, mit dem der Leadsänger sich den Schweiß abgewischt hatte und das er dann in die Menge warf. Die Security musste einschreiten und das Tuch sicherstellen, um Schlimmeres zu verhindern (vgl. FAZ vom 17.4.2007: »Das Handtuch, das die Welt bedeutet«).
- Sie tragen in eine Liste mit zwei Spalten ein, inwiefern sie in der Ikone Gott begegnen können und inwiefern nicht, und formulieren eine bilderfreundliche Position für eine Spiritualität der Gegenwart.
- Und was sagt man dazu: http://www.holytaco.com/25-holy-images-everyday-things? Die Teilnehmerinnen und Teilnehmer diskutieren mithilfe der theologischen Argumente »nicht von Menschenhand gemachte Bilder« der Gegenwart.
- Sie beziehen in die Erschließung die Installation von Dorothee von Windheim mit ein (→ Kap. 48).

### LITERATURHINWEISE

Belting, Hans, Das echte Bild. Bildfragen als Glaubensfragen, München 2006.

Lange, Günter, Bilder zum Glauben. Christliche Kunst sehen und verstehen, München 2002, 68–95, bes. 73–76.

# 14. »So geht Kirche!«

## Bilder im Kirchenraum als lehrhafte Verkündigung

Mit dem Sturz des letzten Kaisers Romulus Augustulus durch die Germanen findet das Weströmische Reich 476 sein Ende. Der oströmische Kaiser versteht sich als Herrscher des Gesamtreichs und schickt den ostgotischen Heermeister Theoderich zur Eroberung Italiens aus, der schließlich 497 als König und Regent in Italien durch den Kaiser in Konstantinopel anerkannt wird. Er residiert als Theoderich der Große in Ravenna, das unter seiner Herrschaft eine kulturelle Blütezeit erlebt.

Die ostgotischen Christinnen und Christen unter Theoderich in Ravenna sind Arianer. Der trinitätstheologische Beschluss des Konzils von Nizäa 325, der Sohn sei wesensgleich (griech. *homooúsios*) mit dem Vater, wird von ihnen nicht anerkannt, vielmehr vertreten sie

Huldigung der Drei Magier, Mosaik in Sant' Apollinare Nuovo, Ravenna, 6. Jh.

die Auffassung, Christus sei ein schlechthin anderer als der Vater und ihm untergeordnet (Subordinationismus).

Die – teils auch kriegerischen – innerkirchlichen Auseinandersetzungen um den Arianismus sind nicht nur von dogmatischen, sondern auch von kirchenpolitischen, ethnisch-kulturellen und nicht zuletzt imperialen Fragen und Spannungen geprägt. Die Machtstellung des Theoderich führt zu seinen Lebzeiten zu einer Stärkung der ostgotischen arianischen Führungsschicht, nach seinem Tod aber gerät diese unter Druck und aufgrund einer Verordnung des oströmischen Kaisers Justinian († 565) werden um 561 die ravennatischen arianischen Kirchen unter Bischof Agnellus in den katholischen Kult überführt. Politisch und religiös unliebsame Bildmotive werden entfernt und durch neue ersetzt. Das betrifft in der vormaligen arianischen Hofkirche des Theoderich vor allem die Prozessionen der Märtyrer und der Märtyrerinnen – einschließlich der hier vorgestellten Huldigung der drei Magier – auf den Langhauswänden, die nunmehr »katholisch« den noch aus der Theoderichzeit stammenden Darstellungen der thronenden Gottesmutter mit dem Kind und dem thronenden Christus Pantokrator (griech. »Allherrscher«) entgegenziehen.

Die Vorstellung, dass die Sterndeuter (griech. *magoí*) des Matthäusevangeliums zu dritt waren, findet sich schon bei Origenes († um 254) und hat vermutlich mit der Dreizahl der dargebrachten Gaben zu tun. Das Mosaik in Sant' Apollinare Nuovo kennt bereits ihre Namen, die über den Figuren dem Goldgrund eingeschrieben sind: BALTHASSAR – MELCHIOR – GASPAR. Vorgestellt werden sie bildlich sehr dezidiert als »Ausländer«, vornehmlich durch die phrygische Mütze, die alle drei tragen, eine Kopfbedeckung, deren Zipfel nach vorn getragen wird. Darüber hinaus weist sie ihre bunte Kleidung mit dem gegürteten Untergewand *(Chiton)* und dem kurzen Reisemantel *(Chlamys)* als Orientalen aus, die von weither kommen (LCI 1, 541). Auffällig ist ihre altersmäßige Unterscheidung: Der linke mit dunklem Haar und Bart, der mittlere jugendlich bartlos, der Anführer mit weißem Haar und Bart. Sie vertreten so sinnbildlich die drei Lebensalter, also gewissermaßen die ganze Menschheit; später – und vor allem in der westlichen Kunst – werden sie als Könige bezeichnet und stehen, nicht zuletzt durch die Darstellung eines schwarzen Königs, sinnbildlich auch für die ganze Welt, nämlich die damals bekannten Erdteile Europa, Asien und Afrika. Die drei unterschiedlich geformten Gefäße verweisen auf die unterschiedlichen Schätze, die allesamt schon biblisch als Gaben für den königlichen Herrscher zu verstehen sind (Kügler 1997). Der Huldigung eines Königs entsprechen auch die Körpersprache und die Gestik der Figuren, die auf die spätantike imperiale Triumphalkunst, vornehmlich auf Darstellungsformen der Tributübergabe an den siegreichen Herrscher oder Feldherrn zurückgehen (Deichmann 1974, 150). Alle drei Magier sind in Schrittstellung mit vorgestreckten, z.T. demütig verhüllten Händen zu sehen. Die

> **ZUR KIRCHE**
>
> ***Sant' Apollinare Nuovo*** in Ravenna in Oberitalien wurde als Hofkirche Theoderichs des Großen Ende des 5./Anfang des 6. Jahrhunderts erbaut und Christus geweiht. Es handelt sich um eine dreischiffige Basilika, deren Innenraum mit Mosaiken geschmückt ist. 561 wird die arianische Christuskirche im Anschluss an das Reskript Kaiser Justinians († 565) von Bischof Agnellus dem katholischen Kult zugeführt und dem hl. Martin von Tours geweiht. In der Folge werden Teile des arianischen Bildprogramms verändert und ersetzt. Ab dem 9. Jahrhundert heißt die Kirche Sant' Apollinare Nuovo, da zeitweilig die Reliquien des hl. Apollinaris hier aufbewahrt wurden. Die heutige Vorhalle stammt aus dem 16. Jahrhundert und ersetzt vermutlich einen älteren Narthex; der heutige Chor ist eine Rekonstruktion der ersten Apsis. Der freistehende Glockenturm stammt aus dem 9. Jahrhundert. Im 17. Jahrhundert wurde der vormals offene Dachstuhl mit einer Kassettendecke geschlossen. Das Fußbodenniveau ist im Laufe der Zeit mehrfach angehoben worden (Stützer 1989, 35 ff.). Von besonderer kunstgeschichtlicher Bedeutung ist der Mosaikschmuck in der dritten, der obersten Bildzone des Langhauses: Dort finden sich ein Zyklus von Szenen aus dem Wirken und der Lehre Jesu Christi (Nordseite) und ein Zyklus der Leidensgeschichte (ohne Kreuzigung!) und der Auferstehung Jesu Christi (Südseite). Sie gehören zu den wenigen erhaltenen Zeugnissen dieser narrativen Motive aus frühchristlicher Zeit. Unklar ist, ob die Darstellungen ravennatische Erfindung sind oder auf ältere Vorbilder zurückgehen (Deichmann 1969, 192).

leichte Beugung der Knie sowie die vorgeneigten Oberkörper signalisieren, dass die Figuren dabei sind, vor der von Engeln flankierten thronenden Gottesmutter mit dem Kind niederzufallen. Die Engel mit ihren einladenden und Schweigen gebietenden Gesten erscheinen wie kaiserliche Hofbeamte. Die Darstellung der Gottesmutter mit Engel-Hofstaat entstammt noch der ursprünglichen Ausstattung der Kirche unter Theoderich (Deichmann 1969, 173).

Gezeigt werden die drei Sterndeuter in einer unbestimmten blühenden Wiesenlandschaft, die im Hintergrund mit Palmen bestanden ist. Die Sterndeuter teilen diesen Bildgrund mit dem Zug der Märtyrerinnen, der über die gesamte Langhauswand führt und den sie gleichsam anführen. Auffällig ist bei den Frauenfiguren wie auch bei den Figuren der Magier eine ungewöhnliche Gleichförmigkeit in Haltung und Schrittstellung sowie eine gewisse Entkörperlichung der Figuren durch eine besonders abstrakte Formgebung. Zu fragen ist, warum diesem eher monotonen Huldigungszug (dem der Zug der männlichen Märtyrer auf der gegenüberliegenden Wand entspricht) die prominente, gut sichtbare Bildzone über den Arkaden des Langhauses zugewiesen ist, während die inhaltsreichen christologischen Zyklen den Augen der Kirchenbesucherinnen und -besucher nahezu entzogen knapp unter der Decke zu finden sind.

Die Heiligen, die sich zur Huldigung der Gottesmutter mit dem herrscherlichen Kind in monoton langsamer, nur leicht variierter Bewegung nähern, vollziehen als schon in Gott Vollendete bildlich, was sich in den Litaneien der versammelten Gläubigen spirituell-aktuell vollzieht. Sie zeigen damit anschaulich, was Kirche ist, und sie stellen lehrhaft vor Augen, worauf Kirche ausgerichtet ist. Mit dieser Thematik befinden sie sich vergleichsweise nahe bei den Gläubigen, was auch in einer gewissen räumlichen Nähe zum Ausdruck kommt, während die christologischen Motive stärker der himmlischen Sphäre zugeordnet werden und daher der irdischen Wirklichkeit bereits entrückt sind. In derartigen räumlichen Platzierungen findet auch das realpräsentische spätantike Bildverständnis mit seinem besonderen Zueinander von Dies- und Jenseitigkeit seinen Ausdruck (ebd., 176). Eine eher episodisch-narrative Unterweisung, wie sie später in der Westkirche begegnet, ist hier nicht angezielt (Paolucci 1971, 20).

### PRAXISBAUSTEINE

- Die Teilnehmerinnen und Teilnehmer vergleichen die Darstellung mit Mt 2, 1–12 und notieren Abweichungen zwischen Text und Bild.
- Sie vergleichen die Darstellung mit jüngeren Darstellungen der »Heiligen Drei Könige« und recherchieren die Hintergründe für das Auftreten des schwarzen Königs und der schwarzen Königin (vgl. Müller 2010).
- Sie schreiben eine Kurzpredigt für die (heutigen) Gläubigen in Sant' Apollinare Nuovo, die sich auf das Bild der Drei Magier bezieht.

### LITERATURHINWEIS

Müller, Stephan, Die Heiligen Drei Könige und die schwarze Königin, in: Katechetische Blätter 135 (2010) H. 6, 448–452.

Stützer, Herbert Alexander, Ravenna und seine Mosaiken, Köln 1989.

# 15. Offene Deutungsangebote

## Perspektiven der Gegenwartskunst im liturgischen Raum

Innerhalb der Christentumsgeschichte werden Sinn, Deutung und Funktion des christlichen Kirchenraums bis heute immer wieder unterschiedlich verstanden und angeeignet. Gründe dafür sind die Inkulturation des Christentums in differente Kulturräume und die zeitgeschichtlichen Transformationen von Kult und

Ben Willikens, Wandbild in St. Theresia, Münster / Westf., 1999

Frömmigkeit (Adam 1984; Meyer 1994; Erne 2012; → III.F). Für das heutige Verständnis des katholischen Kirchenraums sind die liturgischen Aufbrüche zu Beginn des 20. Jahrhunderts von Bedeutung, deren Impulse 1963 in der Liturgiekonstitution »Sacrosanctum Concilium« des Zweiten Vatikanischen Konzils aufgenommen wurden. Die gottesdienstliche Feier wird dort als »Quelle und Höhepunkt« allen Tuns der Kirche bezeichnet (Stuflesser/Winter 2004, 92 f.). Für den Kirchenraum bedeutet das, dass er als *Handlungsraum* der feiernden Gemeinde in den Blick rückt, auch als *Ermöglichungsraum* der Erfahrung von Gemeinschaft miteinander und mit Gott. Das erfordert eine gerichtete Raumstruktur, die den Altar als Mittelpunkt der feiernden Gemeinde erkennbar werden lässt, und eine Raumausstattung, die die traditionelle Bildprogrammatik nunmehr stärker an das Geschehen im Raum ausrichtet. Erhalten bleibt dabei aber die dem Kirchenraum grundsätzlich eigene Spannung zwischen der Materialität des Raums und der Erkenntnis, »dass es in der Erfahrung des Raumes etwas gibt, das in dieser Raumerfahrung nicht aufgeht«, eine mit dem Raum als Raum verbundene »Transzendenzvermutung« (Erne/Schüz 2010, 12).

Mit dem Raum als Raum und mit Fragen einer Transzendenzvermutung im Zusammenhang mit dem Raum beschäftigt sich systematisch auch die Malerei von Ben Willikens. Für die Altarwand der Kirche St. Theresia in Münster gestaltete der Künstler 1999 ein Wandbild, das einerseits dem Kirchenraum als liturgischem Raum der feiernden Gemeinde Rechnung trägt, das aber andererseits gerade auch im Blick auf die heterogenen, individualisierten Deutungsstrukturen der Gegenwart theologisch wie spirituell »aneignungsproduktiv« erscheint. Das Bild ist auf die Stirnwand einer typischen »Wegekirche« der 1950er-Jahre aufgebracht: Die Gemeinde wird vom Eingang her durch das Mittelschiff zum Altarraum hingeführt, der Raum also in der Längsrichtung betont, die dann durch eine, nur von der Seite beleuchtete, weiße Wand beschlossen wird. Die architektonischen Konzepte, auf die diese Wegekirchen zurückgehen, betonen, dass die weiße Wand nicht einfach Abschluss des Raums ist, sondern durch die indirekte Beleuchtung gleichsam immaterialisiert wird, daher durchlässige Membran ist, etwas »Diaphanes« (Pehnt 1999, 73). Demgemäß ist der Blick auf die weiße Wand unmittelbar hinter dem Altar kein Blick ins Leere, sondern Blick ins »Unendliche«, »Ungreifbare«. Aufgrund von Umbauten im Gefolge der Liturgiereform rückte der Altar in St. Theresia allerdings ins Mitte schiff hinein, sodass die weiße Wand des erhöhten ehemaligen Altarraums nun doch als bloße weiße Freifläche erschien (Sternberg 2004, 25).

Das Wandbild von Willikens projiziert auf diese Wand strikt zentralperspektivisch eine sich öffnende, ansteigende Flucht von Räumen. Der Künstler wiederholt die seitlichen Lichtöffnungen des realen Raums links in seinem Werk, zitiert auch die schlanken Säulen, die den realen Kirchenraum stützen, und verstärkt so die tiefenräumliche Illusion, dass hier der Kirchenraum fortgesetzt und schließlich »ins Unendliche« geöffnet wird. Dabei wird ein umstandsloses suggestives Sich-hineinziehen-Lassen, gar Hinaufziehen-Lassen der sich im realen Raum befindenden Betrachterinnen und Betrachter wirkungsvoll verhindert, indem der Künstler perspektivisch eine hohe Stufe einzieht, die den Boden des realen Raums vom ansteigenden Boden des gemalten Raums trennt. Es entsteht der Eindruck, im Realraum in einer »dunklen Grube« (Sternberg 2004, 26) zu sein und zu verbleiben, hinter der sich ansteigend die zunehmend heller werdenden offenen Räume erstrecken. Dass der gemalte Raum ein »ganz anderer« Raum ist, erweist sich gleichermaßen zwingend durch die bildräumliche Begrenzung nach vorn wie auch durch die farbliche Gestaltung. Von den vorderen dunkleren Zonen aus, die durch Licht- und Schatteneffekte unterbrochen sind und beunruhigt werden, hellt sich durch zarte farbliche Abstimmung des Weiß mit den Primärfarben das Bild strikt zentriert nach hinten auf. Hinter der letzten wahrnehmbaren Wandöffnung verschwebt die Wahrnehmung in strahlender, farblich unbestimmter Helligkeit. Dabei lässt der Künstler offen, ob dieses gleißende Licht schon »das Ende« ist oder ob danach noch »was kommt«, denn die Gliederung der Raumfluchten durch abwechselnd gerade und gebogene Wandöffnungen suggeriert eine alternierende Reihung, die potenziell noch weiter reichen kann. Was sieht, wer »das Licht« sieht? Alles und nichts. In den Werken von Ben Willikens finden sich zwar inhaltlich-ikonografische Andeutungen, die aber Deutungsangebote sind, die der Künstler freigibt: »Ein gutes Kunstwerk muss in der Substanz, in der Form (…) angelegt sein, denn Form kann gar nicht ausgedacht werden. (…) Form ist eine Sache, die wie ein Sediment durch Ablagerung des Lebens im Meer entsteht. Das Meer verdunstet schließlich und das Sediment ist dann die ursprüngliche und unsichtbare Form. Der Künstler ist der Profi, der die Form dann herausmeißelt, die aber eigentlich schon seit ewigen Zeiten als Substanz vorhan-

ZUM KÜNSTLER

***Ben Willikens*** (*1939 in Leipzig), Studium der Malerei und Grafik an der Staatlichen Akademie der Bildenden Künste in Stuttgart, lehrte zuletzt bis 2004 als Rektor der Akademie der Bildenden Künste in München. Ab 1969 kristallisiert sich in seinem Schaffen das Thema »Raum« und seine spezifische Technik heraus. Willikens arbeitet nicht-expressiv, er nutzt Sprühtechnik und flächige Acrylmalerei zur Tilgung aller »Handschriftlichkeit«. Die Stimmung seiner Bildwerke wird vornehmlich durch Grisaillemalerei erzeugt, wobei seine Grautöne sich nicht nur durch die Abstufung von Weiß und Schwarz, sondern in den späteren Jahren durch die neutralisierende Mischung der Grundfarben Rot, Gelb, Blau ergeben. Neben Tafel- und Wandbildern entwirft Willikens auch Bühnenbilder.

den war. Insofern braucht man keine Furcht haben, wenn ein Kunstwerk leer daherkommt. Es füllt sich sehr schnell, wenn sich jemand damit beschäftigt« (Willikens/Schüz 2012, 266). In diesem Sinne bietet das Wandbild von St. Theresia die Möglichkeit einer Aneignung sowohl des »Wegs« als auch des »Lichts« in mehrfache Richtungen. Christologische und eschatologische Deutungen vor allem der Lichtmetapher, die die Platzierung als Altarwandbild nahelegen, sind ebenso möglich wie auch religiös unbestimmt bleibende Reflexionen der – noch in der Reproduktion nachvollziehbaren – leiblich erfahrbaren, anthropologisch bedeutsamen Konfrontation mit Raum und Licht. Gleiches gilt für Assoziationen zu den Requisiten im Bild: Kugel, Stäbe, Haken und die dunklen Luken und Lichtöffnungen. Sie können im liturgischen Raum gelesen werden als Anspielungen auf die Vollkommenheit in Gott (Kugel), auf die Passionswerkzeuge (Stäbe und Haken), die Grablegung Christi (Luke unten rechts), aber auch als allgemeine symbolische Formen für Vollkommenheit, Wanderschaft, Tod, Leben oder als geheimnisvoll offenbleibende Requisiten eines irrealen, eines »anderen« Raums im Raum. (rb)

### PRAXISBAUSTEINE

- Die Teilnehmerinnen und Teilnehmer nennen Assoziationen zum Begriff »Licht« und beschreiben anschließend das Lichtphänomen bei Willikens.
- Sie gestalten mit Abschattierungen zwischen Weiß und Schwarz »Schwellen zum Licht«.
- Sie suchen im Gesangbuch Lieder zum Thema »Licht« und gestalten mithilfe dieser Texte Kommentare zum Bild.

### LITERATURHINWEISE

Lenssen, Jürgen (Hg.), Ben Willikens. Räume der Transzendenz, Künzelsau 2009.

Sternberg, Thomas, Schwelle zum Licht. Zu den Kirchenwandbildern von Ben Willikens, in: das münster 57 (2004) H. 1, 18–28.

# 16. Bilder entmachten

## Bildzerstörung als Auseinandersetzung mit sozialer und geistlicher Macht

Grabstein einer Äbtissin am Dom zu Münster mit Spuren des Bildersturms der Täufer, 1534

Am 24. Februar 1534 hatte das Domkapitel in Münster Dom und Dombezirk verlassen, die städtische Obrigkeit, die zu dieser Zeit von radikalisierten Anhängern der Reformation gestellt wurde, öffnete den Zugang zu Kirche und Kirchenschatz, verfügte dessen Überführung in Kommunalbesitz und setzte die Vernichtung und Zerstörung der Kultgeräte, insbesondere auch der Kult- und Heiligenbilder in Gang (Klötzer 1992, 77). Der Begriff »Bildersturm« für diese und ähnliche Aktionen im Zuge der reformatorischen Auseinandersetzungen des 16. Jahrhunderts ist durchaus treffend, denn es handelt sich nicht einfach um eine Entfernung der Bilder, sondern um gewalttätige Aktionen größerer Gruppen. Der Begriff »Bildersturm« ist aber auch nicht ganz treffend, sofern in ihm die Vorstellung eines bloß ungezügelten, spontanen, rein vandalistischen Aufruhrs mitschwingt. Die historischen Quellen machen nämlich deutlich, dass die Zerstörung theologisch reflektiert und in ein geistliches Programm eingebunden war. Im Vorfeld der Aktionen hielten täuferische Prädikanten Predigten, die die Vorstellung einer göttlichen Heilsvermittlung durch die Bilder und die Bildverehrung als Inanspruchnahme sakraler Macht scharf verurteilten und demgegenüber die reformatorische Lehre der Errettung durch das Wort allein darlegten. Folglich wäre dann die Beseitigung der Bilder Erfüllung des Willens Gottes und ihre Form nicht einfach rein destruktiv zu vollziehen, sondern ein religiös bedeutsamer, nachgerade symbolisch-repräsentativer Akt. Die dezidierte Begründung könnte also darauf hindeuten, »dass die Lutheraner und Täufer in Münster ihre bilderstürmerischen Aktionen entsprechend dem eigenen Erwählungsbewusstsein als heilige Handlungen betrachteten« (Lutterbach 2006, 256). Dafür spricht auch, dass die Bildzerstörer offenbar kontrolliert und gezielt vorgingen und die Bilder nicht einfach vernichteten, sondern in auffälliger Weise beschädigten, nämlich regelrecht verstümmelten. Das Bild auf dem Grabmal einer Äbtissin wurde mit sehr gezielten Schlägen in das Gesicht und auf die Hände attackiert: »Da an dem Kunstwerk nicht die Kunst, sondern die Sinninformation angegriffen wurde, ist der Entstellungsakt kein künstlerischer, wohl aber objektiv ein ästhetischer Akt« (Warnke 1973, 93). Auffällig ist, dass trotz der massiven Gewalt Schleier und Faltenwurf des Gewandes, die den Stand der Person angeben, vollends erhalten blieben. Auch die linke Hand, die ein Buch hält, blieb unversehrt, während der rechten Hand, der Schwurhand, ausgerechnet Zeige- und Mittelfinger fehlen. Getroffen wurden im Gesicht die Augen- und die Mundpartie und zwar so, dass sie verletzt erscheinen, eine »verwandelte Physiognomie« (ebd). Für die Betrachterinnen und Betrachter bietet sich ein Bild der Hilflosigkeit: Die Augen wollen sehen und können nicht, der Mund ist durch tiefe Löcher förmlich verschlossen. Sinnfällig wird nun am Bild deutlich, dass dieses selbst hilflos ist. Damit wird die mittelalterliche Heiligenverehrung, die von der lebendigen, anwesenden Macht der Heiligen in ihren Gräbern, Reliquien und auch ihren Bildern überzeugt war (Angenendt 2007), hier gleichsam entlarvt. Vielleicht zeigt sich in den gezielten Attacken aber auch gerade ein Rest Unsicherheit bezüglich der Macht der Heiligen in ihren Bildern. Man macht sie »›unschädlich‹ (…), indem man sie der sinnenhaften Wahrnehmung beraubte« (Lutterbach 2006, 257).

### DIE TÄUFERBEWEGUNG

Im zweiten Viertel des 16. Jahrhunderts entstanden im Zuge der Reformation christliche Gruppen, die die Kindertaufe ablehnten und eine bewusste, willentliche Erwachsenentaufe als Bekenntnistaufe forderten. Die ***Täufergruppen*** sahen sich in der unmittelbaren Nachfolge Christi, sie forderten die kompromisslose Übereinstimmung von Glauben und Leben im Kontext einer christlichen Gemeinschaft zur Verwirklichung des Reichs Gottes auf Erden. Damit einher gingen politische und soziale Forderungen, die sie direkt aus der Heiligen Schrift ableiteten. Wegen ihrer Ablehnung der Obrigkeit, der Forderung nach Gütergemeinschaft und der radikalen Infragestellung geistlicher Macht wurden sie vielerorts verfolgt. Die Konsequenz des täuferischen Selbstverständnisses ist im Letzten die Errichtung einer Theokratie bzw. angesichts des Scheiterns der Durchsetzung einer »urgemeindlichen« Sozialordnung eine apokalyptisch-endzeitliche Ausrichtung.

Die gezielte Verstümmelung von Sinnesorganen und Extremitäten erinnert zudem an die Körperstrafen des 16. Jahrhunderts. Wie an Betrügern und Dieben vollzieht man an den Skulpturen und Bildwerken amtliche Strafen und auch hier ist so etwas wie eine Umkehrung der Verhältnisse zu beobachten: »Die gängigen Praktiken der Herrschaft sind gegen deren Symbole gekehrt (…) Entsprechend dem hergebrachten gerichtlichen Verfahrensmuster haben die gestraften Bildwerke Abschreckungsfunktion gehabt, sie sollten ›von den andern erkannt werden‹« (Warnke 1973, 94). Damit ist nicht nur der sich auf die Bilder beziehende geistliche Machtanspruch obsolet, sondern auch der soziale und politische. Mit dem Bildersturm werden auch die Autoritäten der vormaligen Gesellschaftsordnung attackiert. Das Bild der Äbtissin im Dom zu Münster steht für die fürstbischöfliche und geistliche Autorität und Herrschaft, der der Rat der Stadt jeweils Treue zu geloben hatte und gegen die sich der kommunale Aufstand der reformierten Bürgerschaft richtete. Die zunächst gemeinsame Frontstellung zu Beginn der 1520er-Jahre von lutherisch-gemäßigter und täuferisch-radikalisierter Bevölkerung gegen die sakramentale und territoriale Herrschaft des Fürstbischofs zeigt, dass es jenseits religiöser Eiferei um die – auch theologisch begründete – Stärkung des Gemeinsinns ging. Erst mit der Radikalisierung der Bewegung und der Zuspitzung auf die Frage des politischen Führungsanspruchs vollzieht sich dann die Ausgrenzung der Andersdenkenden und die Errichtung einer theokratischen Herrschaft (Klötzer 1992, 62 f.).

Im Bilderstreit der Reformation spiegelt sich die Auseinandersetzung um geistliche Macht in einem umfassenden Sinn. Gegen eine ausufernde Heiligen- und Bildverehrung, überhaupt gegen eine »materielle« Form der Frömmigkeit hatten schon im Spätmittelalter Reformbewegungen einen spirituellen, wortbetonten Zugang zum Heiligen stark gemacht. Bilderstürmerische Aktionen dieser Zeit sind demnach auch zu verstehen als Belehrungen zu rechter Frömmigkeit (Lutterbach 2006, 257). Luthers Kritik der Kultbilder zielt also einerseits auf die Vorstellung einer Heilsvermittlung durch das Bild und ist damit an die Gläubigen gerichtet, denen er die Bedeutung des Wortes einschärft. Andererseits zielt seine Kritik auf die geistliche Autorität, die vermittels der Kultbilder »Heilsbesitz« suggeriert, über den sie aufgrund der Lehre von der Rechtfertigung »durch Gnade allein« nicht verfügt. An dieser Schnittstelle erweist sich der reformatorische Bildersturm aber immer auch als Infragestellung sozialer und politischer Macht. Die Formen der gezielten Zerstörung verweisen auf den Zusammenhang von religiöser und sozialer Kritik. (rb)

## PRAXISBAUSTEINE

- Die Teilnehmerinnen und Teilnehmer begeben sich auf eine Fantasiereise an einen dunklen, kalten, einsamen Ort und finden dort das Foto einer geliebten Person. Sie tauschen sich darüber aus, was Bilder bedeuten können.
- Sie dokumentieren bekritzelte (Wahl-) Plakate und formulieren Thesen zu den Intentionen dieser ikonoklastischen Akte.
- Sie stellen dem Bild der Äbtissin ein Foto einer Marienfigur mit Blumenschmuck und Kerze zur Seite und schreiben einen Dialog der beiden Bilder.

## LITERATURHINWEISE

Lutterbach, Hubertus, Der Weg in das Täuferreich von Münster. Ein Ringen um die heilige Stadt (Geschichte des Bistums Münster, Bd. III), Münster 2006.

Warnke, Martin (Hg.), Bildersturm. Die Zerstörung des Kunstwerks, München 1973, hier besonders: Ders., Durchbrochene Geschichte? Die Bilderstürme der Wiedertäufer in Münster 1534/35, 65–98.

# 17. Zerschneiden, zerstören und dennoch zeigen

## Bildinterner Ikonoklasmus mit Collagen

Angus Fairhurst, Ten Pages from a Magazine, Body and Text Removed, 2007

»Ten Pages from a Magazine. Body and Text Removed«, so überschreibt der britische Künstler Angus Fairhurst eine Werkreihe aus seinem insgesamt heterogenen Œuvre. Dazu heftet er verschiedene Zeitschriftenseiten grob hintereinander und entfernt Schrift und »Schriftträger«. Die entstandenen Löcher geben den Blick frei auf die darunterliegende Seite oder auf die dortige Auslassung. So schimmern teils eine, teils zwei oder mehrere Seiten durch. Dadurch gewinnt das an sich zweidimensionale Bild eine Tiefe, die allerdings nicht zentralperspektivisch – wie in einen Raum oder einen Tunnel – in das Bild hineinführt. Vielmehr handelt es sich um eine unregelmäßige, mannigfach gebrochene Tiefe, die nicht räumlich auflösbar ist.

Das subtrahierende Verfahren entfernt somit sukzessive Bildelemente. Zugleich entsteht hierdurch Neues: Es entstehen Räume und sich überschneidende Flächen, die bei aller Abstraktion dennoch figurative Elemente besitzen. So erkennt man als (negative) Silhouette den Körper einer Frau mit erhobenem Arm, darüber ist – wenn auch undeutlich – ein weiblicher Körper von der Seite wahrzunehmen. Zahlreiche runde Linien und Flächen muten ebenfalls wie Körperteile an. Zugleich legen die Aussparungen auch gegenständliche Elemente anderer Schichten frei. So wird am linken Bildrand eine Tasche, am unteren ein Stuhlbein und am oberen ein Strauch sichtbar. Die Löcher gewähren somit punktuelle Einblicke in ansonsten verdeckte Bildwelten. Man kann sich in der Collage von Fairhurst mit einem »archäologischen« Blick bewegen – auf der Suche nach Verstecktem und Verdecktem. Dann »liest« man das Bild quasi diachron, als ob nach und nach neue Zeitschriftenseiten hinzugefügt worden wären, die das Vorangegangene verdecken. Die Collage ist aber zugleich synchron zu betrachten als ein flächiges Bild, das simultan unterschiedliche Bildereignisse präsentiert, die in und für sich ein stimmiges Ganzes ergeben, gerahmt von einem mehrfarbigen Rand, der aus den überstehenden Einzelseiten geformt wird.

Es liegt fern, diesem Bild einen explizit religiösen Gehalt zuzuschreiben. Viel eher werden hier im bildnerischen Gestaltungs- und Wahrnehmungsmodus hermeneutische Zugänge deutlich, die auch im theologischen Kontext von Belang sind. Dies sei durch einen Sprung zum Gottesbildverbot verdeutlicht, der gewagt erscheint, aber dennoch aufschlussreich ist. In der Collage von Fairhurst erscheinen Bilder, indem sie entfernt werden. Angus Fairhurst schneidet Elemente aus und macht diesen Akt explizit zum Titel: »Body and Text Removed«. Dadurch löscht er die Bilder nicht aus – im Gegenteil: Hiermit evoziert er neue Bilder, die ihren Ursprung in der Aussparung finden. Bildzerstörung geht somit mit Bildgenerierung einher. Fairhurst führt dieses Verfahren nicht nur einmal, sondern mehrfach durch und initiiert dadurch einen vielschichtigen ikonoklastischen Prozess, der zugleich neue Bilder produziert. Der Kunstwissenschaftler Gottfried Boehm spricht bei vergleichbaren Bildern vom bildinternen Ikonoklasmus. Darunter versteht er bildimmanente Prozesse moderner Kunst, die ihre eigenen Fundamente immer wieder selbst destruieren, um zu neuen Bildfindungen zu kommen.

ZUM KÜNSTLER

**Angus Fairhurst** (1966–2008) studierte in den 1980er-Jahren am Londoner Goldsmith College und gehörte zu den einflussreichsten Künstlern der sogenannten »Young British Artists«. Sein Œuvre ist sehr disparat und umfasst Skulptur, Malerei, Performance, Fotografie, Video, Musik, Druck, Zeichnung und Collage. Dabei kehren mehrere Motive und Fragestellungen immer wieder, so z.B. Elemente von Leere, Wiederholung und Übermalung oder die Figur eines Gorillas und der Einfluss der Massenmedien.

»Dieser interne Ikonoklasmus dient in aller Aggressivität und in seinem Revisionsanspruch letztlich einer potenten neuen Bildlichkeit« (Boehm, 1990, 28).

Fairhursts Collagen zementieren somit keine Bildvorstellungen, sie drängen keine Bilderwelten auf, sie legen nicht fest, was nicht festlegbar ist bzw. sein soll. Zugleich weisen die Collagen darauf hin, dass und wie sich Menschen dennoch ständig ein Bild machen. Gerade die Aussparung, die Negation des Figürlichen, ist Quelle neuer Bilder, wenn diese auch nicht im Bildträger selbst objektivierbar sind. Vielmehr sind es Bilder, die in den Köpfen der Betrachterinnen und Betrachter entstehen. Diese befinden sich im engen Wechselspiel mit dem materiellen Bild und sind damit nicht beliebig. Fairhursts Werk gibt so auch Auskunft über den Menschen als *homo pictor*, als ein auf Bilder und bildliche Vorstellungen bezogenes und verwiesenes Wesen. Liest man das alttestamentliche Gottesbildverbot »Du sollst dir kein Gottesbildnis machen« (Ex 20,4) in seiner strikten Auslegung als Verbot sämtlicher Darstellung des Göttlichen, wie dies über Jahrtausende von den Bildergegnern praktiziert wurde (wenngleich heute exegetisch kaum noch haltbar; → II.A Einführung), so veranschaulicht Fairhurst, dass ein solches Verbot der menschlichen Imagination zuwiderläuft. Und zugleich wird in »Body and Text Removed« deutlich, dass es Bildwerke gibt, die sich den gewichtigen Argumenten der Bildergegner im Christentum (Bilder beförderten eindimensionale, anthropomorphe Darstellungen des Undarstellbaren, begünstigten eine idolhafte Verehrung menschlichen Machwerks …) entziehen. In dieser Collage wird nichts Figürliches dargestellt und dennoch zugleich ein figuratives Bild erzeugt. Fairhurst realisiert Darstellung und Nicht-Darstellung zugleich. In seinen Arbeiten scheint etwas auf, was zugleich wieder verschwindet. Es zeigt sich und zeigt sich doch nicht. »Body and Text Removed« besitzt damit durchaus bildnerisch-strukturelle Analogien zu biblischen Offenbarungserzählungen (Ex 3,2–4). Was in der Bibel mit dichter Sprache beschrieben wird, nämlich die Erscheinung von etwas, das die menschliche Wahrnehmung übersteigt, thematisiert Fairhurst bildnerisch im Sich-Zeigen und Sich-Entziehen, im Enthüllen und dennoch Verbergen. (cg)

## PRAXISBAUSTEINE

- Die Teilnehmerinnen und Teilnehmer beschreiben, was sie sehen und wodurch dieses Gesehene bildnerisch hervorgerufen wird. Sie diskutieren – z. B. in einer Pro-Kontra-Tabelle –, inwiefern es sich bei der Collage um ein figuratives oder abstraktes Bild handelt.
- Sie lesen Ex 3,2–4 und arbeiten heraus, wie Gott sich hier den Menschen zeigt. Sie stellen Gemeinsamkeiten und Unterschiede zur Darstellungsweise Fairhursts heraus.
- Sie betrachten traditionelle Gottesbilder und problematisieren diese Darstellungsweise. Sie diskutieren, inwiefern Fairhursts bildnerisches Verfahren in Hinblick auf Gottesbilder bedenkenswert ist.

## LITERATURHINWEISE

Boehm, Gottfried, Ikonoklastik und Transzendenz. Der historische Hintergrund, in: Schmied, Wieland (Hg.), GegenwartEwigkeit. Spuren des Transzendenten in der Kunst unserer Zeit, Stuttgart 1990, 27–34.

Boehm, Gottfried (Hg.), Die Bilderfrage, in: Ders., Was ist ein Bild?, München 1994, 325–343.

Craddock, Sacha/Cahill, James (Hg.), Angus Fairhurst, London 2009.

# 18. Kann Kunst heute noch blasphemisch sein?

## Der Streit um einen gekreuzigten Frosch

Martin Kippenberger, Zuerst die Füße, 1990

Reichten früher kleinere Abweichungen von gesellschaftlichen Konventionen aus, um einen handfesten Skandal zu provozieren, so ist dies heute nur noch für wenige Themen der Fall. Bis in das 20. Jahrhundert hinein waren religionskritische Bilder geradezu Garanten für eine aufgebrachten Öffentlichkeit. Inzwischen sind christlich bzw. religiös motivierte Bilderstreitigkeiten deutlich seltener geworden, obwohl es immer noch religionskritische oder blasphemische Bilder gibt.

Eine der wenigen Ausnahmen bildet die Skulptur »Die Füße zuerst« (1990) von Martin Kippenberger. Ein giftgrüner, pickeliger Frosch mit heraushängender Zunge, leicht verdrehten Augen und einem Bierkrug in der einen sowie einem Ei auf der Zunge hängt an einem schlichten Holzkreuz. Das Museion Bozen stellte die Skulptur 2008 im Foyer aus. Obwohl es von dem Werk insgesamt fünf Fassungen gibt, die u. a. schon in der Tate Modern in London gezeigt wurden, schlugen die Wellen erstmalig bei der Ausstellungseröffnung in Bozen hoch. Dies sei Blasphemie und Verletzung religiöser Gefühle, beklagten die einen. Der Frosch sei autonome Kunst und Selbstausdruck des Künstlers, erwiderten die anderen. Nun könnte man den folgenden Eklat als Südtiroler Provinzposse abtun. Aber in ihm wird auch exemplarisch deutlich, wie es um die Kraft des Bildes und des Christentums in der heutigen Gesellschaft bestellt ist.

Verschärft wurde der Bilderstreit durch den damaligen Papst, der zu der Zeit Urlaub in Südtirol machte. Benedikt XVI. schrieb an den Präsidenten des Regionalrats von Südtirol, dass der Frosch die religiösen Gefühle vieler Menschen verletze. Der Präsident trat daraufhin erfolglos in den Hungerstreik. Auch der konservative italienische Kulturminister Sandro Bondi protestierte vergebens. Trotz regelmäßiger Mahngebete vor dem Museum blieb die Skulptur in der Ausstellung hängen. Allerdings verlegte die Direktorin das Kunstwerk aus dem Eingangsbereich in das dritte Stockwerk. Das Museum hielt an Kippenbergers Arbeit fest, da diese keine religiöse Äußerung sei. Die Skulptur sei 1990 zu einem Zeitpunkt entstanden, an dem sich der Künstler zu einem Alkohol- und Drogenentzug in Südtirol aufgehalten habe. »Zuerst die Füße« sei daher ein Selbstporträt, das den Gemütszustand des Künstlers zum Ausdruck bringe. Die Schwester des 1997 verstorbenen Künstlers erläutert die Arbeit wie folgt: »Das war es ja, was er wollte: schockieren, um der Wahrheit willen, mit Witz und Selbstironie. Kunst, fand er, sollte wehtun. Das Leben tat's auch. Die gekreuzigte Comicfigur ›Fred the Frog‹ ist seine Antwort auf den Jesuskitsch, den er in Tirol antraf. Dort saßen die Säufer unter Jesus am Kreuz in der Kneipe. Jedes Jahr war Martin in Tirol in der Kur, vier Wochen ohne Alkohol, Ferien vom extremen Künstlerleben, nicht aber von der Kunst. Von einem Herrgottschnitzer ließ er eine ganze Serie von Fröschen anfertigen. Eine Provokation des Moralisten gegen Heuchelei und Frömmelei. (…) Aus der (evangelischen) Kirche ist Martin übrigens nie ausgetreten. Es war der einzige Verein, dem er bis zu seinem frühen Lebensende angehörte« (Kippenberger, 2008).

Auffällig hieran ist, dass sowohl die Kritiker als auch die Befürworter kaum auf die spezifische Bildsprache des Kunstwerks eingehen. Die Gegner nehmen auf der Ebene der Ikonografie eine Parallele vom Kreuzestod Jesu mit Kippenbergers Frosch wahr, die sie als blasphemisch zurückweisen. Die Befürworter argumentieren biografisch und verweisen auf den Entstehungskontext des Kunstwerks. Inwiefern es sich hierbei überhaupt um ein qualitätsvolles Kunstwerk handelt, wird ebenso wenig diskutiert wie einzelne Werkfaktoren, wie z. B. die bildnerische Funktion und Bedeutung des Eis auf der Zunge des Frosches. Der Bilderstreit scheint daher vornehmlich durch außerbildnerische Faktoren motiviert zu sein. Dies wird umso deutlicher, wenn man die wechselnden Äußerungen der Lokalpolitiker analysiert, die im Umfeld eines Wahlkampfs gemacht wurden. Auch zeigt der Verweis von Kippenbergers Schwester auf die Provokationslust des Künstlers, dass die Skulptur auf Skandal ausgerichtet ist. Gerade indem die Diskussion kaum noch um die bildnerischen Qualitäten geführt wird, wird die Kunst zum gesellschaftlichen Spielball unterschiedlicher Interessen. In diesem Sinne handelt es sich weniger um einen Streit über Bilder, als vielmehr um einen Streit mit Bildern.

Erstaunlich ist jedoch, dass sich 2008 an Kippenbergers Frosch überhaupt ein Bilderstreit entzündet. Zum einen entsteht dieser Streit erst 18 Jahre nach Vollendung der Skulptur. Zum anderen werden Bilder im Christentum kaum noch als blasphemisch kritisiert, selbst wenn diese offensichtlich äußerst kritischer Natur sind. Dabei ist auffällig, dass sich die kritischen Kunstwerke quantitativ vornehmlich auf die Kirche, ihre Vertreter und Gläubige beziehen. Gott oder Jesus Christus sind nur selten explizit Gegenstand einer zeitgenössischen religionskritischen Auseinandersetzung im Bild – und erregen dann selbst innerhalb des Christentums kaum Aufmerksamkeit. Diese Beobachtung ist zugleich eine diagnostische Aussage über die Lage des Christentums in der gegenwärtigen Kultur. Das Christentum versteht sich als eine Religion unter vielen, die damit per se sowohl von innen als auch von außen kritisch angefragt wird. Dass diese Kritik und teils Blasphemie kaum noch aufregt, sagt auch etwas über die (fehlende) Relevanz des christlichen Glaubens im alltäglichen Leben aus. Kippenbergers Frosch hat dennoch die Gemüter erregt: Vielleicht, weil in Südtirol und in der damaligen konservativen Regierung noch ein

ZUM KÜNSTLER

***Martin Kippenberger*** (1953–1997) schuf ein vielfältiges Werk aus Malerei, Installationen, Performances, Skulpturen und Fotografien. Er arbeitete in der Tradition von Dada und Fluxus und galt als *enfant terrible* der deutschen Kunstszene in den 1980er- und 1990er-Jahren. Provokation, Ironie und Spott sind zentrale Dimensionen seiner Arbeiten.

ausreichend geschlossener christlicher Resonanzraum für Kritik zur Verfügung stand, vielleicht auch einfach nur, weil der Papst gerade in Südtirol im Urlaub war. Der wenig ästhetisch geführte Bilderstreit zeigt jedoch deutlich, dass das Christentum für einen »echten« Bilderstreit kaum noch eine ausreichende kulturprägende Kraft und eine hinreichende religiöse Identität besitzt. (cg)

## PRAXISBAUSTEINE

■ Die Teilnehmerinnen und Teilnehmer äußern sich spontan und ohne Vorwissen zu dem Werk und vergleichen ihre Äußerungen mit dem Bilderstreit in Bozen. Sie suchen Gründe für die unterschiedlichen Sichtweisen auf das Kunstwerk.

■ Sie schreiben einen Leserbrief zu Kippenbergers Werk »Zuerst die Füße«. Dabei nehmen sie unterschiedliche Perspektiven (christlich, atheistisch, künstlerisch etc.) und Zielgruppen (Kirchenzeitung, regionale bzw. überregionale Tageszeitung, Kunstjournal etc.) in den Blick.

■ Sie reflektieren, inwiefern Bilder heute noch die religiösen Gefühle von Christinnen und Christen verletzen. Sie recherchieren dazu weitere religionskritische oder blasphemische Bilder. Vertiefend werfen sie auch einen vergleichenden Blick auf den »Karikaturenstreit«, der sich an Karikaturen über den Propheten Mohammed entzündete.

## LITERATURHINWEISE

Hermes, Manfred (Hg.), Manfred Kippenberger, Köln 2005.

Museion – Museum für moderne Kunst Bozen (Hg.), Peripherer Blick und kollektiver Körper, Ostfildern 2008.

# II.B Bild und Theologie

## Das spannungsreiche Verhältnis von Bild, kirchlicher Lehre und Glauben

Die Lehre der Kirche wurde über die Jahrhunderte hinweg nicht nur in Worten festgehalten, sondern immer wieder auch im Bild zu fassen versucht. Die Beziehung von Bildern zu Theologie und kirchlicher Lehre ist dabei komplex. Teils dienten die Bilder der Verbreitung und Verfestigung kirchlicher Verkündigung oder biblischer Geschichten. Viele Passionsdarstellungen sollten in diesem Sinne dazu beitragen, die einzelnen Leidensstationen zu memorieren, und wollten zu einer mitfühlenden Nachfolge Christi motivieren *(memoria passionis)*. Teils brachten Bilder Glaubensinhalte zum Ausdruck, lange bevor diese dogmatisch festgelegt wurden, so z. B. bei der Himmelfahrt Mariens. Insbesondere in der Volksfrömmigkeit entwickelten Bilder aber auch ein Eigenleben, das nicht unbedingt mit kirchlicher Lehre oder biblischer Botschaft einherging. So sind Krippendarstellungen mit Ochs und Esel aus dem Bilderschatz des Christentums nicht fortzudenken, obwohl diese in der Weihnachtserzählung nicht vorkommen. Zugleich werden nicht wenige Aspekte des christlichen Glaubens überhaupt nicht ins Bild gefasst – zumeist abstraktere Lehrformeln wie die Einzigartigkeit Gottes oder die natürliche Gotteserkenntnis (Boespflug 2014). Auch dogmatische Unterscheidungen wie zwischen *homo-oúsios* (wesensgleich) und *homoi-oúsios* (wesensähnlich) können mit rein bildnerischen Mitteln nicht dargestellt werden. Deshalb neigen zum Beispiel Christusbilder »ihrem rein bildnerischen Gehalt nach zur arianischen Lesart des Dogmas, weil sie eben nur ein Geschöpf zeigen können – mag es auch alle Kennzeichen von Würde, Hoheit und Herrschaft tragen« (Lange 2002, 104). Daher tritt zu diesen Bildern häufig ein vereindeutigendes Wort, z. B. durch Bildinschrift oder Predigt.

Die christliche Botschaft und Lehre lässt sich somit nicht einfach in Bilder überführen. Dies gilt aber auch umgekehrt – gerade im Hinblick auf eine Bilddidaktik. In einem Bild lassen sich nicht direkt kirchliche oder dogmatische Positionen wiederfinden. Zugleich können Bilder allein nicht umfassend in das Christentum einführen. Dies liegt an der grundsätzlichen Differenz von Wort und Bild. Bilder besitzen eine sinnlich-ästhetische Eigenlogik, die nicht einfach in Sprache ausgedrückt werden kann – und umgekehrt. Dies bedeutet, dass selbst Bildsujets, die sich qua Titel und bildnerischer Gestaltung eng an Theologie und christlichen Glauben anlehnen, einen bildnerischen Mehrwert aufweisen. Und gerade dieser ist bilddidaktisch interessant. Bilder sind nicht rein illustrativ die Darstellung von etwas, das sich direkt verbal aneignen ließe. Bilder besitzen eine eigene Logik, die sich allein im und durch das Bild erschließen lässt. Sie bergen ein Erkenntnispotenzial, das auch theologisch zu qualifizieren ist. In dieser Perspektive werden visuelle Darstellungen zu einem eigenständigen Ort der Theologie, zu einem *locus theologicus* (Melchior Cano), an dem sich theologische Wahrheit prozesshaft erschließen lässt. Zugleich besitzen Bilder dabei eine Mehrdeutigkeit und Widerspenstigkeit, wodurch ihnen kein eindeutiger Sinn zugeschrieben werden kann und sie ihre ästhetische Eigenständigkeit bewahren. Sie dienen weder ausschließlich der Theologie und ihrer Wahrheitssuche noch lassen sie sich auf ihren theologischen Gehalt reduzieren.

In diesem Sinne wird in den folgenden Kapiteln der ästhetische und theologische Mehrwert von Bildern erschlossen und auf dogmatische Fragestellungen bezogen. Zur Sprache kommen: Schöpfung, Inkarnation, Erlösung, Trinität, Eschatologie und Christologie.

Die Bildbetrachtungen nehmen dabei zum einen eine theologische Perspektive ein und fragen nach dem spezifischen theologischen Erkenntnisgewinn. Zum anderen sind die Bildbetrachtungen religionspädagogisch orientiert und reflektieren deren didaktisches Potenzial. Dabei werden die dogmatischen Themen jeweils durch ein Werk aus der Bildgeschichte des Christentums und eines aus der Gegenwartskunst diskutiert. Die Breite der theologischen und bildnerischen Tradition ermöglicht hierbei nur ein exemplarisches und selektives Vorgehen. Für anthropologische Fragestellungen sei auf Kap. 40–41 verwiesen, für die Ekklesiologie auf die letzten Bildbetrachtungen dieses Buches zum Verhältnis von Kunst und Liturgie (→ III.F). (cg)

# Zum Beispiel: Schöpfung

## 19. Paradies? Die Welt war immer schon die Welt!

### Die Darstellung der Welt als Handlungsort

Die religionspädagogische Erschließung von Schöpfungsdarstellungen der Kunstgeschichte stellt vor Probleme: Wie ist die Differenz zwischen der naturwissenschaftlichen Rede vom Anfang der Welt und der religiösen Rede von der Welt als Gottes Schöpfung angesichts der vielen Bildbeispiele geltend zu machen, die unbefangen Gott »am Werk« zeigen: als mittelalterlicher Baumeister der Welt mit Zirkel und Winkelmaß, als Töpfer und Bildhauer, der aus Lehm seine Geschöpfe formt, oder auch als machtvoll heranstürmender, durch einen »elektrisierenden« Fingerzeig Leben spendender Gott, wie er in der Sixtinischen Kapelle dargestellt ist? Um kreationistische Missverständnisse (nicht nur im Grundschulalter) zu vermeiden und Irritationen im Zueinander naturwissenschaftlicher und mythisch-religiöser Welterklärungsmodelle in Grenzen zu halten, ist es wichtig, für jüngere Schüler und Schülerinnen nach Bildern zu suchen, die dem kindlichen Artifizialismus nicht Vorschub leisten, dennoch aber Anschlussmöglichkeiten an kindliche Erfahrungs- und Vorstellungswelten bieten. Für ältere Schülerinnen und Schüler sollten die Darstellungen nicht naiv hinter die biblischen und systematisch-theologischen Akzentuierungen zurückfallen, die im Blick auf die liebende und fortwährende Zuwendung Gottes zu Welt und Wirklichkeit, im Blick auf die Denkmodelle einer absolut voraussetzungslosen Schöpfung *(creatio ex nihilo)* und einer aktualisierenden, das Fortbestehen ermöglichenden Zuwendung Gottes *(creatio continua)* bereits erarbeitet wurden. Dazu gehört auch, dass durch die bildliche Formulierung die theologische Bedeutung einer Schöpfung im und durch das *Wort* nicht verkürzt wird. Ähnliches gilt für die bildliche Umsetzung der Paradieserzählung: Um (frauenfeindliche) Schuldzuweisungen, aber auch regressiv-fundamentalistische Weltverachtung nicht zu fördern, sollten Bilder gewählt werden, die Zugänge zur jüdisch-christlichen Vorstellung der Welt als Handlungsort und damit als Vollzugsort menschlicher Freiheit und Verantwortung ermöglichen.

Als Beispiel dafür wird hier die »Erschaffung der Tiere« aus dem ehemaligen Altar der Petrikirche in Hamburg des Meisters Bertram vorgestellt, der heute in der Hamburger Kunsthalle zu sehen ist. Das Bild zeigt den Schöpfergott in Gestalt Jesu Christi mit typischer Haar- und Barttracht und Kreuznimbus. Das entspricht dem mittelalterlichen Verständnis des

Meister Bertram, Erschaffung der Tiere, 1383

biblischen Bilderverbots; auf eine Darstellung des unsichtbaren Gottes wird (noch) verzichtet (dazu: Sternberg 2001). Christus wendet sich in bewegter Körperhaltung den Land-, Luft- und Wassertieren links und rechts zu. Seine rechte Hand ist im antiken Redegestus mit zwei ausgestreckten Fingern dargestellt, ein Bildzeichen für die Schöpfung durch das Wort, im Wort. Die Tiere werden hier nicht »gemacht«! Die linke, nach oben hin geöffnete Hand zeigt nicht nur auf die schon geschaffenen Tiere, sondern ist antike Gebetshaltung und verbildlicht so den abschließenden Segen Gottes über seine Schöpfung. Durch die Kopfneigung und die leichte Schrittstellung der Füße wird die liebevolle Zugewandtheit Christi zu seiner Schöpfung, das »Zugehen« Gottes auf seine Geschöpfe ins Bild gesetzt. Gegenüber der lebendig-bewegten Darstellung der Schöpferfigur wirken die mit größter Akribie vorgestellten Landtiere lediglich wie aufgereiht in der knappen Landschaftsandeutung. Gleiches gilt für die Lufttiere, die etwas steif in den Hintergrund gesetzt sind. In einem gewissen Gegensatz zueinander stehen auch der irdische Realismus der Tierdarstellung und der Goldgrund, der die göttliche Sphäre kennzeichnet. Bereits hier ist ein erster Hinweis gegeben, dass das Bild nicht Schöpfung abbildet, sondern Schöpfung *zeigt*, also Hinweise zum grundsätzlichen Zueinander der Lebenswirklichkeit der Kreaturen und des Wirkens Gottes gibt.

Alle Tiere im Bild sind auf die Christusfigur in der Bildmitte ausgerichtet. Dabei fallen zwei Tierpaare besonders auf: Links in der Mitte, direkt vor der im Redegestus gezeigten Hand des Schöpfers, beißt der Wolf das Lamm blutig. Diese Kontrastanspielung auf die Vision des eschatologischen Tierfriedens in Jes 11 ist ein brutaler Hinweis auf die wirkliche Welt, das endliche Leben, die Kreatürlichkeit (nicht nur) der Tiere. Schöpfung vollzieht sich in der Logik dieses Bildes nicht in der Vorzeit des Paradieses, sondern bezieht sich auf die Welt, so wie sie schon immer und noch immer ist, mit ihren Gegensätzen, mit dem Widerstreit von Gut und Böse, dem Widerstreit zwischen Natur und Kultur. Eben dieser vielfach gebrochenen Welt wendet sich Gott ausdrücklich zu, von Anfang an und immer wieder. Darauf verweist nicht zuletzt links unten das zweite Tierpaar: Ochs und Esel,

### ZUM KÜNSTLER

***Meister Bertram*** von Minden gehört zu den wenigen namentlich bekannten Künstlern des Mittelalters. Er ist um 1340 in Westfalen geboren und nachweislich von 1367 bis zu seinem Tod 1414/1415 in Hamburg tätig, wo er als Meister eine größere Werkstatt von Malern und Bildschnitzern leitet. Die künstlerische Arbeit Meister Bertrams wurde von seinen Zeitgenossen sehr geschätzt, zahlreiche urkundlich erwähnte öffentliche Aufträge bestätigen dies. Insbesondere die naturgetreuen Tier- und Landschaftsdarstellungen sind von herausragender Qualität. Der mehrteilige Flügelaltar mit innen liegendem Figurenschrein für den Chorraum der Hamburger Kirche St. Petri wird 1383 aufgerichtet.

die traditionellen Krippentiere, markieren in diesem Bild die Erlösungsbedürftigkeit der Schöpfung von Anfang an, sie markieren aber auch die radikale Weltzugewandtheit des Mensch gewordenen Gottes.

Die Entdeckung der »wirklichen Welt« im Paradies ist für die meisten Schülerinnen und Schüler überraschend. Sie fordert dazu heraus, über das Zueinander von Naturgesetzen, über das Handeln Gottes und die Handlungsmöglichkeiten des Menschen nachzudenken. Diese Herausforderung ist Thema des gesamten Bildprogramms des Hamburger Petri-Altars, das auf seiner sogenannten Sonntagsseite entfaltet wird. Derartige theologische Programme wurden nicht von den ausführenden Künstlern entworfen, sondern von Theologen, die ihrerseits nicht nur auf die Bibel, sondern auf traditionelle und auch zeitgenössische Diskussionen und Texte Bezug nahmen (Beutler 1984, 28 ff.; Sitt/Hauschild 2008). Das Bildprogramm des Petri-Altars thematisiert das Zueinander und Ineinander von Heils- und Weltgeschichte. Die Schöpfungsgeschichte setzt dort ein mit dem (in der Genesiserzählung nicht vorkommenden) Motiv des Engelsturzes, dem selbst gewählten Abfall des Bösen von Gott, und sie endet mit der Darstellung der spinnenden Eva und des grabenden Adams, die im Schweiße ihres Angesichts nach dem Sündenfall für ihren Lebensunterhalt sorgen müssen. Die untere Bildreihe entspricht dem. Sie lässt die Weltgeschichte mit dem Konflikt zwischen Kain und Abel beginnen und endet mit einem eher verhalten anmutenden Bild der Heilsgeschichte, nämlich einer Darstellung der Heiligen Familie bei der Rast während der Flucht nach Ägypten. Nachdrücklich stellt das Bildprogramm so vor Augen, dass das Böse, das verschuldete und unverschuldete Übel, von Anfang an in der Welt ist, nicht als Werk des Schöpfergottes, wohl aber als Entscheidung des Menschen gegen das Gute und als Bedingung des Lebens der endlichen Kreatur. (rb)

## PRAXISBAUSTEINE

- Die Teilnehmerinnen und Teilnehmer legen Christus Aufträge, Ermahnungen, Zusagen in den Mund. Was passt am besten zur Bildaussage, dass die ganze Schöpfung, gerade auch in ihrer Gebrochenheit, von Christus angenommen und gesegnet ist?
- Die Christusfigur als Umrisszeichnung vergrößern und freistellen. Für Jüngere: Fotografien und Zeichnungen der Haus- und Lieblingstiere einkleben. Für Ältere: eine aktualisierende Collage gestalten (Umwelt, Krieg, Armut).

## LITERATURHINWEISE

Beutler, Christian, Meister Bertram. Der Hochaltar von Sankt Petri. Christliche Allegorie als protestantisches Ärgernis, Frankfurt a. M. 1984.

Goecke-Seischab, Margarete Luise/Harz, Frieder, Christliche Bilder verstehen. Themen – Symbole – Traditionen. Eine Einführung, München 2004, 44–48.

# 20. Die Schöpfung im Kopf

## Landschafts-Epiphanien

Wogende Gräser im Zwielicht des frühen Morgens oder des späten Abends, von zartem Nebel umhüllt. Eine Dünenlandschaft? Oder die Weite der Steppe? Ein heller, zart grau-blauer Himmel über der tiefen Schwärze des schon oder noch im Schatten liegenden Grundes. Dazwischen die nur an einer Stelle ganz zart von warmem Licht umglänzten, leicht bewegten Gräser. Oder ist es ein bewaldeter Hügel – oder was? Betrachterinnen und Betrachter der Serie der großformatigen Cibachrome-Abzüge von Timm Ulrichs wähnen sich vor Landschaftsfotografien: leicht verschwommen, unscharf, nicht ganz genau zu lokalisieren und zu identifizieren. Vielleicht ist es gerade die Unbestimmtheit, die das Gefühl aufkommen lässt, diese Landschaft sei zugleich wohlvertraut und doch ganz fremd – wie ein romantisches Stimmungsbild, das Erinnerungen weckt und Sehnsucht aufkom-

Timm Ulrichs, Landschafts-Epiphanie, 1972/87

men lässt. Indessen: Die Fotografie zeigt keine Landschaft, ist kein Abbild der Natur, sondern ist einfach nur der auf das Format 50 × 70 cm vergrößerte Abzug des Endstreifens eines Diapositivfilms. Das Farbspiel vor dem tiefen Schwarz markiert keinen Horizont, sondern lediglich den Übergang zwischen einem belichteten und einem unbelichteten Filmstück. Ein solches Farbspiel entsteht zwangsläufig beim Einlegen eines Diapositivfilms in die analoge Kamera. In diesem Sinne sind die »Landschafts-Epiphanien« dann doch durchaus wieder Abbilder von Natur, sogar von Natur pur, nämlich der »Natur« der Technik der Fotografie.

Timm Ulrichs nimmt in seinem Werk die Dinge, die Begriffe, die existenziellen Fragen gern beim Wort. Wenn er 1962 auf eine Schultafel mit Griffel schreibt: »am Anfang war das Wort am« (Abb. in: Schnurr 2008, 216), so ist das – je nach Perspektive – nicht einfach nur verblüffend, naiv, witzig, respektlos, sondern darüber hinaus in einer produktiven Weise richtig und falsch zugleich. Indem Ulrichs den schöpfungstheologischen und inkarnationstheologischen Kontext in ein semiotisches Problem transformiert, macht er nicht einfach den religiösen Bezugsrahmen klein, nötigt aber nachdrücklich dazu, diesen Bezugsrahmen im Kontext des Gebrauchs und der Bedeutung von Zeichen, im Kontext von Verständigung zu entfalten. Dergestalt konfrontieren die Arbeiten von Ulrichs die Betrachterinnen und Betrachter zunächst und zuerst mit ihren eigenen Verstehenszugängen, auch mit darin enthaltenen Blockaden und Vorurteilen und den Möglichkeiten und Schwierigkeiten, diese Verstehenszugänge mit anderen zu teilen. Auch die »Landschafts-Epiphanie« ist eine Arbeit, die zur Verständigung über Verstehen einlädt. Der Künstler selbst tut dabei, recht verstanden, künstlerisch-schöpferisch kaum etwas dazu. Er tut nur, was bei Fotostreifen naheliegend ist: Er fertigt Abzüge eines filmtechnischen Effekts an – nennt sie aber »Epiphanien«. Der Begriff der Epiphanie bezeichnet religionswissenschaftlich das plötzliche Hereinbrechen, das Erscheinen, das Sich- Zeigen des Göttlichen in der Welt. Dazu gehört auch die Flüchtigkeit dieser Erscheinung. Und dazu gehört, dass dieser flüchtigen Erscheinung Bedeutung zukommt: existenzielle, spirituelle Bedeutung. Epiphanie-Erfahrungen lassen nicht unverändert zurück.

Im Falle der Dia-Endstreifen ist es nicht einfach die Wahrnehmung einer Gestalt von Landschaft, der hier epiphanische Qualität zugesprochen wird – das bezöge sich dann ja auf eine bloße Identifizierung des Bildsujets, die noch dazu in diesem Falle objektiv falsch ist. Vielmehr sind es die Assoziationen, die stimmungshaften Anmutungen, die aufkommenden Erinnerungen und Sehnsüchte, die das Überwältigende, das »Mehr« in der ästhetischen Wahrnehmung der Fotografien ausmachen. Von epiphanischer Qualität ist die Landschaft *im Kopf*. Woher diese Empfindungen rühren, muss im Letzten offenbleiben. Kulturelle Prägungen, etwa durch Bildwerke der Romantik oder durch Paradiesvorstellungen aus Film und Werbung, persönliche Erinnerungen und Erfahrungen, vielleicht auch evolutionäre Prägungen der Menschen als ursprüngliche Savannenbewohner sind ebenso in Anschlag zu bringen wie etwa religiöse Deutungsmuster von »Schöpfung«. Bedeutsam an diesen Empfindungen ist nicht so sehr ihr »Woher«, sondern ihr »Dass«. Ausgelöst werden sie durch eine ästhetische Wahrnehmung, die auch dann noch in dieser Weise funktioniert, wenn das Bildmotiv längst durchschaut ist: »Die Landschafts-Epiphanien (…) entstehen in unseren Köpfen als (…) souveräne autopoietische Konstruktionen. Das heißt, wir denken bei dem Filmanfangsstreifen an Landschaft und projizieren bei vollem Bewusstsein echte Gefühle in sie hinein. (…) Timm Ulrichs' Landschafts-Epiphanien können somit Parabeln sein für die Konstruktion einer Realität im Kopf, die jenseits der Antagonismen ›wahr‹ und ›falsch‹ echte autopoietische Kräfte in uns weckt« (Friese 1991, 3).

ZUM KÜNSTLER

***Timm Ulrichs*** (*1940), Studium der Architektur, von 1972 bis 2005 Professor an der Kunstakademie Münster. Sein Werk ist als Konzeptkunst zu bezeichnen, es umfasst Objekte, Performances und sprachliche Interventionen. Einen Schwerpunkt bilden Erkundungen, Inszenierungen und Dokumentationen der eigenen Person. Diese besonderen Formen des Selbstporträts bei Ulrichs sind als künstlerisch-existenzielle »Reisen zum eigenen Ich« (Stöber 2011, 49) zu verstehen. Timm Ulrichs selbst propagiert bereits zu Beginn der 1960er-Jahre sein Werk als »Totalkunst« und sich selbst als »Totalkünstler«.

Die von Timm Ulrichs eingesetzte Bildstrategie, die diese autopoietischen Kräfte weckt, ist eine doppelte. Zum einen bindet er einen nicht weiter veränderten Alltagsgegenstand in eine »kunstübliche Form« (Schnurr 2008, 79) ein, nobilitiert ihn damit und lenkt den Blick auf die Idee, die Entdeckung, die er an diesem Gegenstand gemacht hat. Im Falle der Dia-Endstreifen ist das die Landschaft, die Welt, die im Filmrest, im Abfallprodukt, im Überbleibsel aufscheint. Ein derartiger Zugang ist in der Gegenwartskunst nicht ungewöhnlich und wird auch religionspädagogisch im Kontext schöpfungstheologischer Überlegungen gern rezipiert: Die Nobilitierung der Alltagswelt, der wertschätzende Blick auf die Dinge, die verblüffende Entdeckung des Großen im Kleinen. Zum anderen aber bietet Timm Ulrichs im Gegensatz von objektivem Sachverhalt und subjektiver Imagination eine Spannung, die in der Wahrnehmung der Betrachterinnen und Betrachter zu einem »Wahrnehmungssprung« (Welsch 1998, 51) werden kann, zu einer neuen Auffassung des Gesehenen und von dort aus auch zu einer neuen Auffassung von Welt und Wirklichkeit. Das geschieht anlässlich des vorgestellten Werks immer dann, wenn der wahrnehmende Blick kippt, wenn die Landschaftsassoziationen weggewischt werden durch die Erkenntnis, dass hier bloß Reste von Filmmaterial gesehen werden, oder wenn umgekehrt trotz dieses Wissens die

Dünenlandschaft in der Wahrnehmung wieder hervortritt. Gerade die damit verbundenen Irritationen, die Ärgernisse oder auch die Belustigung, sind nicht nur im Horizont ästhetischer Bildungsprozesse produktiv wirksam, sondern erweisen sich darüber hinaus auch als religionspädagogisch weiterführend, weil sie eine rein begrifflich-abstrakte Verständigung über »Schöpfung« und »Welt« stören und unterlaufen und dazu nötigen, sich mit den freigesetzten autopoietischen Kräften persönlich wie kommunikativ auseinanderzusetzen. (rb)

## PRAXISBAUSTEINE

- Die Teilnehmerinnen und Teilnehmer sammeln Bilder und Objekte, die bei ihnen Schöpfungsassoziationen auslösen, und prüfen deren »Wirklichkeitsbezug«.
- Sie vergleichen die »Landschafts-Epiphanie« mit dem mittelalterlichen Tafelbild von Meister Bertram und benennen Übereinstimmungen im Weltverständnis.

## LITERATURHINWEISE

Stuffer, Ute, Timm Ulrichs. Betreten der Ausstellung verboten. Werke von 1960 bis 2010 (Ausstellungskatalog, 28. November 2010 bis 13. Februar 2011, Kunstverein Hannover und Sprengel Museum Hannover), Ostfildern 2010.

Timm Ulrichs, Landschafts-Epiphanien (Ausstellungskatalog, 15. Dezember 1991 bis 2. Februar 1992, Kunsthalle Recklinghausen), Recklinghausen 1991.

# Zum Beispiel: Inkarnation

## 21. Gott wird Mensch und alles wird gut

### Ein künstlerisch »grenzwertiges« Bildprogramm zur Veranschaulichung von Inkarnation

Matthias Grünewald, Geburt Christi, um 1513/15

Die »Menschwerdung« bei Grünewald ist ein höchst ungewöhnliches Weihnachtsbild. Es zeigt in der linken Bildhälfte musizierende Engel in einer kostbaren architektonischen Konstruktion, in der rechten Maria mit dem Kind vor einer offenen Landschaft. Die Bildhälften wirken einerseits stark kontrastiv und sind doch aufeinander bezogen. Eine komplizierte Perspektive, das unausgewogene Nebeneinander von Innenraum und Außenraum, die irreale »himmlische« Situation links und das »realistische« Bild einer Mutter mit Kind rechts sowie nicht zuletzt die strikte Trennung der Bildhälften durch den über die Mittelfuge gemalten Vorhang lassen den Eindruck entstehen, hier handle es sich um zwei getrennte Szenen, nämlich ein Engelkonzert und eine Gottesmutter mit Kind. Aber der etwas zurückgeschobene Vorhang, der im Vordergrund kniende Engel und vor allem der Waschzuber, der beide Szenen nachdrücklich zusammenbindet, weisen darauf hin, dass hier – mindestens nachträglich (Saran 1973, 231) – der Maler eine programmatische Einheit beabsichtigt. Diese programmatische Einheit bietet ästhetische Zugänge, um das schwierige christologische Programm der Inkarnation gerade auch in einem korrelativen Religionsunterricht zu bearbeiten.

Ein erster Zugang erschließt sich über die Ausstattung der auf den ersten Blick ganz »himmlischen« Szene mit den durchaus irdischen Requisiten der (mittelalterlichen) Versorgung eines Neugeborenen: der Waschzuber für das Bad des Kindes, der Nachttopf für die Mutter, das Ruhebett des Schlafraums, die Windeln des Kindes. Mit diesen Hinweisen auf die natürlichen Bedürfnisse von Mutter und Kind wird klargestellt, dass Jesus Christus wahrer Mensch ist und auf natürliche Weise geboren wurde. Die Kinderpflegeutensilien verweisen aber auch auf das Gegenteil, nämlich dass Jesus Christus von Anfang an auch wahrer Gott und Erlöser der Menschheit ist. Denn die Windeln des Kindes bei Grünewald sind zerrissen, sie entsprechen dem Lendentuch des Gekreuzigten auf der ersten Schauseite des Altars und verweisen auf den Sühnetod Christi und die Erlösung. Das tut auch der Waschzuber, der schon in den Weihnachtsdarstellungen byzantinischer Ikonen nicht fehlt. Er ist eine bildliche Übernahme des Motivs des ersten Bades antiker Heroen und Götter, das deren Erwählung und Göttlichkeit unterstreicht (Stichel 1990, 52). Grünewald greift hier also auf konventionelle Bildsprache der Weihnachtsikonografie zurück, bindet sie aber in seiner Szenerie, die auf die traditionellen Motive der Geburt im Stall verzichtet, verblüffend – nämlich nahezu »übertönt« durch das »gloriose« Engelkonzert – ein.

Ein zweiter Zugang bietet sich über die kleine weibliche Figur unter dem Torbogen der Architektur in der linken Bildhälfte, auf die der Großteil der musizierenden Engel eigenartigerweise die Aufmerksamkeit richtet. Über ihre Bedeutung wurde immer wieder gestritten, einige überzeugende Argumente legen nahe, dass es sich um die Darstellung Marias als »Immaculata«, als ohne Erbsünde von ihrer Mutter Anna empfangenes Kind, handelt (von Einem 1955; Saran 1973, 228). Im traditionellen Verständnis bedeutsam ist diese Glaubensvorstellung aus christologischen Gründen: Der Logos inkarniert sich nur in einem ganz und gar »reinen« Menschen. Die Rede davon führt dann oft zu einem theologischen Fehlurteil, das Maria von allen anderen Menschen absondert und ihre Bedeutung *exklusiv* versteht. Theologisch gilt aber, dass Maria auch als »Immaculata« *exem-*

### DAS BILDPROGRAMM DES ISENHEIMER ALTARS

***Der Isenheimer Altar*** von Matthias Grünewald († um 1530), fertiggestellt 1516, gehört zu den prominentesten Werken auf der Grenze zwischen spätmittelalterlicher und frühneuzeitlicher deutscher Kunst. Der Flügelaltar mit drei Schauseiten wurde für den Hochaltar der Kirche des Antoniterklosters in Isenheim geschaffen. 1793 wurde das Kloster im Zuge der Säkularisation aufgelöst. Die Altartafeln Grünewalds sowie die Skulpturen des Schreins, die vom Bildhauer Niclas Hagenauer stammen, wurden durch Kommissare der Französischen Republik nach Colmar verbracht, wo sie heute im Musée d'Unterlinden zu sehen sind.

Das Bildprogramm Grünewalds zeigt auf der 1. Schauseite, der sog. *Werktagsseite,* die berühmte Kreuzigung mit den Bildern des hl. Sebastian und des hl. Antonius auf den beiden Standflügeln. Die Drastik des hier gezeigten Leidens Christi wirkt stilbildend bis in die Gegenwart. Mit der 1. Öffnung zeigt die *Festtagsseite* auf dem linken Flügel die Verkündigung und auf dem rechten Flügel die Auferstehung. Die *Mitteltafel* bietet die Menschwerdung Christi in einer ungewöhnlichen Kompositionsstruktur und unter Verwendung einer reichen, in der Kunstgeschichte kontrovers gedeuteten Bildsprache. Auf der Bildtafel des Sockels, der *Predella,* ist die Grablegung Christi zu sehen. Vollständig geöffnet zeigt sich im *Inneren des Schreins* die geschnitzte Figur des Ordensgründers Antonius, begleitet von Augustinus und Hieronymus, und im *Inneren des Sockels* Figuren der Apostel mit Christus. Die gemalten Flügel zeigen Antonius im Gespräch mit Paulus und die Versuchung des Antonius. Das den Altar ursprünglich bekrönende Gesprenge ist nur in Bruchstücken erhalten, auch die ursprüngliche Rahmenkonstruktion ist verloren.

*plarisch* ist. Maria als Mensch ist Vertreterin der ganzen Menschheit und wird zum »Prototyp« der erlösten Menschheit. Sie ist als Mensch »immer schon«, nämlich bereits vorgeburtlich, von göttlichem Glanz überstrahlt. An Maria wird dabei aber nur sichtbar, was letztlich für alle Menschen gilt: nämlich die schöpfungstheologische Verheißung der unmittelbaren Nähe Gottes. Das Bild Grünewalds der von einer hellen Aureole in tiefer Dunkelheit erleuchteten Maria, deren Lichtglanz der strahlenden Aureole des Auferstandenen auf dem Isenheimer Altar ähnelt, rückt diesen Akzent visuell anschaulich – wortwörtlich – *ins Licht.* Die Inkarnation des (präexistenten) Logos bringt, recht verstanden, nichts Neues in die Welt, sondern erhellt die Welt mit dem, was »immer schon« wirksam ist und worauf Menschen hoffen dürfen: die ungeschuldete, gnadenhafte Zuwendung Gottes.

Für Schülerinnen und Schüler der Gegenwart liegt gerade in diesen ohne Zweifel anachronistischen Motiven eine Lernchance. Die anschauliche Konfrontation mit den bei Grünewald gebotenen (uneindeutigen) Verstehensmöglichkeiten eröffnet Gelegenheiten, eigene Anschauungen zu formulieren und in der Auseinandersetzung mit dem Bildprogramm andere Perspektiven versuchsweise einzunehmen. Dabei ist es hilfreich, dass das Bild von Grünewald sich im Letzten formal und inhaltlich nicht auf einen Punkt bringen lässt, denn gerade dadurch bietet es Anknüpfungspunkte für die höchst individuellen christologischen Vorstellungen von Jugendlichen der Gegenwart, die an die theologischen Deutungen der Tradition, stark auswählend, zum großen Teil kaum noch anschließen (Büttner 2002; Ziegler 2006. Das Bild ermöglicht Zugänge zum Bedenken des Zusammenhangs von Menschwerdung und Sühnetod ebenso wie zum Nachvollzug der schöpfungstheologischen »Vergöttlichung« des Menschen als Ebenbild Gottes, die ja in spätmittelalterlichen mystischen Texten ihren zeitgenössischen Referenzpunkt hat und die für die gegenwärtige Wertschätzung der eigenen Einzigartigkeit so reizvoll ist. Dabei hält das Bild visuell nachdrücklich fest, dass das eine ohne das andere nicht zu haben ist. (rb)

## PRAXISBAUSTEINE

- Die Teilnehmerinnen und Teilnehmer lesen Phil 2,6–11 und diskutieren, ob Gott in der »Entäußerung« (griech. *kenosis*) »weniger« wird.
- Sie erhalten Kopien mit den Bildausschnitten von Waschzuber, Nachttopf und des Kindes mit den zerrissenen Windeln mit dem Auftrag, daraus ein Weihnachtsbild zu gestalten, und vergleichen ihre Arbeiten mit Grünewald: Was ist das jeweilige »Programm« von Inkarnation?
- Sie schreiben einen inneren Monolog für die lichtumstrahlte Figur der Maria im Torbogen.

## LITERATURHINWEISE

Sander, Hans-Joachim, Nicht verleugnen: die befremdende Ohnmacht Jesu, Würzburg 2001.

Saran, Bernhard, Von der Macht des Wortes im Bild, in: Heinrich Geissler u. a., Mathis Gothart Nithart Grünewald. Der Isenheimer Altar, Stuttgart 1973, 217–246.

# 22. Zur Welt gekommen

## Christliche Ikonografie revisited

Judith Samen, o. T. (Wickelkind), 2001

Die großformatige Fotografie zeigt in Lebensgröße ein in Tücher gewickeltes Kind. Es liegt auf einer geraden Fläche vor einer Wand, die beide mit weißen Tüchern bedeckt sind. Boden- und Wandtuch weisen im Faltenwurf eine gleichmäßige Rechteckstruktur auf, ein stark den hellen Bildgrund gliederndes Muster. Deutlich heben sich die scharfen Grate und tiefen Falten der Tücher ab. Der kleine Kinderkörper bildet eine Diagonale in dieser klaren Struktur der Vertikalen und Horizontalen. Das wirkt, als sei das Kind in den Raum hineingeschoben, dort abgelegt, weggelegt worden. Bei den Betrachterinnen und Betrachtern ruft das Arrangement Vorstellungen des Ausgesetztseins hervor: die zartrosa Haut des Kindes, die empfindliche Blöße seines Oberkörpers vor dem kühlen Weiß des Raumes; die kindlichen Rundungen von Kopf und Armen, das flaumige Haar vor den harten, geraden Linien; das an einigen Stellen lose, nur nachlässig befestigte Tuch vor den gleichförmigen, ordentlichen Rechtecken der vormals sorgfältig gebügelten und gefalteten Tücher. Diese subtilen Kontraste lösen empathische Empfindungen aus: Wen rührte das nicht an, ein in allem bedürftiges Kind, einen Säugling, ein Wickelkind so liegen zu sehen?

Der Eindruck erscheint übermächtig: Das Kind wird einer »Ordnung« unterworfen. Einer Ordnung zwar, die »nur« Bildordnung ist, aber gerade in diesem kühlen künstlerischen Arrangement, das frei ist von allem Narrativen und Episodischen, drängt sich die Allgemeingültigkeit dieser Beobachtung auf: Das Kind wird den Strukturen dieses Raums, der seine »Welt« bildet, unterworfen. Aber es drängt sich mit Blick auf dieses Bildarrangement auch ein ganz anderer, ein gegenläufiger Eindruck auf. Das Kind wird einer Ordnung unterworfen, aber es sprengt auch zugleich diese Ordnung. Es liegt quer zu den Strukturen von Horizontal und Vertikal, zu den Strukturen von Erhaben und Vertieft. Dieser Eindruck wird noch unterstützt durch eine Entdeckung, die nur genaues Hinsehen zutage fördert: Das Kind spielt mit Getreidehalmen, zerdrückt sie in seinen kleinen Händen. Verstreut liegen Spelzen und zwei Halme auch in seiner sterilen »Welt« und bilden

ZUR KÜNSTLERIN

***Judith Samen*** (*1970) studierte Bildende Kunst an der Kunstakademie Düsseldorf und war Meisterschülerin bei Fritz Schwegler. Sie ist Professorin für Künstlerische Fotografie an der Universität Mainz. In ihren inszenierten, großformatigen Fotografien, aber auch in ihrem zeichnerischen Werk, in Rauminstallationen und Performances geht sie einer sehr spezifischen künstlerischen Auseinandersetzung mit Welt und Wirklichkeit nach. Monumentalisierend, oft im Rückgriff auf klassische Bildstrategien, erhöhend, aber nicht selten auch ironisierend bietet Judith Samen in zumeist lebensgroßen Porträts nicht nur Ansichten einer Person, sondern Weltsichten und eröffnet damit immer auch die Sicht auf Weltfragen. Ihre Inszenierungen beziehen Anspielungen, schon Gesehenes aus Theater, Kunstgeschichte und daher auch aus der christlichen Ikonografie mit ein, ohne dass es sich um Formen von Reenactment handelt.

Ghirlandaio, Geburt Christi, um 1492

dort mit ihrem Goldgelb den einzigen warmen Farbton im kühlen Weiß.

Das Kind mit den Getreidehalmen ist ein altes Motiv der Weihnachtsikonografie. Es ist nicht nur genremäßig zu verstehen, als »natürliche« Ausstattung der Futterkrippe, in die Maria ihr Kind legt, sondern vor allem theologisch als ein Hinweis auf das Kind aus der Davidsstadt Betlehem (hebräisch: »Haus des Brotes«), das zum wahren Brot, zum »Lebensmittel« für die Welt wird (»Heute ist euch in der Stadt Davids der Retter geboren«; Lk 2,11) und das sich selbst in der Gestalt des Brotes gibt (»Er nahm das Brot, sprach das Dankgebet, brach das Brot und reichte es ihnen mit den Worten: Das ist mein Leib, der für euch hingegeben wird«; Lk 22,19).

Die christliche Ikonografie hat dies schon in den frühesten Krippendarstellungen anschaulich gemacht, indem sie das Kind nicht auf Stroh oder Heu, sondern auf Weizengarben gebettet hat (Schiller 1969, Bd. 1, 85). So macht es auch der florentinische Renaissancekünstler Domenico Ghirlandaio um 1492. Er zeigt das Kind nackt auf dem Boden liegend, lediglich auf ein schmales Tuch gebettet, mit einer Weizengarbe unter dem Kopf. Das Motiv des auf dem Boden liegenden Kindes entstammt einer Vision der hl. Birgitta von Schweden aus dem Jahr 1372. Birgitta sah »jenes glorreiche Kind nackt und leuchtend auf der Erde liegend. Sein Leib war frei von jeder Befleckung«. Und sie »hörte auch den lieblichen Gesang der Engel« (zit. nach Schiller 1969, Bd. 1, 89). Dieses Motiv, das das Ausgesetztsein des göttlichen Kindes in die Welt, aber auch die Erleuchtung der Welt durch das in der Armut geborene Kind betont, macht »Karriere« in der bildlichen Frömmigkeitsgeschichte. Es fügt sich in besonderer Weise auch gut in den Strang der mittelalterlichen Theologie- und Frömmigkeitsgeschichte, die die Zusammenhänge von Inkarnation und Eucharistie, von der Menschwerdung Gottes als »Brot für die Welt«, immer wieder bedenkt. So zeigt Ghirlandaio das Kind einerseits als wirkliches und wirklich gefährdetes Kind: an den Fingern nuckelnd, auf dem Boden liegend, auf der Flucht nach Ägypten mit seinen Eltern, deren Reiseutensilien im Hintergrund zu sehen sind. Er zeigt das Kind andererseits als Heil für die Welt: auf dem königlichen, purpurroten Tuch liegend, vor dem Goldgrund des Bildes, von seiner Mutter angebetet, von den himmlischen Scharen besungen, die die Betrachterinnen und Betrachter auffordern, in das »Gloria« einzustimmen (Lange 2011, 62–66). Verbindendes Glied dieser Einerseits-andererseits-Ikonografie ist die Weizengarbe, die auf die Geburt im Stall und die Gegenwart Gottes in der Eucharistie gleichermaßen verweist.

Die Getreidehalme im Bild der Künstlerin Judith Samen dagegen sind Zufall: »Ich musste ihr was geben, damit sie ruhig blieb«, antwortete die Künstlerin auf meine Frage, warum sie dem kleinen Mädchen ausgerechnet Getreidehalme in die Hand gedrückt hat. Das Kind ist kein Jesuskind, das Bild kein modernes Weihnachtsbild. Aber im Kontext ihres Œuvres ist es durchaus legitim, diesen Verweis zum Umgang mit dem Bild, zum Weiterdenken des durch das Bild Eröffneten heranzuziehen. Denn die fotografischen Inszenierungen Judith Samens sind im besten Sinne mehrdeutig und lassen Erinnerungen an schon Gesehenes, Verknüpfungen mit den eigenen Empfindungen und Erfahrungen ausdrücklich zu.

Das Kind, das den Strukturen der »Welt« unterworfen wird und doch »quer« zu ihnen liegt, kann als künstlerischer Anhaltspunkt für eine Auseinandersetzung mit dem »Programm« dessen gesehen werden, was unter Inkarnation im christlichen Kontext zu verstehen ist. Die Menschwerdung Gottes vollzieht sich nicht als Bruch der Gesetzmäßigkeiten dieser Welt, sondern als »Entäußerung« (griech. *kénosis,* vgl. Phil 2,6–8) in diese Welt hinein und erweist sich in dieser Welt als heilbringend und als heilbringender Störfaktor. Nicht ungebrochen im vollen »Glanz und Gloria«, sondern eben als »einerseits – andererseits«, wie es schon Ghirlandaio in Szene gesetzt hat. (rb)

## PRAXISBAUSTEINE

- Die Teilnehmerinnen und Teilnehmer vergleichen die Werke von Samen und Ghirlandaio und benennen Gemeinsamkeiten und Unterschiede.
- Sie verfassen ein Akrostichon zum Begriff INKARNATION, das dem beschriebenen »einerseits – andererseits« Rechnung trägt.
- Sie sammeln weitere Beispiele in Kunst, (Pop-)Kultur, Werbung, in denen die christliche Bildwelt eine (absichtliche oder unabsichtliche) Rolle spielt, und diskutieren Deutungsmöglichkeiten.

## LITERATURHINWEISE

Kröner, Magdalena/Crummenerl, Klaus, Judith Samen, hg. von der Märkischen Kulturkonferenz (Ausstellungskatalog, 23. November 2003 bis 1. Februar 2004), Berlin 2004.

Lange, Günter, Christusbilder sehen und verstehen, München 2011.

# Zum Beispiel: Erlösung

## 23. »Für uns gestorben«

### Erlösungsvorstellungen in einer Buchillustration

»Wie finde ich Erlösung?« Eine solche Frage wird von Kindern und Jugendlichen selten gestellt. Entsprechende soteriologische Vorstellungen sind bei den Heranwachsenden daher kaum entwickelt. Obwohl Jesu Leben und Tod nur vereinzelt mit der eigenen Erlösungsbedürftigkeit in Verbindung gebracht wird, kennen Kinder und Jugendliche aber soteriologisch geprägte »Kurzformeln«, die sie jedoch zumeist ohne tieferes Verständnis verwenden. Die Vergebung der Sünden wird dann mit dem Kreuzestod Jesu verknüpft, ohne dass sie dies näher erläutern könnten: »Jesus wurde von Gott geschickt, um die Menschen zu erlösen. Er ist für sie gestorben. Dadurch haben die Menschen keine Schuld mehr, da Jesus all diese Schuld auf sich genommen hat. Ich persönlich finde das recht unlogisch: Warum muss jemand sterben, damit Gott den Bund mit den Menschen eingehen kann?« (Schülerin, 17 J., zit. nach Ziegler 2006, 340). Es ist daher religionspädagogisch angezeigt, traditionelle soteriologische Deutungsmuster zu erschließen und auf ihre Plausibilität hin zu reflektieren, ohne die christliche Soteriologie auf die stellvertretende Sühneleistung zu beschränken. Die christliche Ikonografie bietet einen reichhaltigen Schatz an Erlösungsvorstellungen. Exemplarisch und pointiert führt das Fronleichnamsbild »Baum des Todes und des Lebens« (vor 1481) von Berthold Furtmeyr in die soteriologische Bildsprache ein, ohne dabei eine bloße Illustration lehramtlicher Theologie zu sein.

Die Darstellung entstammt einer illuminierten Handschrift und bezieht sich auf einen Text zum Fest Fronleichnam. Dennoch illustriert sie nicht einfach das Fronleichnamsfest, sondern bietet eine Zusammenschau von Eva und Maria, von Sündenfall und Erlösung durch das Kreuz, von Verderben durch den Genuss des Apfels und Rettung durch den Empfang der Eucharistie.

Die Verehrung der Eucharistie an Fronleichnam erhält durch die Illustration biblische Bezüge, ohne dass das Bild eine exakte Übertragung biblischer Texte wäre. Vielmehr handelt es sich um eine freie Kompilation biblischer und ikonografischer Motive, die neu in Beziehung zu Fronleichnam gesetzt werden. Damit beschreitet die Illustration – wie jede gute Illustration – mit bildnerischen Mitteln einen Balanceakt zwischen Textbezug und autonomem Bild.

Berthold Furtmeyr, Baum des Todes und des Lebens,
aus dem Salzburger Missale, vor 1481

**ZUM KÜNSTLER**

***Berthold Furtmeyr,*** der in der 2. Hälfte des 15. Jahrhunderts in Regensburg lebte und dort eine angesehene Werkstatt unterhielt, fertigte vornehmlich Miniaturen an, die eine Wendezeit zwischen Spätgotik und Renaissance markieren. Als eines seiner Hauptwerke gilt die Illustration eines fünfbändigen Missales für den Salzburger Erzbischof Bernhard von Rohr, das sogenannte Salzburger Missale.

Das Bild ist achsensymmetrisch aufgebaut. In der Mitte befindet sich der Baum des Lebens und des Todes, der – abweichend von anderen Darstellungen – durchgängig begrünt ist. Die (heraldisch) rechte Seite stellt das Leben, die linke Seite den Tod dar. Entsprechend findet sich in der rechten Baumkrone der Gekreuzigte, in der linken der Tod in Form eines Totenkopfes. In paralleler Körperhaltung beugen sich Maria (rechts) und Eva (links) den Menschen entgegen und speisen sie. Maria bietet ihnen das Brot des Lebens, was durch das Spruchband neben ihrem Kopf verdeutlicht wird: *Ecce panis angelorum factus cibus viatorum* – »Siehe, dies ist das Brot der Engel, gemacht als Speise der Pilger«. Hierbei handelt es sich um einen Auszug aus der Fronleichnamssequenz des Thomas von Aquin (11,1–2). Das Spruchband neben Eva unterstreicht die Verderbtheit des Apfels, den sie von der Schlange gereicht bekommt: *Mors est malis, vita bonis inde* – »Der Tod ist für die Schlechten, das Leben für die Guten von hier«, ebenfalls aus der Fronleichnamssequenz des Thomas (9,4–5). Demgemäß befindet sich im linken Hintergrund eine personifizierte Darstellung des Todes, im rechten ein Engel. Die beiden Bildhälften werden durch die Schlange und den nackten Adam verbunden. Auch hier verdeutlicht ein Spruchband die Bildaussage: *Serpens vicit adam, vetidam sibi suggeret escam* – »Die Schlange besiegte Adam, sie wird (ihm?) verbotene Speise bieten« (aus der Rede des Leonier beim Sündenfall in der Biblia pauperum).

Zum Fest Fronleichnam werden in der Illustration verschiedene soteriologische Traditionen zusammengefügt und auf die Eucharistie hin gebündelt: Der Mensch wird durch den Sündenfall als verderbt und erlösungsbedürftig dargestellt. Schlecht und unerlöst ist, wer anstelle der Eucharistie von den verbotenen Früchten isst. Diese Früchte hängen im Baum neben den Hostien, hier wird die Trennung links (schlecht), rechts (gut) aufgehoben. Eine Unterscheidung der »Speise« ist somit schwierig, das schlechte Leben eine allgegenwärtige Gefahr. Eher dezent ordnet sich das Kreuz in diesen Baum ein, als Mittelglied zwischen Sündenfall, Tod und erlösender Eucharistie. Zugleich ist es unerlässlich, zum einen – auf der bildnerischen Ebene –, um die gestalterische Symmetrie zu gewährleisten, zum anderen – auf der theologischen Ebene –, um den Tod zu überwinden. Damit greift Furtmeyr die stellvertretende Sühneleistung des Kreuzestodes Jesu ebenso unhinterfragt auf wie die Vorstellung einer durch den Sündenfall verlorenen Menschheit. Zugleich nutzt er das darstellerische

Potenzial von Bildern aus, indem er unterschiedliche theologische Elemente gleichzeitig zeigt und sie damit in eine zeitliche und räumliche Nähe rückt, die sie so weder biblisch noch lehramtlich besitzen. Diese Illustration stellt damit »aufgrund der verschiedenen Herkunft der einzelnen Elemente – Bild, Text und Rahmung (...) – eine zwar komplizierte, aber thematisch neuartige Schöpfung« (Rohr 1967, 131) dar. Sie ist somit deutlich mehr als die bloße Wiedergabe eines Textes im Bild, mehr als die Bebilderung der Erlösungs- oder Eucharistielehre. Um sie zu ergründen, reicht es nicht aus, sich auf soteriologische Formeln zu beziehen, sondern die Betrachtenden müssen sich auf die ureigene bildliche Logik der Illustration einlassen. (cg)

## PRAXISBAUSTEINE

- Die Teilnehmerinnen und Teilnehmer analysieren die abgebildete Buchillustration, indem sie die einzelnen Bildelemente sowie Motive zusammenstellen und diese ikonografisch erschließen. Sie greifen dazu auf entsprechende Bibelstellen und formale Bildaspekte zurück. Sie erarbeiten anhand der Teilanalysen die dem Bild zugrunde liegenden Erlösungsvorstellungen.
- Sie vergleichen diese soteriologischen Vorstellungen mit Kirchenliedern (z.B. Christoph Fischer, »Wir danken dir, Herr Jesu Christ«; Gotteslob, alt: Nr. 178, neu: Nr. 297) und diskutieren diese Soteriologie(n) kritisch.
- Sie diskutieren, inwiefern die Illustration »Baum des Todes und des Lebens« zum Fronleichnamsfest passt.

## LITERATURHINWEISE

Janota, Johannes (Hg.), Die Furtmeyr-Bibel in der Universitätsbibliothek Augsburg. Kommentar, Augsburg 1990.

Rohr, Alheidis von, Berthold Furtmeyr und die Regensburger Buchmalerei des 15. Jahrhunderts, Bonn 1967.

Wagner, Christoph/Unger, Klemens (Hg.), Berthold Furtmeyr. Meisterwerke der Buchmalerei und die Regensburger Kunst in Spätgotik und Renaissance, Regensburg 2010.

# 24. Was kommt nach dem Tod?

## Soteriologische Dimensionen in einer Videoinstallation

»Erlösung« zu thematisieren ist heutzutage weder einfach noch selbstverständlich. Insbesondere Heranwachsenden ist dieses Thema fremd, sind sie doch häufiger an »Ab-Lösung«, z. B. vom Elternhaus, als an »Er-Lösung« interessiert. Umfragen unter Jugendlichen zeigen, dass Soteriologie am ehesten im Zusammenhang mit der eigenen postmortalen Erwartung relevant wird (Albrecht 2007, 203–204). Der Videokünstler Bill Viola greift Fragen nach Leben und Tod explizit auf. Seine Videoinstallation »Nantes Triptych« (1992) kann daher als ein zeitgenössischer Versuch betrachtet werden, über Erlösung zu sprechen. Es handelt sich hierbei um eine dreiteilige Videoinstallation, die sich an der Form des (Altar-)-Triptychons orientiert. An die Stelle statischer Bilder treten bei Viola bewegte Bilder. Die linke »Tafel« zeigt einen Geburtsprozess, der von immer kürzer werdenden Wehen über die Hilfestellungen von Vater und Hebamme bis hin zur Geburt reicht. Plötzlich ertönt es: »There is your baby. There is your baby.« Das Neugeborene ist zu sehen, erst schreiend, dann gähnend in den Armen der Mutter.

Bill Viola, Nantes Triptych, dreiteilige Videoinstallation, 1992

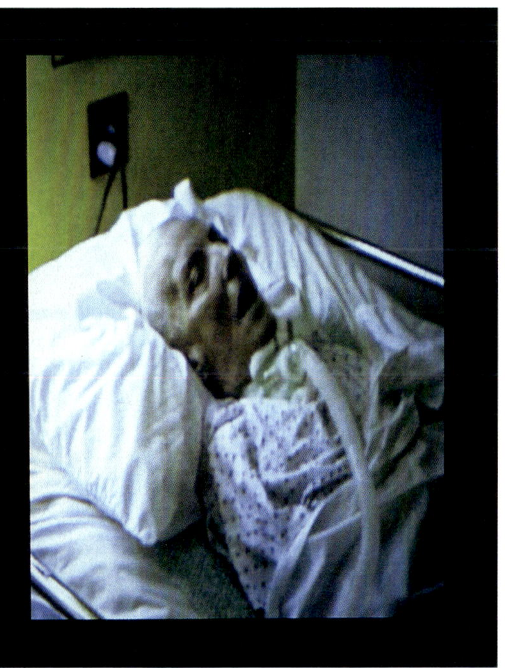

Die rechte »Tafel« zeigt parallel dazu Violas Mutter, die in einem schmalen Krankenzimmer im Sterben liegt. Die Frau ist bewusstlos und wird künstlich beatmet. Zögernd schiebt sich eine Hand in das Bild hinein, die kurz die Bettdecke berührt. Danach hält ein Mann, vermutlich Viola selbst, die Hand der Mutter. Nachdem eine weiß gekleidete Person die alte Frau besucht hat, wird der Atem immer schwächer, dann steht das Bild still und erlischt.

Auf dem Mittelteil taucht eine menschliche Figur ins Wasser ein. Die Schwarz-Weiß-Aufnahmen sind in Hinblick auf Schnittrhythmen und Tempo stark bearbeitet. Die Sequenz beginnt mit einem Mann, der kopfüber ins Wasser springt und sich anschließend schwebend und tauchend unter Wasser bewegt. Er ist mit Hemd und Hose bekleidet. In einer zweiten Einstellung springt die Person erneut ins Wasser, allerdings von einem großen Tuch umgeben, aus dem sie sich langsam enthüllt – wie bei einer zweiten Geburt. Danach steigt sie langsam nach oben. Auch die dritte und vierte Einstellung beginnt mit einem Sprung ins Wasser und zeigt schwebende, taumelnde, teils wild drehende Tauchbewegungen. Gegen Ende der vierten Sequenz schälen sich zwei Hände aus dem Tuch hervor, wovon sich eine dem Betrachter entgegenstreckt. Ruhig steigt danach die Figur nach oben auf. In der letzten Einstellung sinkt die ungewohnt leblose Person in die Tiefe, bis sie plötzlich wie in einem Strudel kräftig nach oben gezogen wird.

Die Filmsequenzen nehmen an vielen Stellen kunsthistorische Vorbilder auf. So sind z. B. für die »Mitteltafel« Parallelen zu Grünewalds »Isenheimer Altar« oder Rubens »Kreuzabnahme« erkennbar (Mennekes 1999, 224–225). Die Geburtsszene findet Anleihen an Pietàdarstellungen (Huizing 2002, 252; 257). Auch theologische und philosophische Quellen können Viola als Bezugsquelle gedient haben, so z. B. Joh 3,5 als auch Hegels Schilderungen vom Hineinstürzen ins Wasser (Huizing 2002, 258–259).

Bereits diese kurze Schilderung der komplexen Videoinstallation lässt erahnen, dass es Viola zentral um das Leben geht, das mal rasch, mal langsam, mal fallend, mal schwebend in stetigem Fluss ist, unausweichlich umfangen von Geburt und Tod. Viola trifft in seiner Arbeit keine expliziten Aussagen über den Sinn oder das Ziel des individuellen Lebens. Durch die Endlosschleife scheint es Teil eines sich ewig fortsetzenden Zyklus des Gebärens, Lebens und Sterbens zu sein.

ZUM KÜNSTLER

***Bill Viola*** (*1951 in New York) ist einer der führenden Video- und Installationskünstler, der die Geschichte der Videokunst entscheidend mitgeprägt hat. Immer wieder greift er in seinen Arbeiten religiöse und explizit christliche Themen sowie Elemente der christlichen Ikonografie auf, so z. B. in »The Greeting« (1995), eine Video-Klang-Installation, in der Viola das Altargemälde »Heimsuchung« (1528/29) von Jacopo da Pontormo narrativ entfaltet, oder in »Emergence« (2002), eine Videoarbeit, die von einer Pietà des florentinischen Malers Masolino inspiriert ist.

Violas Videokunst ist außerhalb von Ausstellungen nur schwer reproduzierbar, so auch »Nantes Triptych«. In der religionspädagogischen Praxis muss daher entweder auf Videostills oder Beschreibungen zurückgegriffen werden. Alternativ bietet sich die Auseinandersetzung mit »The Passing« (1991) an. Diese Videoarbeit kann als ein Vorläufer von »Nantes Triptych« betrachtet werden, in dem viele Bildszenen bereits enthalten sind, so z. B. von Geburt, Sterben sowie Tauchaufnahmen. Das Video ist im Handel erhältlich, Auszüge davon im Internet.

Man kann dies ebenso als Hinweis auf die Vorstellung von Wiedergeburt wie auch auf die Unausweichlichkeit und Unüberwindbarkeit des Todes verstehen. Zugleich wirft Viola auch Fragen auf, die im christlichen Horizont thematisiert werden können. Insbesondere in der Mitteltafel wird eine Kraft deutlich, mit der die tauchende Figur ringt und die sie in der letzten Einstellung nach oben zieht, gerade als die Figur wie leblos nach unten sinkt. Hier bietet »Nantes Triptych« durchaus Anknüpfungspunkte für eine soteriologische Betrachtung.

Viola fokussiert das Leben in der Installation auf das Elementare: Geburt, Tod und einen Zwischenzustand des Tauchens, Schwebens, Ringens, Strudelns. Dabei beeindruckt »Nantes Triptych« weniger durch seinen semantischen Gehalt als vielmehr durch die Intensität der Darstellungsweise. »Erlösung« wird nicht beschrieben oder definiert, vielmehr wird in emotionaler Weise nachdrücklich auf die Begrenztheit und auch Ziellosigkeit des Lebens verwiesen. In diesem Sinne motiviert die Videoinstallation zu einer persönlichen Auseinandersetzung mit Leben, Tod und der Erlösungsbedürftigkeit des Menschen. Viola ruft in einer nahezu archetypischen Bildsprache zahlreiche Assoziationen und menschliche Urbilder hervor, die diese Auseinandersetzung initiieren, ohne dass er letztgültige Antworten liefert – eine gute Eröffnung, um sich über eigene Lebens- und Erlösungsvorstellungen Gedanken zu machen. (cg)

## PRAXISBAUSTEINE

- Die Teilnehmerinnen und Teilnehmer verwandeln das Triptychon zu einer Installation ihres eigenen Lebens, indem sie ihr bisheriges, gegenwärtiges und zukünftig erhofftes Leben visuell in drei Bildern darstellen.
- Sie gehen anhand der Videoinstallation der Frage nach dem Sinn und den Fortgang des Lebens nach dem Tod nach (und visualisieren diese).
- Sie erarbeiten mögliche ikonografische und philosophisch-theologische Bezugsquellen der Installation, vergleichen diese und diskutieren »Nantes Triptych« vor deren Hintergrund.

## LITERATURHINWEISE

Huizing, Klaas, Ästhetische Theologie, Bd. II: Der inszenierte Mensch. Eine Medien-Anthropologie, Stuttgart 2002.

Mennekes, Friedhelm, Nantes Triptych, in: Rolf Lauter (Hg.), Bill Viola. Europäische Einsichten. Werkbetrachtungen, München u. a. 1999, 223–233.

Mertin, Andreas, Bill Viola oder: Der Sinn fürs Unendliche, in: Magazin für Theologie und Ästhetik 25/2003, unter: www.theomag.de/25/am96.htm.

# Zum Beispiel: Trinität

## 25. Im Zentrum der Frage nach Gott – der Mensch?!

### Annäherungen an komplexe theologische Begriffe durch Bilder

Die Begriffe und die Vorstellungsgehalte, die mit dem Thema »Trinität« verbunden sind, gehören ohne Zweifel zu den schwierigen und heutigen Menschen besonders fremd erscheinenden theologischen Fragestellungen. Hilfreich ist es, sich klarzumachen, dass die damit verbundenen Überlegungen in den Glaubenserfahrungen und der Glaubenspraxis der ersten Christinnen und Christen gründen und nicht der bloßen theologisch-philosophischen Spekulation entstammen. Zahlreiche Textzeugnisse aus der sakramentalen und der liturgischen Praxis der Alten Kirche belegen das (Breuning 1995, 274). Theologische Überlegungen zum Wesen Gottes machen sich fest an der Rede Jesu von Gott als seinem »Vater« und an der Überzeugung seiner Jüngerinnen und Jünger, in Jesus dem Christus, dem »Gesalbten« Gottes, zu begegnen, dem »Sohn«, der in besonderer Nähe, ja in Einheit mit Gott lebt. Dass Gott sich in und durch Jesus Christus in die Welt hinein »entfaltet«, ist der fundamentale Ausgangspunkt trinitarischer Rede. Sie wurde, ebenfalls von Beginn an, verknüpft mit der alttestamentlich-jüdischen Rede von Gott als dem Schöpfer und Bewahrer der Welt, der in seiner Schöpfung und durch sie handelt. Das fortwährende Handeln Gottes, seine geschichtlich wirksame, dauerhafte und bleibende Zuwendung zur Welt und zu den Menschen, seine »Entfaltung« in die Welt hinein wird bereits gegen Ende des 1. Jahrhunderts als Wirken des »Heiligen Geistes« identifiziert (ebd.). Von dieser »Entfaltung« Gottes her ist die Rede von seiner »Dreifaltigkeit« zu verstehen. Das entschärft in gewisser Weise die Problematik, Gott in drei »Personen« zu denken, was aufgrund unseres modernen Subjektbegriffs, der »Person« als »Individuum« versteht, innerchristlich wie interreligiös oft so anstößig erscheint.

Die mittelalterliche Illustration im Anschluss an eine Vision der Kirchenlehrerin Hildegard von Bingen ermöglicht eine anschaulich-nachvollziehbare und weiterführende Annäherung an die schwierigen Überlegungen zur Dreifaltigkeit Gottes vermittels der Frage nach seinem Handeln in der Welt und an der Welt. Die Darstel-

Illustration zu Hildegard von Bingen, Liber divinorum operum,
Lucca-Codex, Anfang 13. Jahrhundert

**HILDEGARD VON BINGEN**

Die 2012 von Papst Benedikt XVI. zur Kirchenlehrerin erhobene Heilige ***Hildegard von Bingen*** wird 1098 geboren und stirbt 1179. Sie entstammt einer Adelsfamilie und wird bereits als Kind dem Leben im Kloster übergeben. Sie erhält in der Klause am Disibodenberg durch Jutta von Spanheim eine fundierte benediktinische Bildung und siedelt 1150 mit einigen Mitschwestern zum Rupertsberg bei Bingen über und gründet dort ein Kloster, 1165 ein weiteres oberhalb von Rüdesheim, denen sie als Äbtissin vorsteht. Sie betreibt umfassende theologische, aber auch natur- und heilkundliche Studien, ist literarisch und musikalisch schöpferisch tätig, verfasst zahlreiche Schriften und gilt als bedeutende Universalgelehrte des Mittelalters. Zwei große literarische Werke enthalten ihre Visionen. Sie wurden nach Hildegards Diktat von kundigen Mitarbeiterinnen und Mitarbeitern aufgezeichnet und illustriert. Der Visionszyklus »Liber divinorum operum«, das »Buch vom Wirken Gottes« wird 1163–1173 zuerst abgefasst, er umfasst zehn Visionen in drei Büchern bzw. Teilen. Die Kopie der Luccheser Handschrift entstand in der ersten Hälfte des 13. Jahrhunderts im Mittelrheingebiet.

lung zeigt den Menschen im Zentrum des Kosmos. Er steht vor einer dunklen, rotgoldenen Erdscheibe, hineingestellt in ein Gefüge konzentrischer Kreise, die gemäß mittelalterlicher Vorstellungen die unterschiedlichen Sphären und Elemente des Kosmos bezeichnen: Luft-, Erd-, Wasser- und Ätherschicht, umgeben von einer äußeren feurigen Sphärenschicht. Mythisch-visionäre Wesen hauchen mit gewaltiger Kraft in den Kosmos hinein. Ihr Atem bewegt das Wasser und lässt die Wolken im inneren Kreis regnen. Die wohlproportionierte menschliche Gestalt und der gleichmäßige Aufbau der sie umgebenden Welt verweisen auf die grundlegende Ordnung und das harmonische Gefüge des Kosmos. Unterstrichen wird dies bildlich noch durch ein die ganze Darstellung überziehendes Netz aus goldenen Linien, die alles mit allem verbinden. Mikrokosmos und Makrokosmos, das Ganze und seine Teile, der Mensch und die Elemente, innen und außen – alles ist aufeinander bezogen und entspricht einander.

Diese »ganzheitliche« Sicht der Welt und des Menschen begegnet vielfach im natur- und heilkundlichen Werk der Hildegard von Bingen und macht einen nicht geringen Teil ihrer großen Popularität bis heute aus. Bei Hildegard gründet diese ganzheitliche Sicht aber unmittelbar in ihrem Gottesverständnis. Das zeigt diese Illustration ihrer mystischen Vision sehr deutlich, wobei »Vision« nicht als Halluzination o. Ä. zu verstehen ist, sondern als Summe der gleichermaßen intellektuell wie spirituell gewonnenen theologischen Erkenntnisse und religiösen Überzeugungen Hildegards. So wird der äußere feurige Sphärenkreis von einer eigentümlichen Doppelgestalt gehalten. Feurig rot inkarniert umfasst eine jugendlich bartlose Figur mit beiden Armen den Kosmos. Zu sehen sind der Saum ihres Gewandes und die ebenfalls rot inkarnierten Füße, wovon einer deutlich sichtbar ein Wundmal trägt, der andere aber nicht. Auf die »Doppelnatur« der Figur verweist aber vor allem der Kopf eines bärtigen, weißhaarigen alten Mannes, der auf dem Goldreif des jugendlichen Hauptes aufruht.

Das Bild akzentuiert das Gehaltensein der guten Schöpfung durch den Erlöser und zugleich ihr In-Gang-Gehaltensein durch den lebendigen Atem Gottes. Gegen die Versuchung, Trinität modalistisch als (zeitlich) unterschiedliche Handlungsweisen Gottes darzustellen, bietet das Bild eine spannungsvolle Zusammenschau von Kosmologie, Soteriologie und Pneumatologie. Problematisch ist die Darstellung ohne Zweifel im Blick auf die Doppelköpfigkeit der Figur. Sie reiht sich damit ein in die mannigfachen und oft vergeblichen Versuche der Bildgeschichte, die trinitarische Glaubenslehre angemessen zu veranschaulichen (Sternberg 2001, 84). Dabei macht aber die Formensprache, insbesondere der Gestus des Umschließens der Kosmosdarstellung und die farblich abstrahierende Christusdarstellung, deutlich, dass sich dieses Gottesbild strikt als Analogie versteht, als bildliche Annäherung, die *Ausdruck* von Gotteserfahrung und *Auslegung* von Offenbarung ist. Auf die Frage: »Gott – wer ist das?« antwortet die Darstellung bildlich-anschaulich: »Der, der den Menschen ins Zentrum stellt!«

Das entspricht der Theologie Hildegards insgesamt, die getragen ist von der Überzeugung, dass »alles Weltwerk Gottes einzig und allein im Menschen und durch den Menschen zur Blüte komme« (Schipperges 2004, 45). Dabei ist für Hildegard wichtig, dass diese »Blüte« sich gerade in der Leiblichkeit des Menschen und in der Materialität der Welt zeigt. Gegen zeitgenössische Abwertungen des Körpers betont sie die Beziehung Gottes zum konkret existierenden Menschen in der konkret existierenden Welt. Damit wird nicht einem Anthropozentrismus das Wort geredet, wohl aber die Gottesfrage geerdet. Nachdenken über das Wesen Gottes vollzieht sich nicht in rein geistigen Sphären, sondern setzt ein beim Nachdenken über das Handeln Gottes in der Weltlichkeit der Welt und das gilt – zuerst und zuletzt – den Menschen. (rb)

## PRAXISBAUSTEINE

- Die Teilnehmerinnen und Teilnehmer vergleichen die Darstellung mit unterschiedlichen Trinitätsdarstellungen. Was »sagt« Hildegard zum Wesen Gottes?
- Sie schreiben ein Gebet, das die menschliche Figur spricht.
- Sie gestalten mit Legematerial »Kosmosbilder«, in denen ihre persönlichen Vorstellungen von der sinnlichen Wahrnehmung Gottes/des Göttlichen im Medium der äußeren Welt zum Ausdruck kommen.

## LITERATURHINWEISE

Schipperges, Heinrich, Hildegard von Bingen, München [5]2004.

Sternberg, Thomas, Bilderverbot für Gott, den Vater?, in: Eckhard Nordhofen (Hg.), Bilderverbot: Die Sichtbarkeit des Unsichtbaren, Paderborn u. a. 2001, 59–115.

# 26. Visuelle Offenbarungen?

## Theologische Denkbewegungen durch künstlerische Zuspitzungen in Gang bringen

Miriam Jonas, Run run run (Dreihasen), 2011

2011 befasst sich die aus Paderborn stammende Bildhauerin Miriam Jonas mit einem Motiv aus einem Maßwerkfenster des dortigen Doms, das zum Wahrzeichen der Stadt geworden ist. Das berühmte »Hasenfenster« im Kreuzgang zeigt drei Hasen in einem Rad, die an den Ohren miteinander verbunden sind. Zu sehen sind, wie es der gereimte Merksatz formuliert: »Der Hasen und der Ohren drei, und doch hat jeder Hase zwei.«

Das Motiv ist zur Zeit der Entstehung des Maßwerkfensters im 16. Jahrhundert sehr beliebt und begegnet auch an anderen Orten im Umkreis (Niggemeyer 2011, 43). Seine ursprüngliche Bedeutung ist unklar. Dass es in religiösen und nicht religiösen, in christlichen und außerchristlichen Zusammenhängen auftaucht, überrascht eigentlich nicht. Zum einen ist der Hase kultur- und religionsgeschichtlich ein bedeutendes Symboltier, das vor allem für Erotik und Fruchtbarkeit steht. Zum anderen ist das bildliche Spiel mit der Einheit der Dreiheit zum Beispiel auch im kosmischen Konzept des Hinduismus von Bedeutung und führt zu entsprechenden triadischen Symboldarstellungen. Die Anordnung im Kreis um ein Zentrum verweist zudem in der christlichen mittelalterlichen Kosmologie auf das Kreisen der Gestirne; der dämmerungs- und nachtaktive Hase wird so im Dreihasenbild vor allem zum lunaren Symbol. Im christlichen Kontext ist der Hase ein ambivalentes Symboltier. Wegen seiner wechselnden Fellfarbe gilt er als Symbol der Auferstehung und Verwandlung, wegen seiner Fruchtbarkeit wird er immer wieder mit Unkeuschheit in Verbindung gebracht. Der Physiologos, eine frühchristliche Naturlehre, versteht ihn aufgrund seiner ungleich langen Vorder- und Hinterläufe als Symbol für den Menschen, dem »bergauf«, zu Christus strebend, Rettung zuteilwird, der aber »bergab« vom Bösen erfasst wird. Diese mehrdeutige Symbolgeschichte ist auch mitzubedenken, wenn das Dreihasenmotiv als Trinitätssymbol verstanden wird. Ob es überhaupt ursprünglich ein Trinitätssymbol war, ist umstritten und bleibt selbst im »Lexikon der christlichen Ikonographie« widersprüchlich offen. Aber gerade diese Offenheit lässt es in religionspädagogischen Zusammenhängen produktiv erscheinen. Trotz aller anschaulichen Überzeugungskraft bleibt nämlich stets ein irritierender Rest: Wie geht das mit dem Einen, den Zweien und den Dreien?

Das Objekt der Bildhauerin Miriam Jonas zeigt das Dreihasenmotiv in grellem Magenta auf einer Trommel, die von innen beleuchtet ist und durch einen Mo-

Das »Dreihasenfenster« im Kreuzgang des Paderborner Doms, Anfang 16. Jahrhundert

tor in Bewegung gesetzt wird. Die pinkfarbene Hasenfiguration auf dem rotierenden Leuchtkörper verschwimmt bei zunehmender Geschwindigkeit in der Wahrnehmung zu einem »Sägeblatt«, zu einem »Lollipop«, zu schließlich nach außen sich auflösenden, sich ergießenden konzentrischen Kreisen. In Gang gesetzt wird die Trommel durch Bewegungsmelder. Miriam Jonas präsentierte ihr Objekt 2011 in einem Glaspavillon in den Wiesen am Münsteraner Aasee. Dort hoppeln zahlreiche Kaninchen vor allem in den Abendstunden herum. Sie setzen die Dreihasentrommel in Gang, denn die Bewegungsmelder sind in den Gebüschen auf ihrer Höhe montiert. Spaziergängerinnen und Spaziergänger konnten sehen, dass da im Park etwas geschieht, in Gang gesetzt wird. Sie wurden angelockt durch das leuchtende Objekt, das sich farblich von Wiesen und Gebüsch absetzt. Und hatten dann die Aha-Erkenntnis, dass die Hasen die Hasen zum Rotieren bringen, dass das Objekt ein interaktives Kunstwerk ist, in erster Linie für Kaninchen, dann aber auch für die Besucher im nächtlichen Gebüsch.

ZUR KÜNSTLERIN

***Miriam Jonas*** (*1981) absolvierte eine Ausbildung als Bühnenmalerin und studierte Freie Kunst an der Kunstakademie Münster bei Katharina Fritsch, Ayşe Erkmen sowie Maik und Dirk Löbbert. Ihre Skulpturen, Objekte und Installationen sind »Vorschläge« zur Nutzung von Räumen, Einrichtungsgegenständen, Geräten, die aber oft ins Leere laufen und die Seherwartungen der Betrachterinnen und Betrachter irritieren und unterlaufen, damit aber zugleich neue Deutungspotenziale und persönliche Aneignungsformen ermöglichen.

Für die Bildhauerin Miriam Jonas ist das Motiv des »Anlockens« eine zentrale Motivation ihres Werks. Ihre Arbeiten, die mit Bedacht »schöne Kunst« sind und auf dem schmalen Grat zwischen angewandter und freier Kunst, zwischen Kunst und Design angesiedelt sind, sollen die Betrachterinnen und Betrachter anlocken, in ein Arrangement verwickeln, in ein Interieur einbinden, in eine Situation hineinziehen und sie auffordern, ihre eigene Deutung zu finden (→ Kap. 17). Die Künstlerin riskiert dabei Missverständnisse, gewinnt aber die persönlichen Bedeutungszuschreibungen, die nicht selten biografisch-existenzielle Konnotationen sind, hinzu. Ihre Arbeiten machen Vorschläge für die Zuschreibung von Funktionsweisen und Sinndimensionen und doch führen diese Zuschreibungen nicht selten in die Irre. Für die Betrachterinnen und Betrachter heißt das: »Man verwandelt sich in Täter oder Opfer, taucht auf oder ab, lässt sich in einen Standpunkt zwängen oder sucht sich die Richtung gleich selber aus. Die Auseinandersetzung mit diesen Arbeiten gleicht einem Spiel« (http://www.miriamjonas.de/Miriam%20Jonas/statement.html).

Die Installation »Dreihasen. Run, run, run« verwickelt die Betrachterinnen und Betrachter nicht nur spielerisch in die

Frage, was denn da *eigentlich* passiert, sondern vor allem auch in die Frage, warum es *jetzt* passiert. Die gleichermaßen unregelmäßigen wie unauffälligen Bewegungen der Kaninchen erschweren es, die Regelhaftigkeit der Bewegung der Scheibe zu durchschauen. Wird sie allerdings erkannt, so macht sich Verblüffung, vielleicht auch Amüsement breit: Die Hasen bringen die Hasen in Bewegung! Die Hasen bringen sich selbst in Bewegung! In dieser Hinsicht kann die Installation von Miriam Jonas eine spannende und religionspädagogisch produktive Trinitätsmetapher sein. Denn sie macht deutlich, dass die Motivation zur Bewegung nach »außen« ganz und gar »innen« liegt. So formuliert es auch die Theologie: Die *ökonomische* Trinität, die trinitatische Wirkung nach *außen*, entspricht dem trinitarischen, dem *inneren* Wesen Gottes. Die motorisierten »Dreihasen« belassen also die trinitätstheologische Denksportaufgabe nicht nur in der Frage nach dem »Wie« der Drei in Einem, sondern nehmen die Frage nach dem »Wozu« und »Woraufhin« von Trinität mit auf: Es geht um Bewegung und es geht um Leuchten in der Dunkelheit, um »richtig schöne«, »richtig gute« Wirkung nach außen. Wie alle bildlichen Analogien zur Trinitätsvorstellung trifft aber auch diese Installation nicht ganz, insofern sie ja auch ermöglicht, dass die Betrachterinnen und Betrachter selbst das Ganze in Gang setzen, sobald sie erkannt haben, wie es funktioniert. Das würde trinitätstheologisch die absolute Souveränität Gottes einschränken. Die Installation trifft als bildliche Analogie vor allem aber deshalb nicht, weil die Häschen selbst gar nicht verstehen, was sie da tun und was denn da passiert. Oder? Die Vorstellung von den in sich selbst bewegten und darum bewegenden Hasen wäre dann wieder einer der »Vorschläge«, die die Arbeiten von Miriam Jonas absichtsvoll und augenzwinkernd unterbreiten. (rb)

### PRAXISBAUSTEINE

- Die Teilnehmerinnen und Teilnehmer entwerfen eigene »Drei in eins«-Motive und gestalten damit eine Ausstellung.
- *Lässt Gott sich bewegen? Ja!* Die Teilnehmerinnen und Teilnehmer sammeln Beispiele für mögliche ›Bewegungsmelder‹.
- *Lässt Gott sich bewegen? Nein!* Die Teilnehmerinnen und Teilnehmer sammeln Gründe für die absolute Freiheit Gottes und formulieren anschließend Sätze, die beides zusammenbringen.
- Szenario: Ein Kirchenvorstand will das Objekt von Miriam Jonas für den Pfarrgarten ankaufen. Einige Gemeindemitglieder sind aus theologischen Gründen dagegen. Die Teilnehmerinnen und Teilnehmer gestalten eine Podiumsdiskussion.

### LITERATURHINWEISE

Art. »Hase« und Art. »Dreifaltigkeit«, in: Lexikon der christlichen Ikonografie, Bd. 1 und Bd. 2, Freiburg i. Br. 1990.

www.miriamjonas.de (dort ist auch zu sehen, wie die Installation in Bewegung aussieht: http://miriamjonas.de/MiriamJonas/DreihasenVideo.html).

# Zum Beispiel: Eschatologie

## 27. Ewig droht die Hölle

### Weltgericht und Gerechtigkeit im ausgehenden Mittelalter

Weltgerichtsdarstellungen sind im Mittelalter stets präsent. Vielfach zieren sie das Westportal von Kirchen und mahnen so die eintretenden Gläubigen mit dem drohenden ewigen Unheil oder motivieren durch das in Aussicht gestellte ewige Leben bei Gott.

Auch nach dem Eintritt in den Kirchenraum erinnern häufig Gemälde an das Weltgericht. Diese Bilder sind jedoch nicht nur endzeitliche Spekulationen, sondern zugleich Mahnung für ein gottgefälliges Leben im Hier und Jetzt. Mittelalterliche eschatologische Vorstellungen sind auf das Engste an eine moralische Lebensführung gebunden, wie Stefan Lochners »Weltgericht« (um 1435) eindrucksvoll darstellt.

Stefan Lochner, Weltgericht, um 1435

Lochner wählt eine klassische Bildkomposition, die der biblischen Weltgerichtsperikope in Mt 25,31–46 folgt. Beim Gericht ruft der Menschensohn die Völker zusammen und versammelt die Gerechten zu seiner Rechten, die Ungerechten zu seiner Linken. Entsprechend thront Jesus bei Lochner als Weltenrichter auf einem doppelten Regenbogen (Offb 4,3; 10,1) und hebt seine rechte Hand segnend über die Menschen an seiner rechten Seite. Diese ziehen als erleuchtete Gestalten im Licht und von Engeln begleitet am Bildrand durch das Himmelstor, das wie eine spätgotische Kathedrale gestaltet ist. Die Geretteten schreiten über grünes Gras den musizierenden Engeln und Petrus entgegen.

Den Menschen zu seiner Linken widmet Jesus keinen Blick, seine Handbewegung ist abweisend. Die Menschenscharen stürzen laut schreiend und von Dämonen gequält auf die Höllenburg zu, die als brennende romanische Ruine dargestellt ist, eine eher ungewöhnliche bildnerische Darstellung. Diese Bildhälfte ist deutlich dunkler gestaltet und an die Stelle des grünen Grases ist ein dunkler Lehmboden getreten. Unterstrichen wird der symmetrische Aufbau (Jesus in der Mitte; rechts die Geretteten, das Licht; links die Verdammten, die Dunkelheit) durch die Fürbittenden Maria und Johannes der Täufer sowie durch fliegende Engel, die die Leidenswerkzeuge Jesu tragen. Die Deesisgruppe Johannes, Maria, Jesus ergibt eine harmonische Dreieckskomposition, die dem Gesamtaufbau des Bildes Ruhe und Stabilität verleiht. Die fliegenden Engel sind nahezu kreisförmig um den Richtenden gruppiert.

Diese strenge, im Mittelalter erprobte symmetrische Komposition wird bei Lochner jedoch aufgebrochen. Denn der Zug der Verdammten nimmt einen Großteil der unteren Bildhälfte ein. Die Erwählten sind in der Minderheit. Auch die Darstellungsweise unterstreicht, dass Lochners Interesse der Höllenseite gilt. Während die recht undifferenziert dargestellten Geretteten den betrachtenden Gläubigen den Rücken zukehren und somit keine direkte Identifikation ermöglichen, sind die Verdammten mit ihren Gesichtern und ihrer Bewegungsrichtung auf die Betrachterinnen und Betrachter ausgerichtet. Es ist ihr Schicksal, das den Betrachtenden mahnend entgegentritt. In vielen Details wird deutlich, wer verurteilt wurde und warum. Auffällig ist zum einen, dass alle Bevölkerungsgruppen unter den Verlorenen zu finden sind: Papst, Bischof, König, vornehme Frauen und Mönche sind dort ebenso zu finden wie Juden und Muslime. Nicht der Stand, sondern die Werke entscheiden über Heil oder Unheil. Verurteilt wird die Prasserei (ein aufgeplatzter Geldbeutel), das Glücksspiel (Würfel), die Trunksucht (Trinkbecher), die Hurerei (offenes rotes Haar), aufreizende Kleidung (gelbe gehörnte Kopfbedeckung von zwei Frauen) sowie der Geiz (unterhalb der Burgruine bekommt ein Mann im wörtlichen Sinne den »Hals nicht voll«). Auffallend sind weiterhin die vielen Juden mit ihren spitzen Hüten, die ebenfalls im Zug der Verdammten sind. Dies kann mit der starken

Judenfeindlichkeit in Köln zusammenhängen, wo Lochner das Bild malte: Im Jahr 1424 wurden die Juden aus der Stadt vertrieben.

Eine differenzierte Auseinandersetzung mit Lochners »Weltgericht« veranschaulicht somit mindestens zweierlei. Erstens wird die spezifische Bildsprache Lochners deutlich, die sowohl Kontinuität als auch Entwicklung mittelalterlicher Eschatologie zum Ausdruck bringt. Der Künstler führt den Betrachtenden nicht nur die Hölle vor Augen, sondern entfaltet zugleich eine Art »Lasterkatalog«. Damit ist das Bild nicht nur eine Gerichtsvorstellung oder gar eine Jenseitsvision, sondern im Vordergrund stehen – auch im wörtlichen Sinne – die Sünden und Untugenden des gegenwärtigen Lebens. Die Verurteilung ist damit bei Lochner deutliche Konsequenz des irdischen Lebens. In diese Richtung deuten auch kunstgeschichtliche Überlegungen, die Lochners Bild nicht als Mitteltafel eines Retabels betrachten, sondern als eine Gerechtigkeitstafel für das Kölner Rathaus (vgl. Zehnder 1993, 318). »Gerechtigkeit« wäre dann ein zentrales Motiv der Darstellung. Zweitens verdeutlicht ein Vergleich mit den biblischen Bezugsquellen (vgl. Mt 24,31; 25,31–46; Offb 4,3; 10,1; 20), dass sich Lochner in diese Tradition stellt, zugleich die Quellen umfassend bildnerisch ausdeutet. Einerseits werden im Bild unterschiedliche Bibelstellen miteinander kombiniert. Dies ist möglich, da Bilder simultan unterschiedliche Ereignisse oder Elemente miteinander kombinieren können, die in Sprache nur sukzessiv entwickelt werden können. Andererseits werden bei Lochner die in den Texten vorhandenen »visuellen Lücken« bildreich ausgestaltet. Dies ist wiederum nötig, da (naturalistische) Bilder zeigen und veranschaulichen, wo und was Worte auch aufgrund ihrer Abstraktion verschweigen können. Entstanden ist hierdurch bei Lochner ein imposantes »Weltgericht«, das Fragen nach dem endzeitlichen Geschehen ebenso aufwirft wie die Frage nach Tun, Ergehen und Gerechtigkeit. Inwiefern diese Fragen heute noch virulent sind, mag das folgende Bildbeispiel von Klaus Rinke verdeutlichen. (cg)

### ZUM KÜNSTLER

***Stefan Lochner*** wurde vermutlich um 1400 in Meersburg am Bodensee geboren. Bevor er eine Malerwerkstatt in Köln errichtete, hielt er sich in den Niederlanden auf und wurde von der Malerei van Eycks und Robert Campins beeinflusst. Auch das »Weltgericht« zeugt von einem Einfluss des Genter Altars (1432) der Gebrüder van Eyck. Lochners Arbeiten zeichnen sich durch einen weichen Stil, Detail- und Realitätstreue aus. Er starb 1451 vermutlich an der Pest.

## PRAXISBAUSTEINE

- Die Teilnehmerinnen und Teilnehmer erschließen die Komposition und zentrale Bildelemente mithilfe von Mt 24,31; 25,31–46; Offb 4,3; 10,1; 20. Sie vergleichen Bibeltexte und Bild, sie stellen die bildnerischen Besonderheiten und die Eigenlogik der Weltgerichtsdarstellung heraus.
- Sie erschließen den Zusammenhang von Gerichtsvorstellungen und moralischer Lebensführung und erörtern, inwiefern es sich hierbei um ein »Gerechtigkeitsbild« handelt.
- Sie diskutieren, warum zeitgenössische Gerichtsdarstellungen rar sind. Vertiefend transformieren sie bildnerisch Fotokopien von Lochners »Weltgericht« in aktuelle Gerichtsvorstellungen.

## LITERATURHINWEISE

Christe, Yves, Das Jüngste Gericht, Regensburg 2001.

Lukatis, Christiane, Die Weltgerichtsretabel Stefan Lochners und Rogier van der Weydens. Eine Studie zur Ikonografie und Erzählstruktur, Berlin 1991.

Zehnder, Frank Günter (Hg.), Stefan Lochner – Meister zu Köln. Herkunft – Werke – Wirkung, Köln 1993.

# 28. »Der Himmel, das bin ich selbst«

## Die Gerichtsvergessenheit in der Gegenwartskultur

»Tor zur Ewigkeit« (1990) nennt der Künstler Klaus Rinke seine Arbeit. Es ist eine polierte schwarze Granitplatte, die in eine rote Backsteinwand der Pax Christi Kirche in Krefeld eingelassen ist. In den Granit sind schmale, helle Fugen gearbeitet, die zwei Türflügel mit seitlichen Pfeilern und einen Flachbogen andeuten. Bei dem Versuch, durch diese Tür zu gehen, scheitern die Besucherinnen und Besucher, denn die Granitplatte wirkt zwar wie eine Tür, lässt sich aber nicht öffnen. Das »Tor zur Ewigkeit« ist verschlossen. Anstatt hierdurch einen Blick in die »Ewigkeit«, ins Jenseits werfen zu können, sehen die Betrachtenden vielmehr ihr eigenes Spiegelbild, das auf der glatten Oberfläche reflektiert wird.

Vergleicht man Rinkes »Tor zur Ewigkeit« mit Lochners »Weltgericht« aus dem vorhergehenden Kapitel, so kann ein bildnerischer Kontrast kaum deutlicher ausfallen. Lochners Paradiestor ist in gotischer Manier detailreich ausgestattet, die Tür ist weit geöffnet, die hereinströmenden Menschenscharen werden von musizierenden Engeln und von Petrus mit dem Schlüssel empfangen. Zugleich macht diese Szene nur knapp ein Viertel des Bildes aus. Lochners »Tor zur Ewigkeit« ist nur in Zusammenhang mit Gericht und Hölle wahrnehmbar. All dies fehlt bei Rinke, obwohl seine Arbeit an einer Kirche angebracht ist und damit eindeutig in einen christlichen Kontext gerückt wird. Statt Hölle, Gericht, Verdammte und Gerettete gibt es bei dem zeitgenössischen Kunstwerk nur den matten Widerschein des betrachtenden Individuums. Liegt die Ewigkeit oder die Erlösung im Betrachtenden selbst? Gilt hier (in Abwandlung von Jean-Paul Sartres berühmtem Zitat: »Die Hölle, das sind die anderen«): »Der Himmel, das bin ich selbst«?

Insbesondere im Vergleich zu Lochners »Weltgericht« werden in Rinkes Arbeit aktuelle eschatologische Problemstellungen virulent. Kaum eine christliche Vorstellung hat derart an Relevanz verloren wie die von Gericht und Hölle. Angesichts des jahrhundertelangen Missbrauchs von Jenseitstypologien ist diese Entwicklung einerseits zu begrüßen. Andererseits wird hierdurch aber auch ein bedeutender Teil der Botschaft Jesu ausgeblendet und zu einer Inkoheränz des christlichen Glaubens beigetragen: »Das würde ja theoretisch heißen, wir kämen alle in den Himmel, egal wie ›schlecht‹ oder ›gut‹ wir sind. Das ist ungerecht. Wozu versuche ich dann, mich korrekt zu verhalten? Auch in der Bibel sind da Widersprüche. Es heißt, man käme vor das Jüngste Gericht, aber man hat doch durch Jesus keine Sündenlast mehr auf sich« (Schülerin, 17 J., zit. nach Ziegler 2006, 340). In dieser Aussage einer Schülerin

Klaus Rinke, Tor zur Ewigkeit, 1990

schimmert ein Gerechtigkeitsbewusstsein durch, das nach einem Ausgleich für empfangenes oder begangenes (Un-)Recht verlangt. In der Vorstellung eines Jüngsten Gerichts wird die menschliche Freiheit konsequent ernst genommen, der Mensch muss sich für sein Tun verantworten. Die Ausblendung des Gerichtsgedankens entlässt hingegen den Menschen aus seiner Verantwortlichkeit. Zugleich ist die Menschheit aufgefordert, selbst für Gerechtigkeit zu sorgen, was eine enorme Aufgabe und Last darstellt. Vielleicht liegt es in dieser (Über-)Forderung begründet, dass gegenläufig zu dem gegenwärtigen »Gerichtsverlust« apokalyptische, auch biblisch geprägte Vorstellungen in der aktuellen populären Kultur weit verbreitet sind. Rinkes »Tor zur Ewigkeit« kann in diesem weiten gesellschaftlichen Horizont verstanden werden. Der Mensch ist allein mit der Frage nach Ewigkeit, Gericht und Gerechtigkeit.

Das Kunstwerk ruft noch eine weitere zentrale Anfrage an Theologie bzw. Eschatologie hervor. Das »Tor zur Ewigkeit« bietet keinen Einblick in die Ewigkeit. Das Einzige, was der Mensch sehen kann, ist sein eigenes Antlitz. Kann der Mensch überhaupt etwas wahrnehmen und erkennen, was außerhalb seiner selbst liegt? Ist nicht alles andere eine bloße Projektion, eine Spiegelung der Wünsche und Hoffnungen des Menschen, die letztendlich nur Auskunft über den Menschen selbst geben – und eben nicht über die Ewigkeit? Rinkes Arbeit besitzt in dieser Frageperspektive auch religionskritische Implikationen im Feuerbach'schen Sinne.

Das Kunstwerk offenbart aber nicht nur einen kritischen Blick auf gegenwärtige »Gerichtsvergessenheit« von Christentum und Gesellschaft oder auf deren Religionskritik. In der Arbeit schimmert auch ein zentraler eschatologischer Gedanke auf. Der Apostel Paulus schildert in 1 Kor 13 die Begrenztheit menschlichen Seins und menschlicher Erkenntnis. Alles ist Stückwerk, das erst von Gott vollendet wird. Dabei verwendet Paulus eine Spiegelmetapher, die auch in Hinblick auf Rinkes »Tor zur Ewigkeit« aufschlussreich ist: »Jetzt schauen wir in einen Spiegel und sehen nur rätselhafte Umrisse, dann aber schauen wir von Angesicht zu Angesicht. Jetzt erkenne ich unvollkom-

**ZUM KÜNSTLER**

***Klaus Rinke*** (*1939 in Wattenscheid), Bildhauer und Konzeptkünstler, wurde vor allem mit unterschiedlichen Arbeiten zu und mit Wasser sowie durch Performances bekannt. Nach einem Studium an der Folkwang-Schule in Essen lebte er einige Jahre in Frankreich, ehe er 1964 nach Düsseldorf zog. 1966 gab er die Malerei auf, um nach Wegen zu suchen, sich künstlerisch direkter mit der Wirklichkeit auseinanderzusetzen.

In der Pax-Christi-Gemeinde befinden sich über Rinkes Arbeit hinaus noch mehr als dreißig weitere Kunstwerke, die die Kirche weit über Krefeld hinaus bekannt gemacht haben, so z. B. Arbeiten von Joseph Beuys, Dorothee von Windheim, Marlene Dumas und Ulrich Rückriem.

men, dann aber werde ich durch und durch erkennen, so wie ich auch durch und durch erkannt worden bin« (1 Kor 13,12). Bei Paulus wird die unvollkommene Spiegelung des Selbst nicht abgewertet wie z. B. bei Feuerbach. Vielmehr wird das, was wir heute nur als schwachen Abglanz erkennen, in vollkommene Erkenntnis überführt. Dabei sind die wahrnehmbaren rätselhaften Umrisse bereits eine Spur, die etwas von dem erahnen lassen, was wir dereinst voll erkennen werden. Die Äußerungen des Paulus wie auch Rinkes Arbeit lassen sich in diesem Sinne als kritischer Kommentar zu jeglicher eschatologischer Rede und Darstellung lesen. All unser eschatologisches Reden und Darstellen steht vor dem großen eschatologischen Vorbehalt des menschlichen Nichtwissens. Zugleich besitzt dieses Reden und Darstellen Anhaltspunkte im Hier und Jetzt, wenn diese auch nur schemenhafte Umrisse des zu Erwartenden sind. (cg)

### PRAXISBAUSTEINE

- Die Teilnehmerinnen und Teilnehmer machen eine Fantasiereise, in der sie in ihrer Imagination vor das »Tor zur Ewigkeit« geführt werden. Sie stellen sich vor, was sie auf oder hinter dem Tor sehen. Anschließend vergleichen sie ihre Vorstellungen mit dem Kunstwerk.
- Sie vergleichen Rinkes »Tor zur Ewigkeit« mit dem »Weltgericht« von Stefan Lochner. Besonderes Augenmerk wird dabei auf die Tore und Eingänge zu Himmel und Hölle bei Lochner gelegt.
- Sie gestalten, ggf. nach der Betrachtung weiterer eschatologischer Bilder, ein eigenes »Tor zur Ewigkeit«.

### LITERATURHINWEISE

Fuchs, Ottmar, Das Jüngste Gericht. Hoffnung auf Gerechtigkeit, Regensburg 2007.

Schmidt, Hans-Werner (Hg.), Klaus Rinke, retroaktiv (1954–1991). Werksverzeichnis, Düsseldorf 1992.

Pax-Christi-Gemeinde Krefeld (Hg.), Im Dialog. Zeitgenössische Kunst in Pax Christi Krefeld, Krefeld 2004.

# Zum Beispiel: Christologie

## 29. »Lasset die Kindlein zu mir kommen«

### Christologie in der Bauernstube

Scheu und zurückhaltend treten die Kinder, teils in Begleitung von Erwachsenen, zu einem sitzenden Mann. Die Kinder sind ärmlich gekleidet und wagen kaum den Blick zu heben. Nur ein Kleinkind vor dem Kamin schaut die Betrachtenden direkt an und ein Junge blickt ein wenig verschmitzt hinter dem Rücken eines älteren Mädchens hervor. Trotz der vielen Kinder wirkt das Bild sehr ruhig. Der Raum ist spärlich eingerichtet. Allein der Stuhl des Mannes ist kunstvoll geschnitzt. Die Szene wirkt warm und freundlich, wenn sie auch merkwürdig unbestimmt ist. Der Ort weist kaum spezifische Merkmale aus. Es mag sich um eine Schulstube, einen Gemeinderaum oder eine Bauernhausdiele handeln. Durch das Fenster sind die schwachen Umrisse einer Dorfkirche erkennbar. Auch der Mann passt sich in die Schlichtheit der Szenerie ein. Er ist in ein einfaches blaues Gewand ge-

Fritz von Uhde, Lasset die Kindlein zu mir kommen, 1884

kleidet und barfuß. Dennoch unterscheidet er sich durch seine Kleidung und seine Stellung im Bild von den anderen Menschen. Mit seinen längeren Haaren, seinem Bart und nicht zuletzt im Zusammenhang mit dem Titel ist der Mann eindeutig als Jesus zu identifizieren. Obwohl der Maler Fritz von Uhde die biblische Szene in eine bäuerliche Umgebung des 19. Jahrhunderts versetzt, lässt er durch den Titel »Lasset die Kindlein zu mir kommen« (1884) keinen Zweifel an dem biblischen Ursprung seines Motivs (Lk 18,16; Mt 19,14).

Es handelt sich hierbei um von Uhdes erstes großformatiges religiöses Gemälde, in dem er seine bevorzugten Genreszenen mit Kindern mit einer christlichen Thematik verbindet. Das Bild erlangte schnell Berühmtheit im Pariser Salon. Zahlreiche Fotografien davon wurden für den privaten Gebrauch verkauft. Dennoch löste das Bild auch hitzige Debatten aus, insbesondere in konservativen katholischen und evangelischen Milieus. Fritz von Uhde mache mit seinem Bild »das Heilige und Heiligste – und zwar mit vollem Bewusstsein, wissentlich und geflissentlich – gemein, widrig, ekelhaft und verächtlich, indem er Schufte und Gauner, Landstreicher und Dirnen den heiligen Gestalten des Evangeliums unterschiebt« (Keppler, zit. nach Stock 1999, 105). Von Uhde wurden nicht nur sozialistische Tendenzen unterstellt. Auch warf man ihm vor, das Heilige ins Allgemein-Menschliche hinein zu verwässern. Diese Vorwürfe zielen jedoch an von Uhdes malerischer Intention vorbei: »Die Impressionisten wollen nur eine neue malerische Formel. Ich suchte so was wie eine Seele. So ist das Bild dieser Art entstanden (...) Aus dem Drang, etwas mehr geben zu wollen als bloße Abschrift aus der Natur« (von Uhde, zit. nach Stock 1999, 107). Der Maler betont, dass es ihm nicht um die Spiegelung von Natur oder den realen Gegebenheiten gehe. Er ist mit seinem Bild auf der Suche nach einem »Mehr«. Dieses strebt er zum einen durch die biblische Motivwahl, zum anderen durch seine impressionistische Malweise an. Licht und Schatten werden hierbei zum zentralen Gestaltungsprinzip. Auf den bewegten Oberflächen der Menschen und Dinge fängt von Uhde einen momenthaften, optischen Eindruck ein, einen Augenblick, der schnell wieder verfliegen kann. Licht ist bei ihm aber nicht nur ein gestalterisches Mittel, sondern zugleich eine christologische Aussage, was seinem Bild die Charakterisierung als »impressionistische Christologie« (Stock 1999, 106) eingebracht hat. Christus tritt in die ärmliche Welt ein und ist zugleich das »Licht der Welt«.

Das Gemälde ist keine sozialistische Propaganda, sondern zeugt eher von der Sehnsucht nach der einfachen Religiosität, die diese Dorfbewohner verkörpern und die in der Genreszene verdichtet zum Ausdruck kommt. In aller Einfachheit zeichnet von Uhde Christus als den Heiland der Armen, aber er tut dies nicht dogmatisch oder allgemein, sondern lässt ihn in impressionistischer Manier momenthaft aufscheinen. Die innige Begegnung mit Christus ist in dem Bild keine dauerhafte, sondern konkretisiert sich im Augenblick.

Die theologischen Vorbehalte gegenüber von Uhdes Malerei erscheinen heute kaum noch nachvollziehbar. Dennoch weisen sie auf theologische Problemstellungen hin, die in der Geschichte des Christusbildes immer wieder virulent werden. Erstens stellt sich die theologisch brisante Frage, inwiefern die göttliche Natur überhaupt ins Bild gefasst werden kann und, wenn dies gelänge, inwiefern dabei zugleich die menschliche Natur darstellbar bleibt. Denn theologiegeschichtlich bietet die Inkarnation ein zentrales Argument zur Legitimation des Christusbildes (→ II.A Einführung). Erst die Inkarnation Gottes in Jesus Christus ermögliche eine Christusdarstellung, so eine der wichtigen bildtheologischen Linien spätestens seit Johannes von Damaskus. Daraus folgt aber zweitens die Problematik, welches konkrete »Gesicht« die menschliche Natur Christi erhält. Wie und wo zeigt sich Jesus Christus, jenseits eines naiven Historismus? In dieser bilderskeptischen Tradition stehen auch die zeitgenössischen Kritiker von Uhdes. So formuliert Johannes Adolf Overbeck: »Für so unwahr und daher anstößig muss ich diese Darstellung eines in leidender Leiblichkeit vor einer Schar von Arbeiterkindern des 19. Jahrhunderts dasitzenden Christus halten. Das Bild erscheint mir daher in seiner Idee als eine Verirrung« (Overbeck, zit. nach Hansen 1998, 92). Der Christus von Uhdes erscheint den Kritikern nicht göttlich und erhaben genug. Auch die menschliche Darstellungsweise und der Kontext machen »durch Haltung und Ausdrucksweise der vorgeführten ordinären Gestalten (...) den unwürdigsten Eindruck« (Lampe, zit. nach Hansen 1998, 92) und sind einer Christusdarstellung nicht angemessen.

Auch wenn solche Kritiken heute kaum noch laut werden, so kann das Bild »Lasset die Kindlein zu mir kommen« dennoch ein christologisch motiviertes Nachdenken hervorrufen. Wie und wo ist Jesus Christus heute darstellbar? Wie konkretisiert sich seine menschliche Natur? Und lässt sich heute überhaupt noch seine Göttlichkeit zum Ausdruck bringen? Im 19. Jahrhundert stellte die anrührende Genreszene mit seiner innigen Begegnung zwischen Jesus und den Kindern in all ihrer Menschlichkeit eine Provokation dar. Von Uhde hat ein radikales Inkarnationsbild geschaffen, das auch heute noch die Frage nach der Menschwerdung provozieren kann. Welche anderen herausfordernden Akzentsetzungen Christusdarstellungen im 21. Jahrhundert erhalten können, wird im Folgenden anhand einer Arbeit von Mark Wallinger erörtert (→ Kap. 30). (cg)

**ZUM KÜNSTLER**

***Fritz von Uhde*** (1848–1911) ist sowohl vom französischen Impressionismus als auch Realismus inspiriert. Er gilt mit Max Liebermann, Lovis Corinth und Max Slevogt als bedeutendster Vertreter des deutschen Impressionismus. Zahlreiche religiöse Motive prägen sein Werk.

## PRAXISBAUSTEINE

- Die Teilnehmerinnen und Teilnehmer betrachten zuerst die linke Bildhälfte (ohne Jesus), beschreiben den Bildausschnitt intensiv und stellen Vermutungen über die verdeckte Bildhälfte an. Sie erschließen anschließend das Gesamtbild vor dem Hintergrund der Detailbeobachtungen.
- Sie entwickeln einen Dialog zwischen Jesus und den Kindern.
- Sie vergleichen den Bibeltext mit dem Gemälde und stellen von Uhdes bildnerische Interpretation der Perikope heraus. Vertiefend können die Kritiken des 19. Jahrhunderts hinzugezogen und diskutiert werden.

## LITERATURHINWEISE

Hansen, Dorothee (Hg.), Fritz von Uhde. Vom Realismus zum Impressionismus, Ostfildern-Ruit 1998.

Stock, Alex, Zwischen Tempel und Museum. Theologische Kunstkritik. Positionen der Moderne, Paderborn 1999, 105–111.

Winnekes, Katharina, Christus in der bildenden Kunst. Von den Anfängen bis zur Gegenwart, München 1989.

# 30. »Ecce Homo«

## Christologie auf dem Trafalgar Square

Auf einem leer stehenden Sockel auf dem Trafalgar Square in London befand sich 1999 für mehrere Wochen eine lebensgroße weiße Christusstatue aus Kunstharz mit Marmorstaub. Der nur mit Lendenschurz und vergoldeter Stacheldrahtkrone bekleideten Figur gab der Künstler Mark Wallinger den Titel »Ecce Homo«. Wallingers Skulptur weist kaum Leidensmerkmale auf. Damit weicht sie von der breiten Tradition dieses Bildmotivs ab. Der hohe Sockel, der ausdruckslose Blick, die aufrechte Haltung und die makellose Materialoberfläche lassen die Figur befremdlich entrückt erscheinen. Zugleich wirkt sie aber auch durch den immensen Sockel auffällig klein und schutzlos. Weder übergroßes Leiden noch eine ausgeprägte Individualität werden hier deutlich. Wallingers »Ecce Homo« richtet sich weder an biblischer noch kunstgeschichtlicher Motivik konsequent aus (Eggers/Fendrich 1998). Ihm geht es nicht um eine Fortschreibung der (ikonografischen) Tradition, vielmehr möchte er anlässlich der Jahrtausendwende an den zweitausendsten Jahrestag der Geburt Jesu erinnern. »Außerdem«, so Wallinger selbst, »wurde die Arbeit auch vom Ort selbst angeregt: der Trafalgar Square als einer der meistfrequentierten Plätze Londons, ein Ort der Massen, Aufmarschplatz für Feiern und Demonstrationen. Dahin gehört Christus, der dem Mob vorgeführt wird« (Wallinger 2002, 100). Dieser Mob wird jedoch den Christus nicht ernsthaft gefährden, denn die Figur ist weit vom menschlichen Treiben entrückt. Dadurch entsteht ein deutlicher Gegensatz zwischen Skulptur und Titel. Denn mit »Ecce Homo« wird das zutiefst menschliche Leiden Jesu, seine bedingungslose, erniedrigte Menschlichkeit zum Ausdruck gebracht, wohingegen die weiße, makellose Skulptur diese Züge geradezu abgestreift hat. Tritt nun an die Stelle der Menschlichkeit Jesu seine Göttlichkeit? Handelt es sich somit um ein Gottesbild im menschlichen Antlitz Jesu? Oder bringt Wallinger damit zum Ausdruck, dass diese Christusfigur den (meisten) Menschen heute entzogen, ihnen fremd und unnahbar geworden ist?

Diese Fragen deuten bereits an, dass sich »Ecce Homo« nicht leicht mit tradierten christologischen Kategorien beschreiben lässt. Erst recht sperrt sich Wallingers Installation gegenüber Versuchen, diese als biblische Illustration oder Veranschaulichung kirchlicher Lehre zu betrachten. Vielmehr zeichnet sich sein Werk durch Ambivalenzen und Mehrdeutigkeiten aus, die keine einfachen Antworten zulassen – erst recht nicht in dogmatischer Eindeutigkeit. Aus christologischer Perspektive ist die Installation dennoch höchst aufschlussreich, denn sie kann als Artikulation der Jahrtausend-

Mark Wallinger, Ecce Homo, Installation auf dem Trafalgar Square, 1999

ZUM KÜNSTLER

***Mark Wallinger*** (*1959 in Chigwell, England) wurde als einer der »Young British Artists« in den 1990er-Jahren berühmt, die vielfach durch provozierende Kunstaktionen auffielen. Spätestens nachdem er 2007 den bedeutenden britischen Turner-Prize bekommen hat, zählt Wallinger zu den weltweit anerkannten zeitgenössischen Künstlern. In seinen vielfach raum- und kontextbezogenen Arbeiten greift er immer wieder auch religiös relevante Thematiken auf, so z. B. in den Videoarbeiten »Angels« (1997) oder »On an Operating Table« (1997).

wende Auskunft über die gegenwärtige christologische »Befindlichkeit« geben. Wallinger spricht diesbezüglich von »großen Themen«, von »Sehnsüchten« und »grundlegenden Erfahrungen« als Bezugspunkte seines künstlerischen Schaffens. »Einmal ist da die Befragung der eigenen Sehnsucht, der Hoffnung, des Verlangens nach etwas Transzendentem, das wir alle in uns tragen. Zum anderen ist es ein Nachdenken darüber, dass, obwohl wir in einer säkularisierten Gesellschaft leben, die christliche Tradition und ihre Symbole noch immer tief in jedem von uns eingeprägt sind und uns bestimmen« (Wallinger 2002, 99). Es ist christologisch aufschlussreich, dass in Wallingers Werk diese Sehnsüchte, Hoffnungen oder Befürchtungen an eine Christusskulptur rückgebunden werden. Dabei entgleitet diese Figur den Betrachterinnen und Betrachtern jedoch: Sie ist entrückt, makellos, unnahbar – sie lädt nicht zur *memoria passionis* ein, sie bietet keine Identifikationsfigur für den leidenden Menschen. Und sie ist aus dem kirchlichen Kontext herausgelöst und befindet sich mitten im weltlichen Treiben des Trafalgar Square. Ist dies der Erlöser der leidenden Menschheit? Hat dieser »Ecce Homo« die vorbeieilenden Menschen auf dem Platz im Blick? Oder ist er bereits nicht mehr unter ihnen? Insbesondere im Vergleich zu Fritz von Uhdes »Lasset die Kindlein zu mir kommen« im vorangegangenen Kapitel sind deutliche Verschiebungen im christologischen Geflecht zu erkennen. Brachte von Uhde – wenn auch sehnsuchtsvoll und für manche provozierend – eine innige Begegnung von Christus und Kindern zum Ausdruck, indem er den Erlöser als nahbaren Menschen in eine ärmliche Bauernstube »inkarnierte«, so entrückt Wallinger den leidenden Jesus in zweifacher Weise. Zum einen entzieht

Mark Wallinger, Ecce Homo (Detail), 1999

sich seine makellose Skulptur scheinbar jeglichem Leiden. Zum anderen ist sie den Menschen durch ihre erhöhte Position entrückt. Nahbarkeit und Menschlichkeit wird bei Wallinger verwandelt in Emotionslosigkeit und Distanz.

Mit Wallingers Werk lässt sich somit zum einen der christologischen Signatur der Gegenwart nachspüren. »Ecce Homo« stellt die Theologie vor die Herausforderung, in die sichtbar werdende, gegenwärtige religiöse »Gemengelage« von christlichen Relikten, Verlangen nach Transzendenz und Christusferne hinein eine angemessene christologische Sprache zu entwickeln. Zum anderen können in der religionspädagogisch initiierten Erschließung der Installation Fragen nach der Gestalt und Bedeutung, nach der Nähe und Ferne von Jesus Christus in der Gegenwart aufbrechen. Diese Fragen lassen sich – wie die Erschließung von »Ecce Homo« – keiner allgemeingültigen Antwort zuführen, sondern müssen immer wieder neu von jeder und jedem gestellt und erörtert werden, um den Glauben an Jesus Christus tragfähig und präsent zu halten. Diese christologisch relevanten Fragen zu initiieren, ist damit ein nicht gering zu schätzender Verdienst von Wallingers »Ecce homo«. (cg)

### PRAXISBAUSTEINE

- Die Teilnehmerinnen und Teilnehmer recherchieren Bildmotive zu »Ecce Homo« und vergleichen diese mit Wallingers Installation. Vertiefend vergleichen sie die Installation mit dem Bibeltext und finden Erklärungen für die konstatierten Unterschiede.
- Sie fertigen zu »Siehe da, der Mensch« einen Entwurf für ein Denkmal an. Sie suchen Plätze in ihrem lokalen Umfeld, an denen sie ein solches Denkmal realisieren würden, und begründen ihre Auswahl. Alternativ fertigen sie eine Fotoserie mit diesem Titel an.
- Sie treten in einen schriftlichen Dialog mit Wallingers Figur.

### LITERATURHINWEISE

Bulgakow, Michael/Searle, Adrian, Mark Wallinger. Secession, Wien 2000.

Eggers, Theodor/Fendrich, Herbert, Ecce homo. Bilder von Gott und Welt aus der modernen Kunst, Bd. 2, Düsseldorf 1998.

Wallinger, Mark, »Im Anfang war das Wort ...«. Mark Wallinger im Gespräch mit Johannes Rauchenberger und Alois Kölbl, in: kunst und kirche 2 (2002), 97–101.

# II.C Ausprobieren, Zitieren, Kritisieren, Transformieren

## Religion in der Gegenwartskunst

»Religion« ist wieder Thema in der Kunst. Bereits seit den 1980er-Jahren lassen sich vage religiöse Dimensionen wie »Spiritualität« oder »Transzendenz« in der Kunst finden. Spätestens seit dem 11. September 2001 schenken Künstlerinnen und Künstler auch den konkreten (Welt-)Religionen verstärkt Aufmerksamkeit. Von einer ungebrochenen Renaissance der Religion zu sprechen, wäre jedoch verzerrend. Vielmehr taucht »Religiöses« in mannigfacher Gestalt in der zeitgenössischen Kunst auf.

Grundlegend hierbei ist, dass sich Kunstschaffende nicht mehr im Dienst der christlichen Tradition, sondern autonom verstehen. Das Auftauchen von Religion in der Gegenwartskunst überbrückt nicht die Trennung von Kunst und Kirche, die sich seit der Reformation, insbesondere aber seit dem 19. Jahrhundert ökonomisch und inhaltlich vollzogen hat. Religiöse Themen und Dimensionen in der zeitgenössischen Kultur sind daher als künstlerische Artikulationen zu betrachten, die einen eigenen, fremden, interessierten oder kritischen Blick auf Religion werfen.

Durch die Folie einer grundlegenden Trennung von Kunst und Religion hindurch lassen sich in dem komplexen und vielschichtigen Kunsttreiben Tendenzen erkennen, die zumindest ansatzweise eine Charakterisierung von Religion in der Gegenwartskunst erlauben:

- Eine erste Richtung ist mit »Kontinuität« überschrieben. Kontinuität lässt sich zum einen im Hinblick auf anthropologische oder existenzielle Fragen feststellen, die über Jahrhunderte in der christlichen Bildtradition aufgehoben waren: Fragen nach Leid, Schuld, Tod und Auferstehung. »Als solche sind dies existenzielle oder ästhetische Kategorien, und sie sind damit, wenn auch sich permanent verändernd, in einer gewissen Weise zeitlos oder immer wiederkehrend« (Rauchenberger 2007a, 360 f.). So ist z. B. das Leiden am Kreuz ein Motiv, das Künstler wie Alfred Hrdlicka oder Francis Bacon aufgreifen. In dieser Perspektive lässt sich auch »Hiob« von *Thomas Lehnerer* betrachten (→ Kap. 31; vgl. auch Wallinger → Kap. 30). Zum anderen bringen Kunstwerke Kontinuität zum Ausdruck, indem sie sich – teils als Auftragsarbeiten – mit der christlichen Ikonografie und den jüdisch-christlichen »Geschichten« auseinandersetzen. Die lang gepflegte Missachtung oder Gleichgültigkeit zwischen Kunst und Christentum weicht hier einer distanzierten Beschäftigung mit der christlichen Tradition. Die Bibelillustration von Silke Rehberg (→ Kap. 4) ist hierunter genauso zu fassen wie die Kirchenfenster Sigmar Polkes (→ Kap. 49).

■ Eine zweite Richtung innerhalb der zeitgenössischen Kunst zeugt von einem synkretistischen Geist. Hier schöpfen Künstlerinnen und Künstler aus dem reichen religiösen Traditionsschatz und setzen diesen – vielfach in subjektivistischer Manier – neu zusammen. Nicht selten bringen diese Arbeiten die religiöse Suche der Kunstschaffenden zum Ausdruck. *Mark Rothkos* »Chapel« verdeutlicht diese Tendenz (→ Kap. 32; vgl. auch Oppermann → Kap. 42).

■ Die dritte und quantitativ größte Gruppe greift ebenfalls auf den Bilderschatz des Christentums zurück. »Es geht hier allerdings kein Revival christlicher Ikonografie vonstatten. Stattdessen ist diese zum Spielball geworden für künstlerische Konzepte, einem spätantiken Steinbruch vergleichbar, der einer untergegangenen oder untergehenden Kultur entstammt oder einer umzubauenden nützlich ist« (Rauchenberger 2007a, 362). Dabei sind die Anleihen an die christliche Kunst und Tradition sowohl formaler als auch inhaltlicher Natur und geschehen teils explizit, teils scheinbar unbewusst. Die Fotografien von *Boris Mikhailov* greifen in diesem Sinne auf Passionsdarstellungen zurück (→ Kap. 34).

■ Die Übergänge zwischen der dritten und vierten auszumachenden Tendenz in der Gegenwartskunst sind fließend. Auch hier knüpfen Künstlerinnen und Künstler explizit an Religion(en) an. Aber sie tun dies mit einer kritischen Note. Vielfach sind Arbeiten dabei ironisch ausgerichtet Als Beispiel dient hier *Peter Sauerer* (→ Kap. 35). Andere Werke sind dezidiert kritisch. Viele dieser kritischen Arbeiten haben allerdings weniger Religionen als solche im Blick, sondern vielmehr deren Institutionen oder fundamentalistischen Ausprägungen. Deutlich seltener sind Arbeiten anzutreffen, die den Gottesgedanken selbst infrage stellen oder blasphemischer Natur sind (siehe Kippenberger → Kap. 18).

■ Weniger kritisch, aber aus theologischer Sicht dennoch herausfordernd sind Kunstwerke, die sich fünftens als »Transformation« bezeichnen lassen, so wie die Arbeiten von *Hannah Wilke* (→ Kap. 33). Hier werden religiöse Traditionen im zeitgenössischen Kontext ausprobiert, reformuliert und dabei ggf. auch neu bewahrheitet. Diese Werke tragen dazu bei, zentrale religiöse Motive neu wahrzunehmen und auf ihren theologischen Gehalt zu hinterfragen. So wird die religiöse Tradition fortgeschrieben, transformiert, angeeignet – oder aber auch (reflektiert) aufgegeben. (cg)

# 31. Hiob – der leidende und geschundene Mensch

## Anthropologie als kontinuierliches Thema in Kunst und Religion

Eine 52 cm große Bronzeskulptur steht auf einem hohen weißen Sockel und wird von einer einzigen Lichtquelle beleuchtet. Obwohl die Skulptur aus Bronze gegossen ist, erinnert sie kaum an Macht- und Herrscherwürde ausstrahlende bronzene Monumentalplastiken. Der »Blick« der Skulptur ist starr nach oben gerichtet. Körper und Gesicht sind deformiert und wenig differenziert. Die Gliedmaßen sind miteinander verwachsen, sodass die Figur einen festen, aber unbeweglichen Stand besitzt. Dadurch ist die Skulptur wenig raumgreifend und wirkt wie ein kleines, verlassenes Ausstellungsstück. Bei einer näheren Betrachtung irritiert die Umgebung von Skulptur und Sockel. Diese befinden sich in einem kleinen, dunklen Raum, der nur durch einen Lichtspot erleuchtet wird. Das Licht trifft von schräg unten auf Sockel und Skulptur, sodass sie durch ihren Schlagschatten an der Wand verdoppelt werden. Darüber hinaus befinden sich im Raum nur noch drei Hocker, deren Funktion nicht eindeutig ist. Sind sie Sitzgelegenheiten zur Betrachtung der Figur oder sind sie Teil des Werkes?

Nimmt man auf einem dieser Schemel Platz, so gleitet der Blick von unten an dem deformierten Körper entlang, der wie von Wunden und Schlägen überzogen zu sein scheint, und man schaut in ein verkrustetes, rötliches Gesicht. Der Künstler Thomas Lehnerer formte seine Bronzeskulpturen zuerst aus Wachs und goss sie anschließend in einer verlorenen Form in Bronze ab. Dabei verhehlt das Endprodukt nicht den Prozess der Entstehung: Fingerabdrücke, Gussnähte und nachträgliche Bearbeitungsspuren weisen auf die unterschiedlichen Kräfte bei der Entstehung hin. Die Skulptur »erleidet« auch nach dem Guss weitere Eingriffe: Lehnerer bearbeitete sie mit Hammerschlägen; die rötlich-orange Tönung des Gesichts erzeugte er durch ein Schweißgerät. Dem Künstler geht es dabei weniger um eine bestimmte Formgebung, sondern vielmehr darum, dem Material durch diese Behandlung eine bestimmte Qualität zu verleihen. Das Material wird folglich zu behandeltem, durch Spuren von Kraft und Gewalt gezeichnetem Material: »Man könnte auch sagen, er hat ihr (der Skulptur) Verletzungen zugefügt, hat sie geschlagen und ›misshandelt‹, als ob es auszuprobieren gelte, was es mit der Indifferenz eines Materials gegenüber einer solchen Tortur auf sich hat« (Friese 1992, 6). Durch die konzentrierte Beleuchtung und die spärliche Einrichtung des Raums können sich Betrachterinnen und Betrachter, die auf den Schemeln Platz genommen haben, nahezu meditativ auf die Skulptur fokussieren, sodass diese wie ein

Thomas Lehnerer, Hiob, 1992

Andachtsbild erscheint, und in einen intimen Dialog mit der Figur treten.

Nimmt man die Hocker als Teil des Kunstwerks, ohne sich auf diesen niederzulassen, so scheinen diese auf Besucherinnen und Besucher zu warten, die sich zu der Skulptur gesellen. Die Anzahl der Hocker ist nicht zufällig. Denn Lehnerer nennt seine Arbeit »Hiob«. Die Schemel erinnern in ihrer Anzahl an die drei Freunde Hiobs, die Hiob in seiner verzweifelten Situation besuchen und mit ihm um die Warum-Frage ringen. Die Hocker sind somit Plätze des In-Beziehung-Tretens mit der Bronzeskulptur – als Orte einer heutigen Betrachtung oder als Stellvertretung der biblischen Freunde. Damit weitet Lehnerer zugleich die Skulptur in den Raum und in die Zeit hinein aus. In dieser Betrachtung wird die Skulptur zu einer Rauminstallation, die auch die Zeit zwischen heute und damals mitreflektiert. Diese Verknüpfung von Raum und Zeit bei »Hiob« geht aber noch weiter. Die punktuelle Beleuchtung der Skulptur bewirkt einen scharfen Schattenwurf. Dieser trifft mit dem Kopf an die obere, mit dem Rücken an eine seitliche Raumkante. Dem Figurenschatten »lastet« somit die Decke schwer auf dem Kopf. Auch diese Gestaltung ist nicht zufällig, sondern eine bewusste Ausdehnung der Figur in Raum und Zeit hinein: Die Installation befindet sich in einer Kammer unterhalb der Alten Synagoge in Essen. Der Schattenwurf markiert die Stelle, über der bis zu seiner Zerstörung der Toraschrein stand. Durch den Schatten markiert Lehnerer die Geschichtsträchtigkeit dieses Ortes. Die Bronzeskulptur wirft buchstäblich ihren Schatten auf die Geschichte. Der Ort wiederum scheint auf dem Schatten der Skulptur zu lasten. Damit erfährt die Skulptur eine Ausweitung über den Ausstellungsraum hinaus und verweist in Raum und Zeit des geschichtsträchtigen Ortes hinein.

So deutliche Parallelen zwischen Bibel und Kunst sind in der zeitgenössischen Kunst eher selten. Dennoch werden an »Hiob« Eigenschaften sichtbar, die exemplarisch für das Verhältnis von Religion und Gegenwartskultur stehen, das in der Einleitung zu diesem Kapitel mit »Kontinuität« charakterisiert wurde. Zum einen setzt sich Lehnerer durch die Motivwahl explizit mit einem biblischen Thema auseinander. Indem er die Skulptur wie ein Andachtsbild zur Betrachtung ausstellt, schreibt er der Hiobfigur auch für

> **ZUM KÜNSTLER**
>
> ***Thomas Lehnerer*** (1955–1995) war bildender Künstler, Philosoph und evangelischer Theologe. Mit einer Arbeit über Schleiermacher promovierte er zum Doktor der Theologie. Mit einer kunstwissenschaftlichen Arbeit habilitierte er im Fach Ästhetik und war Professor für Theorie und Praxis der visuellen Kommunikation in Kassel. Sein künstlerisches Œuvre umfasst vor allem Zeichnungen, Skulpturen und Installationen. In seinen Arbeiten tauchen immer wieder religiöse Bezüge auf.

die zeitgenössischen Betrachterinnen und Betrachter Relevanz zu.

Dabei ist die Motivauswahl nicht überraschend. Künstlerinnen und Künstler greifen aus der jüdisch-christlichen Religion bevorzugt Themen auf, die anthropologische und existenzielle Fragen behandeln. Die Art und Weise, wie Lehnerer »seinen« Hiob malträtiert, verdeutlicht, dass auch für ihn der leidende und geschundene Mensch in »Hiob« im Vordergrund steht. Lehnerer rückt Hiob und seine Freunde ins Zentrum – und eben nicht Hiobs Beziehung zu Gott. »Kontinuität« meint hier somit nicht nahtlose und umfassende Fortschreibung der (ikonografischen) Tradition, sondern vielmehr das Aufgreifen von religiösen Strängen, die in der Gegenwart weitergestaltet werden. Anthropologische und existenzielle Grundthemen sind hierbei besonders prominent.

»Kontinuität« lässt sich in dem vorliegenden Werk aber auch als zeitliche Dimension ausmachen. Lehnerer stellt eine Beziehung von Hiob über die Synagoge in Essen bis hin zu heutigen Betrachtenden her. Er erzählt diese leidvollen Geschichten nicht nach, sein bildnerisches Konzept ist nicht narrativ ausgerichtet. Vielmehr präsentiert er durch Material und Raumbezüge eine Anschaulichkeit von Gewalt und Brutalität, die Menschen widerfährt – und realisiert damit die bleibende Aktualität der Hiobthematik. (cg)

## PRAXISBAUSTEINE

- Die Betrachterinnen und Betrachter setzen sich in einer Fantasiereise auf einen Hocker der Rauminstallation und verfassen einen Dialog mit der Skulptur. Sie vergleichen anschließend ihre Dialoge mit den biblischen Dialogen von Hiob mit seinen Freunden.
- Sie erarbeiten die unterschiedlichen Raum- und Zeitbezüge der Installation (Skulptur, Hocker, Schatten, Synagoge, Toraschrein).
- Sie vergleichen »Hiob« mit anderen Hiobdarstellungen aus Tradition und Gegenwart.

## LITERATURHINWEISE

Friese, Peter, Thomas Lehnerer. Hiob, Essen 1992.

Gärtner, Claudia, Gegenwartsweisen in Bild und Sakrament. Eine theologische Untersuchung zum Werk von Thomas Lehnerer, Paderborn 2002.

Gercke, Hans/Heidelberger Kunstverein (Hg.), Thomas Lehnerer. Figurenkreis, Ostfildern-Ruit 1993.

Giloy-Hirtz, Petra (Hg.), Thomas Lehnerer. Lesebuch, Ostfildern-Ruit 1996.

# 32. »Die Leute, die vor meinen Bildern weinen, machen die gleichen religiösen Erfahrungen ...«

## Transzendenz und Synkretismus in Gegenwartskunst

In einem achteckigen Gebäude hängen vierzehn ungegenständliche Bilder von Mark Rothko. Der Raum ist weitestgehend leer, nur schlichte Bänke laden zum Betrachten ein. Die Kunstsammler Dominique und John de Menil haben das Gebäude, die »Rothko Chapel«, eigens für die Arbeiten des Künstlers errichten lassen. Eröffnet wurde die »Rothko Chapel« 1971, ein Jahr, nachdem der Künstler aus dem Leben geschieden war. Seine Bilder, die er kurz vor seinem Tod vollendet hat, sind – vor allem im Vergleich mit früheren Arbeiten – düster und nahezu monochrom gehalten. Rothko trug dafür unzählige Farbschichten halbtransparent übereinander auf. Die darunterliegende Farbe verschwindet – und verschwindet

Rothko Chapel, 1971

zugleich nicht. Die verborgenen Schichten scheinen nahezu unsichtbar durch und begründen dadurch die Faszination und visuelle Unergründbarkeit der Malerei. Dabei scheinen die Farben zu leuchten, ohne dass eine Lichtquelle auszumachen ist: »Das dämmerige Licht der Farbe bei Rothko besitzt keine angebbare Quelle, eine Situation immaterieller Schwebe herrscht, ein atmender Dämmer schafft sich Dehnung und Raum. Gemäß der Logik der Farbe präsentiert sich das Bild insgesamt als etwas, das sich gleichermaßen *ver*hüllt und *ent*hüllt. Assoziationen von Vorhängen oder Lichtwänden kommen auf. Man hat dieser Bilderfahrung den Namen des Numinosen gegeben« (Boehm ²1995, 242). Es ist diese »numinose« Bildwirkung, durch die Rothkos Arbeiten immer wieder im religiösen Kontext rezipiert werden. Auch in religionspädagogischen Arbeitshilfen werden seine Bilder häufig eingesetzt und dort oft im Kontext von Gottesbild und Gottesbildverbot erschlossen. Denn ähnlich dem biblischen Offenbarungsverständnis zeigt sich in Rothkos Bildern »etwas«, das verhüllt ist. Die Bilder artikulieren zugleich eine Logik des Verhüllens und Entdeckens. Rothko gelingt es nach Ansicht des Kunstwissenschaftlers Gottfried Boehm, »das ikonoklastische Gebot (Bilderverbot) mit einer angemessenen und einer starken Bildpraxis zu versöhnen« (ebd.). Denn eine so verstandene Bildlichkeit kann auch für die Darstellung von Unsagbarem, Gestaltlosem, Nichtsichtbarem offen sein, indem sie über sich selbst hinausweist auf etwas »Transzendentes«.

Rothko selbst weist darauf hin, dass ihn weniger formale Bildfragen, sondern vielmehr Gefühle der Bildwirkung beschäftigen: »Was mich interessiert, ist nur, wie ich menschliche Gefühle ausdrücken kann (Tragik, Ekstase, Verhängnis usw.), und die Tatsache, dass viele Leute vor meinen Bildern zusammenbrechen und weinen, zeigt mir, dass ich in Verbindung stehe mit den menschlichen Grundgefühlen. Die Leute, die vor meinen Bildern weinen, machen die gleiche religiöse Erfahrung wie ich, als ich die Bilder malte« (Rothko, zit. nach Schmied 1980, 284). Es verwundert somit nicht, dass Rothkos Arbeiten Kernstück einer eigenen Kapelle geworden sind, die Raum für spirituelle Erfahrungen eröffnen möchte. Aufschlussreich für ein vertieftes theologisches Nachdenken über Rothkos Werke ist die Konzeption und Rezeption der »Rothko Chapel«. Die Initiatorin der Kapelle, Dominique de Menil, beschreibt ihren Rezeptionsprozess wie folgt:

»*At first we might be disappointed at the lack of glamour in the paintings surrounding us. The more I live with them, the more impressed I am. Rothko wanted to bring his paintings to the greatest poignancy of which they were capable. He wanted them to be intimate and timeless. (...) They are warm, too. There is a glow in the central panel. (...) If there is a message, we are grateful it is delivered without images. Images, which were never acceptable to Jews and Muslims, have become intolerable to all of us today. It might be an important sign that we cannot represent Jesus or his apostles anymore. (...) We are cluttered with images, and only abstract art can bring us to the threshold of the divine«* (de Menil 2010, 17–19).

Auch wenn Rothkos Arbeiten immer wieder in Bezug zur jüdisch-christlichen Gottesoffenbarung gesetzt werden, so scheinen die Bilder ihre (religiöse) Faszination gerade durch ihre Unbestimmtheit zu erhalten. Es ist das vage Numinose, ein abstraktes Religiöses, das in Rothkos Malerei seinen Ausdruck findet. Entsprechend zieht die Kapelle nunmehr seit über 40 Jahren jährlich über 60.000 Besucherinnen und Besucher an und ist dabei noch stets ein Ort der Kontemplation. Auffallend ist, wie multireligiös diese Bilder »funktionieren«. Ökumenische Gebete sind hiervor ebenso möglich wie hinduistische Gesänge, ein Derwischtanz oder interreligiöse Treffen.

Der interreligiöse Wert eines Ortes, an dem sich unterschiedliche Religionen versammeln und spirituelle Erfahrungen gemacht werden können, ist unbenommen. Zugleich wird hierdurch auch deutlich, dass Bilder, die eine solch kontinuierliche Bildwirkung entfalten, im Kontext einer explizit jüdisch-christlichen Thematisierung der Gottesfrage zumindest mit Vorsicht zu erschließen sind. Die breite interreligiöse Strahlkraft der »numinosen« Bilder geht einher mit einer Vagheit des Religiösen, wohingegen die jüdisch-christliche Tradition Gott als personales Gegenüber beschreibt. Damit sind Rothkos Werke ebenso offen für eine individuelle Bricolage-Religiosität wie für einen subjektivistischen Synkretismus, für hinduistische Spiritualität wie für christliche Meditation – eine Weite, die auch in religionspädagogischer Perspektive die Gefahr der Beliebigkeit birgt. Denn für Jugendliche verliert die Vorstel-

Beispiele für die interreligiöse Nutzung der Rothko Chapel: Raga mit dem indischen Sänger Pandit Pran Nath (oben, 1981). Gemeinsames Gebet (unten, 1978)

**ZUM KÜNSTLER**

Der amerikanische Maler ***Mark Rothko*** (1903–1970) prägte die Blütezeit der abstrakten Malerei in der zweiten Hälfte des 20. Jahrhunderts in Amerika maßgeblich mit. Seine Bilder werden dem Abstrakten Expressionismus und der Farbfeldmalerei zugerechnet, eine Charakterisierung, die Rothko zeitlebens ablehnte. Die 14 Gemälde in der »Rothko Chapel« zählen zu seinem Spätwerk und wurden 1967 vollendet.

lung eines personalen Gottes im christlichen Sinne immer mehr an Bedeutung, zugleich nehmen individuelle, zumeist apersonale Gottesvorstellungen deutlich zu. Ungegenständliche, »numinose« Bilder wie die von Rothko erfreuen sich in religionspädagogischen Zusammenhängen dann möglicherweise deshalb besonderer Zustimmung, da sie als unbestimmte Visualisierung betrachtet werden, die leichter mit eigenen religiösen Vorstellungen (beliebig?) gefüllt werden können. Kippt aber dann nicht die aus christlicher Sicht zu wahrende Transzendenz Gottes in indifferente Vorstellungen, die deshalb ungegenständlich dargestellt werden?

Verfolgt man diesen Gedanken weiter, dann erweisen sich abstrakte oder ungegenständliche Darstellungen als konsensfähig, da diese zum einen aus (bild-) theologischer Sicht überzeugen. Denn sie zeichnen sich durch einen bildimmanenten Ikonoklasmus aus und wahren damit das Bilderverbot. Zum anderen erscheinen sie auch aus Sicht der gegenwärtigen Religiosität plausibel, da sie einen weiten Rezeptionsspielraum ermöglichen.

Die Überlegungen machen auf eine doppelte Problematik des Einsatzes von ungegenständlicher Kunst in religiösen Bildungsprozessen aufmerksam. Zum einen stellt sich aus theologischer bzw. religionspädagogischer Sicht die Frage, ob angesichts der pluralen, apersonalen Gottesvorstellungen und der Bricolage-Religiosität der Jugendlichen diese Werke eine kritische Auseinandersetzung anstoßen und neue Lernprozesse anregen – oder ob sie als bloßer »Spiegel« der eigenen (religiösen) Vorstellungen fungieren. Zum anderen ist zu fragen, inwiefern die Bilder von Rothko bei einer solchen Betrachtung angemessen rezipiert werden. Abstraktion oder Ungegenständlichkeit wird dann als Abbild oder Illustration von etwas anderem verstanden, also etwa eines transzendenten, apersonalen Gottesbildes. Wenngleich sicher nicht intendiert, so kann eine solche Bilderpraxis doch zu einer theologisch und bildtheoretisch unterbestimmten Rezeption der Kunstwerke führen. (cg)

## PRAXISBAUSTEINE

- Die Teilnehmerinnen und Teilnehmer beschreiben ausführlich (!) die Atmosphäre und Farbwirkung, z. B. als Tagebucheintrag oder Brief über das Bild.
- Mark Rothko bezeichnet seine Erfahrungen vor den Bildern als »religiös«. Die Teilnehmerinnen und Teilnehmer diskutieren diese Einschätzung vor dem Hintergrund ihrer eigenen Betrachtung.
- Sie veranstalten eine Pro-und-Kontra-Diskussion, ob es sich bei der »Rothko Chapel« um eine Kapelle handelt, in der ein christlicher Gottesdienst stattfinden könnte.

## LITERATURHINWEISE

Boehm, Gottfried, Die Bilderfrage, in: Ders., Was ist ein Bild?, München [2]1995, 325–343.
Menil, Dominique de, Writings on art and the Threshold of the Divine, New Haven/London 2010.
Schmied, Wieland, Zeichen des Glaubens – Geist der Avantgarde. Religiöse Tendenzen in der Kunst des 20. Jahrhunderts, Stuttgart 1980.

# 33. Grenzerkundungen im feindlichen Terrain?

## Eine feministische Aneignung christlicher Ikonografie

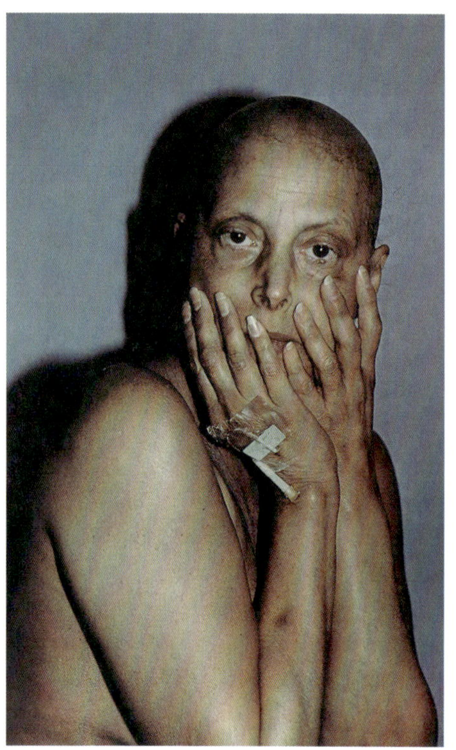

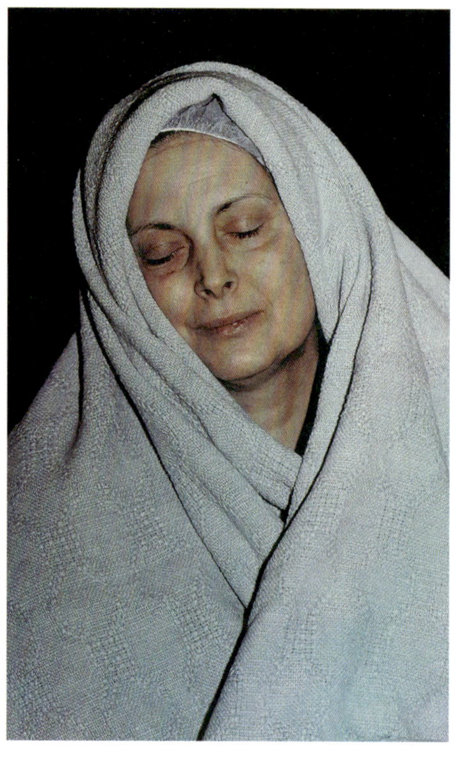

Hannah Wilke, Intra-Venus Series #4, 26. Juli 1992/19. Februar 1992

Die Kunst der Moderne greift bei aller Distanzierung von Kirche, Christentum und Religion immer wieder auch auf die Ikonografie der Passion Christi zurück. Sie tut das einerseits in einer gleichsam nach außen gerichteten fundamentalanthropologischen Perspektive (vgl. Lehnerer → Kap. 31), nicht selten aber auch in Form einer persönlichen oder strukturellen Aneignung. Die Identifikation des verkannten (männlichen) Künstlers mit dem leidenden Christus ist im 19. und frühen 20. Jahrhundert Bestandteil der modernen Genieästhetik (Roh 1993; Linhart 2000). Mitte des 20. Jahrhunderts erscheinen Strategien einer künstlerischen Christomorphie zudem als Bestandteil einer Kunst, die auf gesellschaftlichen Protest und politische Veränderung zielt, so z. B. bei Joseph Beuys (van der Grinten/Mennekes 1984, 112). In der bilddidaktischen Erschließung geht es dabei nicht einfach nur darum, dass ein Künstler oder eine Künstlerin sich »wie Christus«

oder gar »als Christus« zeigt, sondern immer auch um die Frage, woraufhin denn ein Motiv transformiert wird und was aus den traditionellen Deutungen wird, wenn sie derart verarbeitet werden. Jenseits einer nur empathisch-affektiven Sensibilisierung der Schülerinnen und Schüler zielt die bilddidaktische Arbeit mit diesen Motiven also immer auch darauf, in der kritischen Reflexion nicht nur das *Woher* der Motive zu bestimmen, sondern auch deren *Woraufhin* zu klären und von dort aus auch mögliche theologische Innovationen zu erarbeiten.

Das hier exemplarisch für eine theologisch produktive Transformation vorgestellte Diptychon »Intra Venus« ist ein Selbstporträt aus dem Jahr 1992 der amerikanischen Künstlerin Hannah Wilke. In zwei großformatigen Fotografien zeigt sich die an Krebs erkrankte Künstlerin wenige Monate vor ihrem Tod. Im linken Bild schwer gezeichnet von der Chemotherapie, von einem tiefschwarzen Schatten hinterfangen, der sie wie eine »Todesaura« umgibt, im rechten Bild in einer zurückgezogenen, eher gelösten Geste mit einer um den Kopf gelegten Krankenhausdecke, die hell vor dem tiefschwarzen Hintergrund aufscheint. Die Körpersprache erinnert an zwei Motive der christlichen Passionsikonografie. Im linken Bild ist es die Geste des spätmittelalterlichen »Christus im Elend«, einer Darstellung, die Jesus kurz vor der Kreuzigung auf dem Kreuz sitzend mit melancholisch in die Hand gestütztem Kopf zeigt und die zur betrachtenden Versenkung in sein Leid auffordert. Das Motiv ist nicht biblisch, es ist »ausgemalte« Leidensgeschichte im Wortsinn und will die Isolation Jesu in der unabweisbaren Todesnähe zum Ausdruck bringen. Geleistet wird dies durch die schon in der Antike geläufigen »Pathosformeln« (Aby Warburg) des trauernd gestützten Kopfes bzw. der vor dem Gesicht gerungenen Hände. Unabweislich aber – auch für nicht mit der christlichen Ikonografie vertraute Betrachterinnen und Betrachter – ist der ikonografische Anklang an Mariendarstellungen im rechten Bild. Die um den Kopf gelegte hellblaue Decke erinnert an das Maphorion, den Kopfschleier, der ab dem 5. Jahrhundert kennzeichnend wird für die unverwechselbare Darstellung der Gottesmutter. Der leicht geneigte Kopf mit dem schmerzlichen, aber gelösten Gesichtsausdruck verweist auf Darstellungen der Pietà, der Klage Marias um den toten Sohn.

Im doppeldeutigen Bildtitel finden sich gleichfalls religiöse Anklänge, die aber in eine ganz andere Richtung zu führen scheinen: Intra-Venus spielt einerseits auf die intravenös verabreichte Chemotherapie an, andererseits verweist er aber auch auf die »innere Venus«, die innere Göttin, die im Körper der schwer kranken Frau verborgen ist. Das Wortspiel schärft den Blick auf das Bild, indem es nach bildlichen Anhaltspunkten suchen lässt. So kommt die intravenöse Medikamentengabe mit der im Handrücken befestigten Kanüle ins Bild. Die innere Göttin aber zeigt sich nicht nur am nackten Körper, der trotz allem die vormalige Schönheit dieser Frau ahnen lässt, sondern auch in der ikonografischen Anspielung auf Maria als »Mythos vom weiblichen Göttlichen« im Christentum (Radlbeck-Ossmann 1996, 441). Mit einer derartig doppeldeutigen ikonografischen Bezugnahme kommen dann aber zwei Deutungshorizonte ins Spiel: ein eher affirmativer, sich identifizierender Zugriff auf die Passion und eine eher kritisch-feministische Transformation, die noch im Marienbild der Passion subversiv weibliches Selbstbewusstsein und weibliche Macht behauptet.

ZUR KÜNSTLERIN

***Hannah Wilke*** (1940–1993), amerikanische Bildhauerin und Performancekünstlerin, nutzt in ihrem bildhauerischen Werk seit den 1960er-Jahren verschiedene Materialien, unter anderem auch Kaugummi, Radiergummi, Latex. Zunehmend bezieht sie den eigenen Körper in ihr skulpturales Werk mit ein, beklebt ihn zum Beispiel mit Kaugummis, die nunmehr wie Verletzungen, Wunden, Beulen und Pusteln erscheinen. In Wilkes Arbeiten werden Rollen, Gesten und Posen systematisch konstruiert und dekonstruiert.

Hannah Wilke, die in den 1970er-Jahren konsequent ihren eigenen attraktiven Körper und ihr Liebesleben zum Gegenstand ihrer Kunst machte, war eine schillernde Figur im internationalen Kunstbetrieb, die auch unter feministischen Künstlerinnen und Kunstkritikerinnen umstritten und als »Glamourgirl« verdächtig war. In ihren Performances und Filmen thematisiert sie Repräsentationen des Weiblichen und des Männlichen oft persiflierend, provozierend, hemmungslos. Als besonders herausfordernd werden ihre künstlerischen und kunsttheoretischen Auseinandersetzungen mit anderen Werken und Künstlern empfunden. So setzt sie sich mit den erotisch-obsessiven Arbeiten Marcel Duchamps auseinander, dessen Spannung von Sehen und Nicht-Sehen sie durch offensives Zur-Schau-Stellen bricht und dadurch »profaniert«. Dabei geht es ihr nicht nur um Provokation und auch nicht nur darum, sich in das Werk des berühmten männlichen Künstlers subversiv einzuschreiben, sondern auch um eine Weiterentwicklung, eine eigenständige künstlerische Wende der Vorlage (Graw 2003, 42). Ihre Kunst ist dabei immer spannungsvoll, nie austariert. Sie selbst nennt als Maxime: »Das eigene Ich zum Kunstwerk machen, ehe andere aus dir etwas machen, womit du nicht einverstanden bist« (Wilke, zit. nach Krystof 2000, 13). In dieser Aussage wird nicht nur der radikal autobiografische Zugang ihrer künstlerischen Arbeit deutlich, sondern vor allem auch deren identitätsstiftende Bedeutung.

Von Bedeutung sind dabei immer auch die doppeldeutigen Wortspiele ihrer Werktitel. Die Künstlerin präsentiert sich in Selbstporträts mit dem Titel »I object« einerseits als »Objekt« männlicher Blicke, gegen die sie andererseits »Einspruch einlegt« (Kubitza 2002, 175). Das tut sie auch in ihren letzten Selbstporträts, in denen sie die selbstbewussten Modelposen den geprägten Ausdrucksformen des Leidens und der Todesverfallenheit so anverwandelt, dass diese sich wechselseitig durchdringen. Wilke stellt damit die christlichen Motive in einen Zusammenhang der Selbst-Darstellung und Selbst-Behauptung: Was die Krankheit aus ihr macht, inszeniert sie selbst, spannungsvoll auf einer Grenze von Verzweiflung und Hoffnung. Mit der assoziativen Verknüpfung von Venus und Pietà wird dabei ein Deutungshorizont eröffnet, der »Erlösung« nicht passiv-duldsam, sondern machtvoll-selbstbewusst thematisiert. (rb)

## PRAXISBAUSTEINE

- Die Teilnehmerinnen und Teilnehmer verfassen in zwei Gruppen einen inneren Monolog der linken und der rechten Person und sehen erst dann das Werk als Diptychon.
- Sie schneiden aus einer Farbkopie die Figuren als Silhouetten aus und erproben andere Hintergründe. Was ändert sich?
- Sie analysieren »Göttinnen« in der Werbung und schreiben über ihre Erkenntnisse einen Leitartikel für eine Frauenzeitschrift.

## LITERATURHINWEISE

Krystof, Doris, Hannah Wilke, in: Ich ist etwas Anderes. Kunst am Ende des 20. Jahrhunderts (Ausstellungskatalog, Kunstsammlung Nordrhein-Westfalen), Düsseldorf 2000, 128–133.

Schiller, Gertrud, Die Passion Christi. Ikonographie der christlichen Kunst, Bd. 2, Gütersloh 1968.

# 34. Copy and Paste?

## Zitate aus der christlichen Ikonografie in Fotografien

Ein Mann und eine Frau halten einen halb nackten jungen Mann in ihren Händen. Sein Blick geht ins Leere. Er scheint keine Kraft mehr zu haben, spannungslos sind seine Arme ausgestreckt. Die Szene ereignet sich auf einem trostlosen winterlichen Gelände am Rande einer Stadt. Die Gesichter des Mannes und der Frau sind nicht zu erkennen und auf den dahinsinkenden Oberkörper des jungen Mannes gerichtet. Am linken Bildrand sind eine Person und die Beine des jungen Mannes angeschnitten. Diese bildnerischen Elemente könnten auf eine spontane oder dokumentarische Fotografie hindeuten. Doch die Bilder des ukrainischen Künstlers Boris Mikhailov sind sorgfältig inszeniert. Die Fotografie ist Teil der Serie »Case History«, in der Mikhailov Obdachlose aus seiner Heimatstadt Charkov aufnimmt. Der Künstler zeigt diese Menschen teils in alltäglichen Szenen, beim Reden, Lachen, Trinken oder Baden. Teils inszeniert er die Menschen, wie bei der vorliegenden Fotografie, auch in ungewöhnlichen Posen. Er bezahlt die Obdachlosen als Models, die in ihrer menschenunwürdigen Umgebung posieren. Der Künstler ist sich dieser ethisch ambivalenten künstlerischen Strategie durchaus bewusst: »On the one hand, for myself personally, I understood that taking pictures of poverty was my professional and civil duty. On the other hand, I accept traditional clichés about ›not using others grief‹. But what does ›others grief‹ mean? And how must a photographer behave?« (Mikhailov 1999, 6). Einerseits verleiht Mikhailov den von der Gesellschaft Verstoßenen ein Gesicht, macht sie sichtbar und stellt zugleich in erschreckender Deutlichkeit heraus, wie »normal« Obdachlosigkeit in der postsozialistischen ehemaligen Sowjetunion geworden ist. Dabei setzt er auf die freiwillige Zusammenarbeit mit den Obdachlosen, die er für ihre Arbeit gut entlohnt. Andererseits zwingt die hoffnungslose soziale Lage die Ausgestoßenen quasi zum Posieren, da sie auf das Geld angewiesen sind. Der Fotograf wird Teil des ausbeuterischen Systems und zugleich zum Voyeur. Das Voyeuristische wird jedoch durch die bewusste Inszenierung der Fotografien gebrochen. Mikhailov enthüllt nicht allein die Lebensumstände der Obdachlosen. Vielmehr inszeniert er diese im authentischen Kontext mit authentischen Models.

Bei seiner Arbeit greift der Künstler auf Ikonografie und Formsprache aus der christlichen Kunst und Tradition zurück, insbesondere auf Passionsdarstellungen. In der vorliegenden Fotografie erinnert die Körperhaltung der Personen an Jesu Kreuzabnahme. Auch die Verortung außerhalb der »Stadtmauern« weist Parallelen zu diesem Motiv auf. An die Stelle von Wundmalen sind Tätowierungen an Ar-

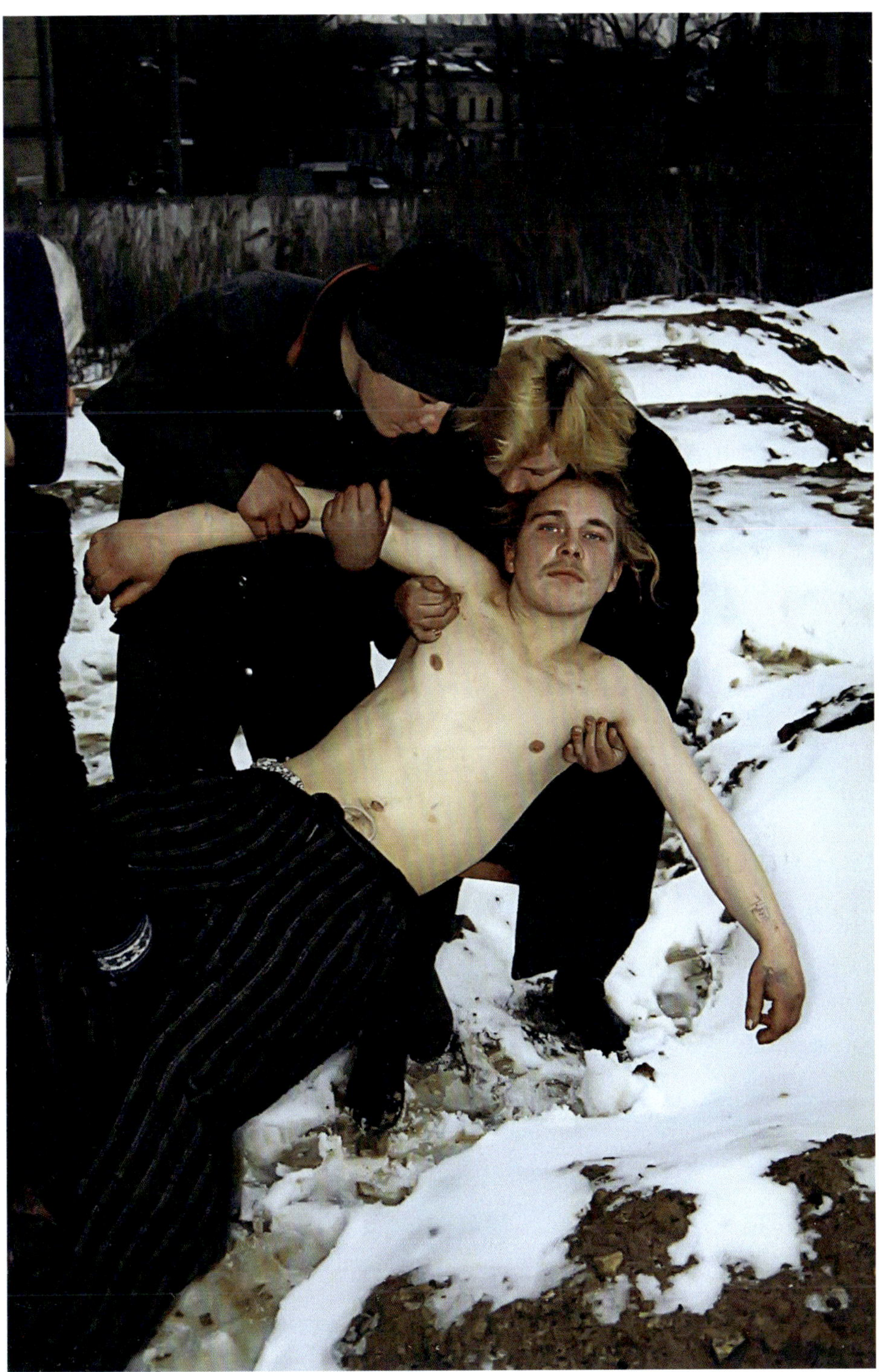

Boris Mikhailov, Aus der Serie »Case History«, 1999

men und Händen getreten. Obdachlosigkeit ist eine neue »Leidensgeschichte« in der ehemaligen Sowjetunion. Viele Menschen haben nach deren Zusammenbruch die Orientierung verloren, Sozialabsicherungen fehlen. In dieser Hinsicht zitiert Mikhailov nicht nur die Ikonografie der christlichen Passion, sondern zeigt auch inhaltlich die »Passion« dieser Menschen auf. Während Jesu Leiden und Tod am Kreuz im Christentum jedoch als Teil der Heilsgeschichte gedeutet wird, fehlt in diesen Fotografien der Verweis auf Heil und Rettung. Mikhailovs »Case History« ist keine Heilsgeschichte (Meschede 2002, 90).

Die Serie »Case History« umfasst annähernd 500 Fotografien, die zwischen 1997 und 1999 entstanden sind. Ob der Künstler hierbei bewusst christliche Motive zitiert, wird von Kunstwissenschaftlern unterschiedlich eingeschätzt. Zumindest aufseiten der Betrachterinnen und Betrachter drängen sie sich nicht unweigerlich auf. Dennoch wirken diese ikonografischen »Vorbilder« implizit in der Rezeption dieser Fotografien. Vielleicht ist dies ein Grund, warum sich zeitgenössische Künstlerinnen und Künstler gern aus dem ikonografischen Repertoire des Christentums bedienen. Die Funktionen von Zitaten sind dabei vielfältig: Sie können provozieren, unbewusst manipulieren, gezielt eine bildnerische Tradition verändern oder einfach spielerisch neue Konstellationen ergeben. Bei Mikhailov scheinen die ikonografischen Anleihen die Bildwirkung zu verstärken. Die christlichen Passionsdarstellungen fallen wie Deutemuster aus dem Bilderschatz des Abendlandes ein, »aus der Ferne, am Horizont des kulturellen Gedächtnisses. Unabhängig davon, ob sie von Versagen sprechen oder eine Spur Trost ausstrahlen: Die Leiden der Welt in einer exemplarischen Passion zu bündeln, ist Erbe des Christentums. Berührend wird es dort, wo solche Muster unvermutet und unbeabsichtigt am Horizont erscheinen« (Rauchenberger 2007b, 60). In dieser Hinsicht berührt Mikhailovs »Case History« und richtet die Aufmerksamkeit exemplarisch auf die unzähligen Leidensgeschichten, die sich tagtäglich vor unseren Augen abspielen. Das Zitat aus der christlichen Ikonografie öffnet diesbezüglich die Augen und fragt zugleich auch nach einer christlichen Antwort auf diese Leidensgeschichten. (cg)

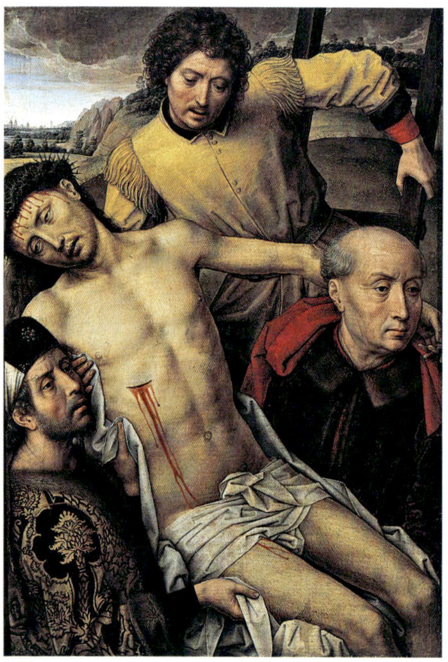

Hans Memling, Kreuzabnahme-Diptychon, linke Tafel, um 1485

## PRAXISBAUSTEINE

- Die Teilnehmerinnen und Teilnehmer stellen die Fotografie als Standbild nach. Sie beschreiben als Akteure und als Zuschauer ihre Gefühle und ihre Beobachtungen.
- Sie vergleichen die Fotografie mit christlichen Passionsdarstellungen und stellen Vermutungen an, inwiefern diese Darstellungen die Rezeption von »Case History« beeinflussen.
- Sie stellen selbst Fotografien zu Passionsdarstellungen her und nehmen dabei auf die christliche Ikonografie Bezug.

## ZUM KÜNSTLER

Der ukrainische Künstler ***Boris Mikhailov*** wurde 1938 in Charkov geboren. Mittlerweile lebt und arbeitet er in Berlin. Bei einer Rückkehr in seine Heimatstadt entstand die Serie »Case History«. Seit Ende der 1960er-Jahre arbeitete er sozialdokumentarisch und konzeptionell in der Sowjetunion. »Case History« gilt als eine seiner berühmtesten Fotoserien.

## LITERATURHINWEISE

Meschede, Friedrich, Pathos und Spiel. Von Menschen – Für Menschen, in: Kunst und Kirche 2/2002, 87–93.

Mikhailov, Boris, Case History, Zürich 1999.

Rauchenberger, Johannes, Blinder Glaube. Christus in der Kunst des beginnenden 21. Jahrhunderts, in: Jesus von Nazareth. Annäherungen im 21. Jahrhundert. Herder Korrespondenz Spezial 5/2007, 57–61.

# 35. Fassung bewahren

## Künstlerische Ironie zwischen Belustigung, Hintersinn und tiefem Ernst

»Oh, fehlt da was?« Beim Gang durch die Ausstellung irritiert die kleine Vitrine auf dem Sockel. Drinnen nur ein abgebranntes Streichholz. Haben die Ausstellungsmacher die Kunst vergessen? Hat das Reinigungspersonal geschlampt? Das Schildchen vermerkt: Peter Sauerer, Seele, 2010, Holz, bemalt, 4,5 × 0,2 × 0,2 cm. Genaues Hinsehen bestätigt: Es handelt sich um eine Skulptur, verblüffend naturgetreu, geradezu lächerlich naturgetreu, bewunderungswürdig naturgetreu – im Maßstab 1:1. Gerade die handwerkliche Präzision von Schnitzerei und Fassung verunsichert und lässt um Fassung ringen im Blick auf die Frage, ob das wirklich ernst gemeint ist – ein abgebranntes Streichholz als Bild für die Seele oder als Bild von der Seele?

Die Arbeiten des Bildhauers Peter Sauerer schließen technisch-formal und durchaus auch inhaltlich-material an die traditionelle Holzschnitzerei an. Er zeigt en miniature Architektur, Madonnen und Figurenporträts, aber auch Autos, Waffen, historische Szenen oder erotische Darstellungen. Man fühlt sich an die Rari-

Peter Sauerer, Seele, 2010

täten- und Wunderkammern des Barock erinnert, in denen Dekorationsobjekte und Gebrauchsgegenstände ausgestellt werden, die sich nicht genug darin tun können, Vollständigkeit und Gebrauchsfähigkeit en miniature zu zeigen, oder an die Puppenstuben- und Modellbauabteilungen von Spielzeuggeschäften, die die Welt der Großen für das Spiel der Kleinen handhabbar machen.

Die Bezugnahme auf Kunsthandwerk und Modellbau wird vom Künstler absichtsvoll betrieben. Denn die Betrachterinnen und Betrachter treten arglos herbei, um einen amüsierten Blick auf kleine, feine Objekte zu werfen und dann doch zu erstarren: Peter Sauerer zeigt gewalttätige, pornografische Szenen und Diktatoren in Walnussgröße. Ein Häuschen mit Rußspuren ist kein adventliches Räucherhäuschen, sondern die naturgetreue Nachbildung des Hauses einer türkischen Familie in Solingen, die 1993 Opfer eines rassistischen Brandanschlags wird. Kleine Kästen bilden die »Welt« für die historischen Ereignisse zwischen nationalsozialistischer Bücherverbrennung, Nürnberger Prozess, Attentat auf Präsident Kennedy in Dallas sowie die aktuellen politischen Verhältnisse zwischen Terror und Bürgerkrieg. Ironisch (→ Kap. 18) spielt der Künstler mit den Seherwartungen: »Peter Sauerer bedient sich lediglich der Formensprache des Kunsthandwerks. (...) Die Kästen sind im Prinzip wie ein Spielzeug benutzbar, aber sie sind nicht zum Spielen gemacht, sondern sie sind ein anschaulicher Denkgegenstand« (de Ligt 2006). Bedrängend wirken auch die Objekte, die sorgsam geschnitzt und dann auseinandergesägt werden. Wie ein Puzzle setzt der Künstler sie wieder zusammen, nunmehr aber nur noch lose von Schnüren zusammengehalten. Die Madonna auf der Mondsichel, sorgsam farbig und in Gold gefasst aus dem Jahr 2010 (Abb. siehe folgende Seite), aber auch die Walther PPK, Kaliber 7,65 mm aus dem Jahr 2009 wirken auf diese Weise zugleich bedauernswert und entmachtet, auch entlarvt: »Notgedrungen verlieren die Objekte dadurch ihre feste Kontur, verschieben sich, sacken in sich zusammen – ein dekonstruktivistischer Eingriff, der als Metapher für die grundsätzlichen Zweifel an fest gefügten, unumstößlichen Tatsachen und dogmatischen Grundsätzen gelesen werden kann« (Fast/Nöhren 2012, 25). Zugleich steht aber auch für die Betrachterinnen und Betrachter einiges auf dem Spiel: »Das Beharren auf einem klar definierten Kokon, in den sich das eigene Leben spinnt, ist Ausdruck einer Sehnsucht nach Stabilität und Überschaubarkeit. Bei Peter Sauerer ebenso wie bei jedem von uns. (...) Sauerer zerlegt das Geschaffene, um die Einzelteile auf Schnüre zu ziehen und in der alten architektonischen Ordnung wieder zusammenzubringen. Das Ergebnis ist ein fragiler Verbund der einzelnen Teile, von Fäden notdürftig zusammengehalten, in sich schief und wacklig und alles andere als ewig« (de Vries 2002). In der Konfrontation mit den vermeintlich heiteren Objekten des Bildhauers, über die man sich gerade noch amüsiert hat, werden auf einmal die eigenen Gewissheiten und Lebensentwürfe ungewiss und unsicher. Die »Seele« – ist das meine Seele?

Ganz allgemein verweist der Begriff der Seele auf die Erfahrung der Besonderheit des Menschseins als Gattung, aber auch auf die Besonderheit der Erfahrung des Menschseins als Individuum. Die Frage nach dem Zusammenhang von Körper und Seele bleibt dabei unklar, sie wird zum »Dauerthema« (Hoff 2005, 133) zwischen Materialismus und Idealismus – bis hin zu den gegenwärtigen neurowissenschaftlichen Bestreitungen der Existenz einer Seele. In religiöser Perspektive wird die Seele als von Gott gegebene Lebenskraft, als Lebensatem (hebr. *nefesch,* eigentlich: »Hals, Kehle«; griech. *psyché;* lat. *anima*) verstanden. Die christlich-kirchliche Lehre wird dabei wesentlich zunächst von Augustinus und dann von Thomas von Aquin geprägt: Die Seele gilt als Instrument von Gottes- und Selbsterkenntnis, sie ist nicht höherwertiger als die Materie, sondern das »Formprinzip« des Körpers und damit an den Leib gebunden, aber sie vergeht nicht mit ihm (ebd., 137). Die Rede von der Unsterblichkeit der Seele ist Rede von der Identität des Menschen, von Personwürde, von im Letzten, nämlich über den Tod hinaus, unverwechselbarer Individualität. Dass Gott dem Menschen nah sein will und sich dies in Kontakt mit der Seele vollzieht, wird von der mystischen Theologie Meister Eckharts radikal zugespitzt: Gott nimmt Wohnung im Seelengrund nicht nur als »Gast«, sondern weil dieser Ort zugleich göttlicher Grund ist. Eine komplizierte Denkfigur, die aber die innigste Nähe Gottes zum Menschen bei Wahrung der Unterscheidung von Gott und Mensch zum Ausdruck bringt (Wendel 2011, 165).

Ein derartiges religiös-theologisches Nachdenken über die Seele, aber auch nicht religiöse Vorstellungen werden zutiefst infrage gestellt von der Vorstellung einer »abgebrannten«, einer »ausgelöschten« Seele. Gerade auch für den autonomen Menschen steht das Selbstsein auf dem Spiel, der »Selbstentwurf«, die »Selbstermächtigung des Subjekts« (Hoff 2005, 131). Peter Sauerers ironisches Spiel mit der Verblüffung macht Ernst mit der Frage nach dem Menschsein. Ironisch muss es sein, gerade weil es so ernst ist, denn »man kommt nicht umhin, jemandem, der es ernst meint, zu unterstellen, bestimmte wesentliche Dinge nicht begriffen zu haben. Wer es ernst meint, dem fehlt etwas. Darum muss, wer es ernst

**ZUM KÜNSTLER**

***Peter Sauerer*** (*1958) absolvierte eine Steinmetzlehre und studierte an der Akademie der Bildenden Künste in München. Er war Meisterschüler bei Eduardo Paolozzi. In seinem »Scrap-Book« sammelt er Abbildungen von Motiven und handschriftliche Notizen, die Aufschluss geben über seine Bildwelt. Diesem »Sammelalbum« entspricht der Charakter seiner naturgetreuen Miniaturen, die teils wie Sammelfiguren oder wie Zubehör zu Spielzeug- und Modellbauserien wirken.

meint, dies mit einem augenzwinkernden Verweis auf die Verhältnisse kommunizieren. Er muss zeigen, dass er es auch nicht ernst meinen könnte, was er ernst meint. Sonst wird er nicht ernst genommen« (Baecker 2000, 389). Seelenmetaphern aller Art greifen zu kurz. Aber wer das abgebrannte Streichholz kunstvoll schnitzt und sorgsam farbig fasst, zeigt: Jetzt wird's ernst. (rb)

### PRAXISBAUSTEINE

- Die Teilnehmerinnen und Teilnehmer sammeln Assoziationen zum Kunstobjekt und vergleichen sie mit religionsgeschichtlichen, psychologischen und philosophischen Hinweisen zum Begriff der Seele (Neues Handbuch Theologischer Grundbegriffe; Theologische Realenzyklopädie; Lexikon für Theologie und Kirche).
- Sie vergleichen den Zusammenhang von Belustigung und Ernst in der Folge der Simpsons »Bart verkauft seine Seele« (Staffel 7; Episode 132).
- »Meine Seele brennt« – »Bei mir hat's gefunkt«: Die Teilnehmerinnen und Teilnehmer veranstalten einen Poetry Slam, dessen Beiträge dem Objekt widersprechen.

### LITERATURHINWEISE

Fast, Friederike/Nöhren, Antje (Red.), Farbe bekennen – was Kunst macht (Ausstellungskatalog, 2. Februar bis 5. Mai 2013, Marta Herford), Bönen 2013.

Hoff, Gregor Maria, Art. Seele/Selbstwerdung, in: Peter Eicher (Hg.), Neues Handbuch theologischer Grundbegriffe, München 2005, 130–138.

Peter Sauerer, Madonna, gold, 2010

# III. Lernorte

# III.A »Das ist doch nichts für Kinder!«
## Bildauswahl und Bildumgang in der Grundschule

Die Frage, welche Bilder im Grundschulalter erschlossen werden können, wird kontrovers diskutiert. Besonders abstrakte und ungegenständliche Bilder geraten dabei in die Kritik, aber auch gegenständliche Werke werden hinterfragt. Zwei zentralen Anfragen soll im Folgenden nachgegangen werden:

- Eine erste Anfrage richtet sich an die Motivik des Bildes. Nur Bilder, die für die Lebenswelt der Schülerinnen und Schüler bedeutsam sind, lassen sich im Grundschulbereich gewinnbringend erschließen – so die These. Dabei wird der Lebensweltbezug vornehmlich am Motiv festgemacht. Ein »Fallenbild« von *Daniel Spoerri* (→ Kap. 37) wäre dann kaum in der Grundschule zu bearbeiten. Diese Anfrage wird in neueren kunstpädagogischen Studien jedoch entkräftet. Materialauswahl, Technik, Künstlerbiografien oder historische Bezüge machen Kinder ebenfalls auf Bilder neugierig. In begrenztem Rahmen sind Kinder auch gegenüber Fremdheitserfahrungen aufgeschlossen, wenn das Unbekannte ihr Interesse weckt. Kinder haben noch kein fest umrissenes Kunstverständnis oder einen abgeschlossenen Kunstkanon im Kopf, der bei Erwachsenen häufig zu dem Urteil führt, dieses oder jenes Werk sei keine Kunst. Fasst man mögliche Kriterien für die Auswahl von Kunstwerken im Grundschulbereich zusammen, so scheinen Bilder geeignet zu sein, die eine narrative Struktur besitzen, die Fantasietätigkeit anregen, deren Material eine Eigenwertigkeit besitzt (Materialvalenz), deren Herstellungsprozess der ästhetischen Praxis von Kindern entspricht und/oder die Differenzerfahrung ermöglichen. Kunstwerke, die möglichst viele dieser Aspekte umfassen, besitzen hierüber einen Bezug zur Lebenswelt der Schülerinnen und Schüler (Uhlig 2005, 64–68; 326–328). Für Daniel Spoerri lässt sich dies an der Sammel- und Aufbewahrungspraxis der gefundenen Gegenstände verdeutlichen, die auch von Kindern in ihrer Alltagspraxis aufgegriffen wird.
- Zweitens wird die Bildauswahl aus religionspädagogischer Sicht eingehender hinterfragt. So weist Kalloch in ihrer Studie darauf hin, dass Bilder mit biblischen Motiven – insbesondere wenn sie Abweichungen zum Bibeltext aufweisen – für Grundschulkinder eher verwirrend sind. Gerade weil diese Altersgruppe davon ausginge, dass Bilder die Realität abbildeten, stellten visuelle »Interpretationen mit einer starken künstlerischen Eigendynamik (…) ein zu dominantes Element dar und verhindern eher ein anfanghaftes Bewusstmachen unterschiedlicher Wirklichkeitsebenen« (Kalloch 1997, 75). Dieser Einwand ist ernst zu nehmen. Bild

und Film besitzen für Kinder häufig einen ungebrochenen Realitätsgehalt. Das Bild »ist« in der kindlichen Wahrnehmung die Wirklichkeit, die Geschehnisse im Film »sind« real. Nicht zu übersehen ist diesbezüglich aber auch, dass die fließenden Übergänge von Wirklichkeit und Fiktion, von Dargestelltem und Darstellung auch für (biblische) Texte geltend zu machen sind. Die Anfragen sind nicht nur an Bilder, sondern allgemeiner an jegliche mediale Vermittlung zu stellen. Anhand des Bildes »Adam und Eva« von *Alfred Dürer* sollen diesbezüglich religionspädagogische Möglichkeiten ausgelotet werden (→ Kap. 36).

Die Frage nach der Bildauswahl in der Grundschule ist daher stets auch eine Frage nach dem Bildumgang. Derzeit kristallisiert sich in der Kunstpädagogik ein dreischrittiges Vorgehen heraus (Uhlig 2005, 328–332; Kirchner $^{2}$2001, 285–308):

1. Es bietet sich eine Einstiegsphase an, die leib-sinnliche Bezugsfelder eröffnet und tastende Wahrnehmungsbewegungen und Assoziationsspielräume ermöglicht. Wichtig sind hierbei »Ankerpunkte« in den Werken, die Kindern Halt in ihrer Lebenswelt bieten. Insgesamt dominieren assoziativ-spielerische Methoden.

2. Eine zweite Phase umfasst eine vertiefte Rezeption, in der Form-Inhalt-Zusammenhängen nachgegangen wird. Wichtig hierbei ist, dass diese Suchbewegung nicht ausschließlich kognitiv-erkenntnisorientiert ist, sondern emotionale, subjektive Elemente umfassen kann (→ Kap. 9). Dabei zeigen Kinder deutliche Fähigkeiten zur Versprachlichung ihrer Wahrnehmungen, wenngleich sie eine analogie- und bildreiche, fantasievolle Sprache verwenden. Das Erkenntnisziel der Rezeption ist somit nicht ausschließlich kunstwissenschaftlich ausgerichtet, sondern zielt auf ein altersadäquates Verstehen, auf Fantasie und auf ästhetisches – auch non-verbales – Vermögen. Durch die detailbezogene Wahrnehmung der Kinder ist diese Erschließung häufig konzentrisch und weniger linear ausgerichtet.

3. In einer abschließenden dritten Phase geht es um einen expliziten Transfer in die Lebenswelt der Kinder. Diese wichtige, aber schwierige Phase setzt eine gute Vorbereitung voraus, die antizipiert, was für Kinder an einem spezifischen Werk bedeutsam sein könnte. In dieser Phase ist auch nach religionspädagogisch relevanten Zusammenhängen zu fragen. (cg)

# 36. »Und wenn die Kuh nicht aufpasst, wird sie von den Menschen gefressen!«

## Eine Paradiesdarstellung, mit Grundschülern erschlossen

»Ein Mann hält sich an einem Ast fest, auf dem ein Papagei sitzt. Neben ihm steht seine Frau. Und dann sind da noch eine Kuh, eine Ziege, ein Hase, eine Katze, eine Maus und eine Schlange. Der Mann und die Frau füttern die Tiere, aber ein Zoo ist das nicht. Im Zoo sind Tiere in Käfigen. Ich glaube, das ist die Wildnis. Die Frau gibt der Schlange Kokosnüsse. Ich mag Kokosnüsse, aber man kann nicht so viel davon essen, weil sie so satt machen. Mit dem Kindergarten haben wir mal einen Ausflug in den Wald gemacht. Das war schön! Da haben wir Hasen gesehen. Ich hätte auch gern einen Hasen – nein, drei! Chakri, Charlie und Lola. Wenn die Maus auf dem Bild nicht aufpasst, wird sie von der Katze gefressen. Wenn die Katze nicht aufpasst, wird sie von der Ziege gefressen. Und wenn die Kuh nicht aufpasst, wird sie von den Menschen gefressen. Ich glaub, ich hab auch Hunger!« (Hein 2010, 27). So nähert sich die sechsjährige Jessica dem Bild »Adam und Eva« (1504) von Albrecht Dürer. Einiges entgeht ihr dabei (Nacktheit, Schild) oder wird falsch entschlüsselt (Apfel als Kokosnuss; Elch resp. Hirsch als Ziege). Auf formale Gestaltungselemente geht das Mädchen nicht ein. Die biblische Thematik ist ihr offenbar unbekannt. Zugleich ist auffällig, dass das Mädchen einen lebhaften Bezug zum Bild entwickelt. Sie nimmt viele Details in den Blick, die sie mit eigenen Erfahrungen verbindet, doch der Weg von diesem Bild zum biblischen Text erscheint lang. Dennoch führt das Bild auch Grundschulkinder in zentrale theologische Fragen ein.

Einen ersten Hinweis gibt die Bildbeschreibung von Jessica selbst. Sie nimmt weniger das Bild als Ganzes, sondern zumeist einzelne Bilddetails wahr, die sie mit ihren eigenen Erfahrungen verknüpft. Dies können Bildmotive sein, die Erinnerungen wecken, Bedürfnisse hervorrufen (»Ich glaub, ich hab auch Hunger!«), Fantasie anregen etc. Entgegen der verbreiteten These, Kinder würden primär realistische Bilder bevorzugen, weisen neuere Studien darauf hin, dass darüber hinaus auch abstrakte oder ungegenständliche Kunstwerke das Interesse von Kindern wecken (→ I.C Einführung und Kap. 9). »Ankerpunkte« zur Lebenswelt der Heranwachsenden sind dann nicht nur im Bildmotiv, sondern auch beim Material, bei der Produktion oder Oberflächenstruktur u.v.m. zu suchen.

Aus religionspädagogischer Sicht gilt es jedoch weiter zu fragen. Einige Religionspädagogen warnen vor einem zu frühen Einsatz von Bildern (vgl. III.A Einführung). Gerade Bilder mit biblischen Motiven, die vom Bibeltext abweichen, würden Kinder eher verwirren, da sie

Alfred Dürer, Adam und Eva, 1504

### ZUM KÜNSTLER UND ZUR TIERSYMBOLIK

**Alfred Dürer** (1471–1528) gilt als einer der bedeutendsten Künstler des Humanismus und der Reformationszeit. Die detailgetreuen Landschafts- und Naturstudien veranschaulichen eine gesteigerte Wertschätzung für die irdische Welt, die hier – ungewöhnlich – als nordalpine Paradieslandschaft ausgestaltet wird. Das Menschenbild des christlichen Humanismus spiegelt sich in »Adam und Eva« in den harmonischen, idealisierten Körpermaßen der Personen wider.

Die Deutung der Tiere im Bild ist umstritten. Vielfach werden sie als Vertreter der vier Temperamente angesehen (Panofsky 1943/1995, 113 f.). Die Katze ist demnach das cholerische, der Elch das melancholische, der Hase das sanguinische und das Rind das phlegmatische Temperament. Vor dem Sündenfall – so die Interpretation – seien die Menschen im vollkommenen Gleichgewicht gewesen. Problematisch hierbei ist, dass bei dieser Interpretation die anderen Tiere nicht einzuordnen sind. Katze und Maus werden anderen Deutungen zufolge als Hinweis auf die Triebhaftigkeit des Menschen verstanden, der Papagei hingegen positiv als Mariensymbol gedeutet (Schoen 2001, 112–124). Eine eindeutige ikonografische Deutung vor dem Hintergrund vielfältiger spätmittelalterlicher Symbolik erweist sich als schwierig.

Bilder für die Realität hielten. Bei »Adam und Eva« wird diese Problemstellung ansatzweise deutlich. Obwohl es sich um ein Bild handelt, »ist« dies für Jessica die Wildnis. Das Bild beginnt bei ihr zu leben. So müssen etwa die jeweiligen Tiere aufpassen, nicht gefressen zu werden. Würde dieser Kupferstich mit der Schöpfungsgeschichte verknüpft, dann stellt sich Jessica vermutlich Paradies und Sündenfall genauso vor wie auf dem Bild. Hieraus einen grundsätzlichen Vorbehalt gegenüber Bildern abzuleiten, ist jedoch übereilt. Denn Bild und (Bibel-)Text teilen ein ähnliches Schicksal: Gleichnisse, mythologische Texte oder Symbolgeschichten können von Kindern nicht »übersetzt« werden; jegliche Versuche, das »Eigentliche« hinter den Texten zu eruieren, scheitern. In der Gleichnisdidaktik ist es daher inzwischen Standard, diese Texte mit Kindern auf der Bildebene zu rezipieren. Ähnlich ist mit Bildern zu verfahren. Für Dürers »Adam und Eva« bedeutet dies, nicht gezielt der ikonografischen Bedeutung des Papageis oder des Apfels nachzugehen. Vorrangig geht es bei der Bilderschließung mit Kindern um das Aufspüren innerbildlicher Logiken, die Kinder auf der Bildebene erfassen und die einen Bezug zum Bibeltext besitzen. Jessica macht dies deutlich. Sie bemerkt, dass Tiere zusammenleben, die sich eigentlich gegenseitig fressen. Hier wird kein »normales« Tierreich abgebildet. Das Bild des friedlichen Zusammenlebens von Tieren entwickelt eine biblisch fundierte Vorstellung von »Paradies«. Auch über Jessicas Bewertung des Menschen als Gefahr für die Kuh lässt sich mit den Kindern schöpfungstheologisch reflektieren, nämlich über das Verhältnis von Mensch zu Tier und Natur. Ebenfalls bieten die Gestik und Blickrichtung von Adam und Eva einen Gesprächsanlass. Eva versteckt einen Apfel vor Adam und weicht zugleich seinem Blick aus. Dies sind bildinterne Hinweise, dass Eva durchaus ihr Tun reflektiert. Adam hingegen, der sich selbstbewusst am Baum des Lebens festhält, fordert mit klarem Blick und Handhaltung die Herausgabe der Frucht, ohne dass diese ihm aufgedrängt würde. Das Streben nach Erkenntnis und Bewusstsein von Sünde (z. B. durch das Verdecken der Genitalien) wird ebenfalls thematisiert. So bietet dieses Bild auf der Bildebene, die bereits von Sechsjährigen erschlossen werden kann, theologisch relevante Anknüpfungspunkte, die in ihrer Anschaulichkeit und Narrativität zugänglich sind. An die Stelle einer ikonografischen Erschließung sollten dabei allerdings entweder gestalterische Methoden oder ein durch das Bild motiviertes Theologisieren mit Kindern treten. (cg)

## PRAXISBAUSTEINE

- Die Teilnehmerinnen und Teilnehmer sammeln möglichst viele Bilddetails und versuchen diese in einen Zusammenhang zu bringen.
- Sie gestalten mit den einzelnen Bildelementen ein neues Bild (Zeichnung, Collage) und begründen ihre Veränderungen.
- Sie schreiben einen Dialog zwischen Adam und Eva oder erzählen Geschichten aus der Sicht eines Tieres.

## LITERATURHINWEISE

Hein, Barbara, Ich weiß genau, was da passiert … Kinder erklären Kunst, Stuttgart 2010.

Panofsky, Erwin, Das Leben und die Kunst Albrecht Dürers, München 1943/1995.

Schoen, Christian, Albrecht Dürer: Adam und Eva. Die Gemälde, ihre Geschichte und Rezeption bei Lucas Cranach d. Ä. und Hans Baldung Grien, Berlin 2001.

# 37. Kunst und Krempel

## Mit künstlerischen Objekten den Sakramenten auf der Spur

Daniel Spoerri, Fallenbild (»De nombreux jeunes se disent artistes« oder »Les souvenirs préssentis«), 1962

Ist dies ein Arbeitstisch, der lange unberührt und unbeachtet auf einem Dachboden gestanden hat? Was liegen dort für Dinge und was erzählen sie über ihren Sammler? Ob man diese Assemblage als Kunstwerk identifiziert oder nicht, sie erregt Aufmerksamkeit und weckt die Fantasie, gerade weil die Anordnung und die Auswahl der Gegenstände üblichen Ordnungskriterien nicht entsprechen. Der Künstler Daniel Spoerri greift in seinem »Fallenbild« (1962) ästhetische Verfahren auf, die gerade Kinder praktizieren, nämlich Sammeln und Sortieren von lieb gewonnenen Objekten nach ganz eigenen Ordnungskategorien. Die künstlerische Arbeit mit vorgefundenen Objekten (»objets trouvés«) ermöglicht Grundschulkindern einen Zugang zu moderner und zeitgenössischer Kunst, auch wenn dieses den Erwachsenen sperrig erscheinen mag. Zugleich eröffnen Spoerris Arbeiten auch Perspektiven für ein Theologisieren mit Kindern über heilige Objekte und Sakramente.

Spoerris »Fallenbild« ist Teil einer umfassenden Serie von »Fallenbildern«, in denen er eine vorgefundene (Un-)Ordnung von Gegenständen mit Klebstoff auf einer Unterfläche, z. B. einem Tisch, fixiert. Die befestigten Objekte hängt er an die Wand und dreht somit die ursprüngliche Ausrichtung um 90 Grad. So friert er gewissermaßen einen Augenblick ein und lässt die Gegenstände zum Erinnerungsort an diese Situation werden. Es liegt nun bei den Betrachterinnen und Betrachtern, anhand der Auswahl, Anordnung und Gebrauchsspuren der Objekte deren mögliche Geschichte zu entdecken. Was mag passiert sein, dass ein solcher Tisch entstanden ist? Kindern fallen hierzu mannigfaltige Geschichten ein.

Während die vorliegende Arbeit kaum etwas von ihrem Entstehungskontext preisgibt, so sind Spoerris »Eat Art«-Fallenbilder diesbezüglich deutlicher. Der Künstler tafelt mit Freunden und Kunstsammlern, oftmals an öffentlichen Orten, wie einer Galerie. Während des Essens ruft Spoerri »Stopp«, womit das Mahl beendet ist. Geschirr und Speisen werden in dem vorhandenen Zustand auf den Tisch aufgeklebt und somit festgehalten. Der Käufer einer solchen Assemblage kann somit am Entstehungsprozess (Mahlzeit) teilnehmen und am Ende des geselligen Beisammenseins sein neu erstandenes Werk direkt mit nach Hause nehmen.

Spoerri baut in seinen künstlerischen Werken somit ganz auf die (narrative) Kraft des Objekts und seiner visuell wahrnehmbaren Geschichte. Kindern ist eine solche materialästhetische Logik leicht zugänglich. Hierüber kann ihnen nicht nur ein Zugang zu den »Fallenbildern« geboten werden, sondern sie können auch zu einem weitergehenden Nachdenken über die religiöse Bedeutung von Materialität motiviert werden. In diesem Sinne werden Kinder in einem ersten Schritt aufgefordert, Gegenstände mitzubringen, die ihnen wichtig sind. Indem sie gemeinsam darüber nachdenken, warum sie die Dinge sammeln, erkennen sie, dass es sich hierbei vielfach um »individuelle Schätze« handelt. Vor diesem Hintergrund können sie Spoerris »Fallenbilder« betrachten und ihre Sammelaktivitäten mit denen des Künstlers vergleichen. Auch über Kinderspiele wie »Figuren einfrieren« oder »Stopp-Essen« können sie ergründen, was eine »Momentaufnahme« über das vorherige und zukünftige Geschehen ausdrückt. Sie erkennen hierdurch, dass in einem Moment eine ganze Szene »eingefangen« wird. Die Objekte sind hierbei material und präsent gewordene Erinnerungen.

Spoerris Werke besitzen keine explizit religiösen oder christlichen Elemente. Dennoch können Schülerinnen und Schüler anhand von Spoerris »Eat Art« über das gemeinsame Mahlhalten nachdenken und reflektieren, inwiefern anhand der »eingefrorenen Szene« und der präsentierten Objekte die Erinnerung an das Essen wachgehalten wird. Beden-

kenswert dabei ist auch, warum der Künstler fast ausschließlich »Eat Art« schafft: »Erstmal musste ich wissen, wie es dazu kam, zu dieser Unordnung (sic!) auf dem Tisch – ich musste in die Küche zurück, ich wollte wissen, wie man kocht, was es dazu braucht. Ich wollte sogar die Hühnchen selbst schlachten, die ich nachher aß – und so merkte ich, dass dieser eine aufgeklebte Moment nur eine Blitzsekunde war im Ablauf eines ganzen Zyklus, der Leben und Tod, Verwesung und Wiedergeburt heißt« (Spoerri, zit. nach Reifenscheid 2009, 55–56). »Eat Art« gründet somit in der Reflexion über die anthropologische Grundkonstante des Essens. Das Mahlhalten wird eingeordnet in den Kreislauf des Entstehens und Vergehens.

Auch das gemeinsame Nachdenken über »heilige« Objekte wird durch »Fallenbilder« motiviert. In diesem Horizont kann mit den Kindern abschließend ein (neuer) Blick auf Sakramente, speziell der Eucharistie geworfen werden. Dabei geht es nicht darum, Spoerris »Eat Art« zu ei-

### ZUM KÜNSTLER

Das Leben von ***Daniel Spoerri*** (*1930 in Rumänien) ist von Heimat- und Rastlosigkeit geprägt. Nach der Ermordung seines Vaters durch die Nationalsozialisten flieht seine Schweizer Mutter mit ihm nach Zürich. In den 1960er-Jahren prägt Spoerri in Paris den »Nouveau Réalisme« mit, eine Kunstbewegung, die Gegenstände des alltäglichen Lebens, *objets trouvés,* (erneut) in den Kunstdiskurs einbrachte. 1968 eröffnet er ein Restaurant in Düsseldorf und widmet sich fortan der sogenannten »Eat Art«. Vorgefundene Objekte, Essen und Mahlfeiern werden in den folgenden Jahrzehnten zu den zentralen Elementen seiner Kunstwerke.

Daniel Spoerri, Sevilla-Serie Nr. 27, Assemblage, 1992

ner »anonymen Eucharistie« zu wandeln oder die »Fallenbilder« als sakramentale Zeichen zu deuten. Vielmehr schärfen diese Arbeiten die bewusste Wahrnehmung von Essen, Mahl und Materie. Sie verdeutlichen, dass Objekte mehr sind als bloße Materie, dass Essen mehr ist als Nahrungsaufnahme, dass Erinnerung mehr ist als ein schwacher Schatten in der Gegenwart. Wie dieses »Mehr« näherhin zu qualifizieren ist, das ist eine Diskussion, die in die Tiefen der Theologie führt und in ihren begrifflichen Finessen kaum mit Kindern zu führen ist. Aber für dieses »Mehr« sensibel zu sein, ist für einen religiösen Bildungsprozess unabdingbar. Wenn Spoerris Arbeiten hierfür die Wahrnehmung schärfen, dann sind sie religiös bedeutsame Kunstwerke. (cg)

## PRAXISBAUSTEINE

- Die Teilnehmerinnen und Teilnehmer bringen gesammelte Objekte mit und tauschen sich über deren individuellen Wert aus.
- Sie hören die (vereinfachte) »Geschichte des Wasserbechers« (Boff 1976, 19–20) und erkennen, dass Dinge eine eigene Geschichte erzählen können. Sie erarbeiten die (vereinfachte) »Geschichte vom Zigarettenstummel« (Boff 1976, 27–29) und diskutieren, ob Dinge »heilig« sein und zum Sakrament werden können.
- Sie ergründen Spoerris künstlerische Strategien, indem sie »Stopp-Spiele« durchführen. Anschließend betrachten sie ein »Fallenbild« und schreiben zu diesem Bild eine Geschichte.

## LITERATURHINWEISE

Boff, Leonardo, Kleine Sakramentenlehre, Düsseldorf 1976.

Ladleif, Christiane (Hg.), Daniel Spoerri. Von den Fallenbildern zu den Prillwitzer Idolen, Bielefeld 2010.

Reifenscheid, Beate (Hg.), Daniel Spoerri, eaten by …, Bielefeld 2009.

# III.B »Ein schwieriges Alter für Kunst!?«

## Umgang mit Kunstwerken im Horizont von Identitätsbildung in der Sekundarstufe I

Der Übergang von der Kindheit zur Adoleszenz stellt für Mädchen und Jungen überkommene Orientierungsmuster, soziale Bezugnahmen und emotionale Sicherheiten infrage. Nicht alle Jugendlichen empfinden diese Zeit als Krise, aber für alle ist sie mit den grundlegenden Fragen verbunden: »Wer bin ich? Wer will ich sein? Wer werde ich sein?« Diese Fragen beziehen sich nicht nur auf den »Ist-Stand« der eigenen Person, sondern enthalten immer auch Perspektiven für die Zukunft, Antizipationen der Zukunft. Es sind Fragen nach der eigenen Identität in der Spannung von Selbst- und Fremdbild, in der Spannung von gesellschaftlichen Zuschreibungen und persönlichen Entscheidungen, in der Spannung von Bedingungen und Möglichkeiten des persönlichen Handelns.

Während ältere Identitätskonzepte vor allem auf die Regelhaftigkeit der in dieser Altersphase anstehenden psychogenen und sozialen Entwicklungsschritte hinweisen und damit verbundene generelle Entwicklungsaufgaben formulieren (so etwa Erikson 2000), machen neuere pädagogisch-psychologische und jugendsoziologische Forschungen darauf aufmerksam, dass sich diese Entwicklungsaufgaben heute unter den Bedingungen einer fortschreitend differenzierten, pluralisierten und individualisierten Gesellschaft stellen. Zugänge zu Welt und Wirklichkeit, zur eigenen Person und ihren Beziehungen zu anderen vollziehen sich unter Bedingungen der Erfahrungen von Heterogenität (Keupp/Höfer 2001). Das Jugendalter selbst konstituiert nicht mehr eine – bei allen schichtspezifischen Unterschieden doch in der Abgrenzung von den Kindern und den Erwachsenen homogene – gesellschaftliche Gruppe. Vielmehr führt die Ausbildung höchst unterschiedlicher Lebensstile und Lebensziele in den Jugendkulturen auch zu höchst vielfältigen, gelegentlich konträren und zueinander nicht vermittelbaren Realisierungsformen der Identitätsbildung im Jugendalter. Diese Vielfalt jugendlicher Wahrnehmungs- und Ausdrucksformen, deren vornehmlich ästhetisch-stilistische Prägung und deren steter Wandel werden durch empirische Jugendstudien fortlaufend belegt (Albert/Shell 2010).

Wo Fragen zu religiösen Einstellungen, zum Verhältnis zu religiösen Traditionen und Institutionen oder zur religiösen bzw. weltanschaulichen Deutung existenzieller Herausforderungen gestellt werden, bestätigt sich der generelle Befund: Maßgeblich ist für Jugendliche zwischen 13 und 18 Jahren die persönliche Handlungsautonomie (Wippermann/

Calmbach 2007). Sie lehnen Institutionen und Traditionen nicht rundheraus ab, sondern befragen sie kritisch, ob in ihnen und mit ihnen Bewältigungsmöglichkeiten und Orientierungsmuster für den eigenen Lebensentwurf zugänglich sind (Ziebertz/Riegel 2008). Jugendliche sehen sich dabei in Verantwortung für ihre individuellen Entscheidungen und daher in der Pflicht, diese aus persönlicher Perspektive zu begründen. Das hat im religiösen Kontext Konsequenzen: So steht der nachweisbare Rückgang einer personalen Gottesvorstellung (Albert/Shell 2010, 204–207) auch im Zusammenhang mit einer – im Zuge der Individualisierung unerlässlichen – stimmigen Einbindung der Gottesvorstellung in die persönlichen Überzeugungen. Ein einfacher Anschluss an Vorgegebenes ist jenseits traditionaler Lebenswelten eben nicht mehr möglich; damit verändert sich aber auch die Verbindlichkeit und Bedeutung von Tradition, die nicht einfach unverbindlich wird, wohl aber im besten Sinne frag-würdig im Blick auf persönliche Verbindlichkeit. Deutlich zeigt die empirische Jugendforschung darüber hinaus: Auch im Kontext des Religiösen spielen der persönliche Stil und die individuellen Ästhetisierungen eine unhintergehbare Rolle (Sellmann 2012a; Sellmann 2012b) und sind daher in religionsdidaktischen Überlegungen zu berücksichtigen (Baumann 2005, 20).

Für den Umgang mit Kunstwerken, gerade auch mit Werken aus der Tradition oder in Bezug auf religiöse Tradition, bedeutet das einerseits »schwere Zeiten« für die Vermittlung ästhetisch und inhaltlich nicht umstandslos an die Lebenswirklichkeit anschließbarer Objekte. Andererseits ist gerade die im Horizont von Identitätsbildung notwendige Distanzierung Jugendlicher, aber auch ihr Interesse an der Prüfung von Optionen für die höchstpersönliche Konstitution von Sinnkonstrukten ein produktiver Ausgangspunkt. So erweist sich die Fremdheit traditioneller Bildsprache als herausfordernd und irritierend. Gerade weil sie in der Regel für alle jugendlichen Schülerinnen und Schüler »grenzwertig« erscheint, kann sie zum Medium der Verständigung über Stil- und Kommunikationsgrenzen hinweg werden. Durch die gemeinsame Distanzierung hindurch eröffnen sich Möglichkeiten der wechselseitigen Auseinandersetzung mit differenten Auslegungen und Aneignungen:

■ Das folgende Beispiel des im Barock beliebten Motivs der »*Susanna im Bade*« (→ Kap. 38) bietet in diesem Sinne über die barock exaltierte Körpersprache einen Zugang zu anthropologischen Grundfragen, zu Fragen von Macht und Gewalt in Beziehungen, zum Nachdenken über (weibliche) Identität. Diese für weibliche und männliche Jugendliche wichtigen Fragestellungen werden ohne Zweifel auch in popkulturellen Medien thematisiert. Deren Auswahl führt aber nicht selten zu ästhetisch motivierten Formen der »Lagerbildung« in der Lerngruppe, die eine produktive, tiefer gehende Auseinandersetzung verhindern. Mit der Begegnung auf dem »neutralen« Terrain der Tradition tun sich Lernchancen bezüglich einer gemeinsamen Aneignung auf, aber auch bezüglich einer Verständigung über die Transformationen des Erarbeiteten in die je eigenen ästhetischen Ausdrucksformen.

■ Das Bildbeispiel aus *Rune Mields'* »Genesis«-Serie (→ Kap. 39) bietet seinerseits eine distanzierende »Außensicht« auf religiöse Tradition. Die hier begegnende künstlerische Systematisierung von Religion eröffnet Möglichkeiten, ihrerseits systematisierende Perspektiven auf Religion zu entwickeln, zu erproben und deren Angemessenheit zu evaluieren. Die Auseinandersetzung mit dem künstlerischen Werk ermöglicht so, die eigene Perspektive zur Sprache und zur Geltung zu bringen, eröffnet aber auch einen methodischen Zugang zur Rekonstruktion von fremden Überzeugungen und damit einen genuinen Beitrag zum religiösen Lernen in der Sekundarstufe I.

Die hier exemplarisch gewählten Bildbeispiele liegen inhaltlich weit auseinander. Die Susanna-Darstellung bringt recht drastisch und durchaus herausfordernd Sexualität ins Spiel. Ein Thema, das im Horizont des Religionsunterrichts nicht moralpädagogisch enggeführt werden darf, sondern einzubinden ist in den größeren Kontext der Identitätsbildung von Jugendlichen. Es erweist sich dadurch als in höchstem Maße auf die Lebenswelt von Jugendlichen bezogen. Demgegenüber erfordert die Arbeit von Rune Mields ein intensives sich Einlassen auf die religionsgeschichtlichen Eigengesetzlichkeiten religiöser Begriffe und deren Transformation in ein (künstlerisches) Zeichensystem. Durch seine eher formal-abstrahierende Bildsprache nötigt es zur sachbezogenen Erkundung von Tradition und der mit ihr verbundenen Sprachspiele. Dennoch wäre es zu kurz gegriffen, die Susanna-Darstellung umstandslos dem »lebenskundlichen« Bereich des Religionsunterrichts zuzuweisen und die Genesis-Darstellung dem Bereich des religiösen Sachwissens. Oder in diesem Zusammenhang gar das eine Werk ausschließlich mit eher affektiven Zugängen im Unterricht und das andere mit eher kognitiven zu verbinden. Das Susanna-Motiv bringt nicht nur in der Thematisierung von Macht und Ohnmacht, von Körper und Begehren, »Mensch und Welt« zur Sprache, sondern verweist als biblisches Motiv in der Entscheidung zur Gerechtigkeit auf die Gottesfrage als solche. Damit wird auch ein weitergehendes Nachdenken über die Zuständigkeit der religiösen Reflexion und des religiösen Urteils im Blick auf vermeintlich rein profane Themen (→ Kap. 3) eröffnet.

Die Genesis-Darstellung von Rune Mields wiederum kann als Teil einer Serie die »Frage nach Gott« mit »Religionen und Weltanschauungen« verknüpfen. Gerade weil das Bild von Artemisia Gentileschi in der Regel nicht gleich in den ersten Klassen der Sekundarstufe I eingesetzt werden wird, eignen sich beide Darstellungen zur »Wiedervorlage« im Rahmen eines Spiralcurriculums, das religiöse Bildung ermöglichen will, indem es »kumulatives und systematisch vernetztes Lernen« ermöglicht (Die deutschen Bischöfe

2004, 37). Werke der bildenden Kunst können und sollten aufgrund ihrer bildlichen Mehrdimensionalität und ihres offenen Verweischarakters (→ Kap. 1; Kap. 6) besonders in der Sekundarstufe I für die Vernetzung der Gegenstandsbereiche genutzt werden. Sie ermöglichen Schülerinnen und Schülern reflexive Zugänge zu den eigenen Konstruktionen, aber sie eröffnen auch – und das ist eine entwicklungspsychologische Aufgabe in dieser Altersspanne – Möglichkeiten zur systematischen und methodisch gelenkten Rekonstruktion der Überzeugungen und der Glaubensvorstellungen anderer – auch der Überzeugungen und Glaubensvorstellungen der Menschen anderer Epochen und Kulturräume. Derartige rekonstruktive Zugänge dienen nicht zuletzt der Überwindung einseitiger Sichtweisen und damit der Ermöglichung von Perspektivwechseln und der Anerkennung der Sichtweisen und Überzeugungen anderer.

# 38. Körper und Blicke

## Dimensionen von Beziehung an einem Bildmotiv der Tradition untersuchen

Artemisia Gentileschi, Susanna und die Ältesten, 1610

In den griechischen Zusätzen zum biblischen Danielbuch, die im 2. Jahrhundert v. Chr. entstanden sind, findet sich die Erzählung von Susanna (Dan 13,1–64), der schönen und gottesfürchtigen Frau eines angesehenen jüdischen Mannes. Beim Bad in ihrem Garten wird sie von zwei Ältesten ihrer Gemeinde beobachtet und sexuell bedrängt. Weil sie sich weigert, den beiden zu Willen zu sein, verleumden sie Susanna als Ehebrecherin, worauf ihr die Todesstrafe droht. Während der Gerichtsverhandlung entlarvt der junge Prophet Daniel die Aussage der beiden Ältesten als Falschaussage. In ihrem ursprünglichen Tradierungszusammenhang, dem weisheitlich geprägten hellenistischen Judentum, hat diese Geschichte ihre Pointe im Motiv der Gerechtigkeit: Die Ältesten, die Richter der Gemeinde sind, fällen fragwürdige Urteile und verleumden eine unschuldige Frau. Die für Gerechtigkeit Zuständigen handeln ungerecht. Im Kontrast dazu entscheidet sich die Frau in ihrer Notsituation bewusst dafür, lieber unschuldig den Tod zu erleiden, als ein Gebot Gottes zu übertreten. Mit der Wiederherstellung der Gerechtigkeit am Schluss der Erzählung wird die Gerechtigkeit Gottes, die ihren Ausdruck in seinen Geboten findet, betont. Susanna erscheint in ihrer bewussten Entscheidung nicht nur als Opfer, sondern als reflektierte »Weisheitslehrerin«, die um den Weg zur Gerechtigkeit und damit zum guten Leben weiß.

Die Erzählung machte als Bildmotiv seit der frühen Renaissance und dann vor allem in der Barockkunst rein zahlenmäßig eine Karriere, die in einem deutlichen Kontrast zur Bedeutung dieser biblischen Erzählung in der christlichen Predigt, in Liturgie und Katechese steht (Burrichter 1999, 15–21). In all den Bildwerken erscheint Susanna als schöne und verführerische, ja aufreizende und herausfordernd nackte Frau, die nicht nur von den beiden Ältesten, sondern auch von uns, den Betrachterinnen und Betrachtern des Bildes, ungeniert beobachtet wird. Sind die zahlreichen Susannen, Bathsebas und Töchter Lots also lediglich Pin-ups in Fürsten- und Prälatensammlungen? Das trifft es nur zum Teil. Vielmehr ist zu sehen, dass die Maler seit der frühen Renaissance dem Thema eine ganz eigene, anthropologisch wie theologisch innovative Deutung geben, indem sie für die Gestalt der Susanna auf die Darstellung der antiken *Venus pudica* (lat. »ehrbar«, »schamhaft«) zurückgreifen. Susanna erscheint in diesen Bildern also weder als Opfer noch als Verführerin, sondern als Liebesgöttin, die

### ZUR KÜNSTLERIN

Die italienische Malerin **Artemisia Gentileschi** wurde 1593 in Florenz geboren und starb 1652/53 in Neapel. Sie gehört zu den wenigen bekannten Künstlerinnen dieser Zeit und wurde erst im 20. Jahrhundert im Zuge einer feministischen Revision der Kunstgeschichte wieder entdeckt. Ihre erste Ausbildung erhielt sie durch ihren Vater. Ihre Malerei ist stark von den Hell-Dunkel-Kontrasten der italienischen Malerei in der Nachfolge Caravaggios bestimmt.

im antiken Verständnis und seiner humanistischen Rezeption die Balance zwischen den Sphären von Leben und Tod hält und die Gegensätze versöhnt. Als eine solche mächtige weibliche Gestalt zieht sie die Blicke auf sich, wird sie zum Ziel menschlichen Begehrens (Herrmann 1990). In der Darstellung von Tintoretto zeigt sich das sehr nachdrücklich, indem der eine Älteste links unten sich verrenkend um die Hecke lugt, und insbesondere auch den Blicken der Betrachterinnen und Betrachter nichts verborgen bleibt. Aber die Gestalt der Susanna-Venus wird dadurch nicht berührt, gar verletzt. Sie ist ganz auf sich bezogen, ganz »bei sich« im abgeschlossenen Garten. Der Spiegel im Bild bleibt leer, die Figur verweigert uns ihren Blick und schafft damit Distanz und wahrt ihre Integrität.

Ganz anders das Bild der Artemisia Gentileschi, das Susanna nicht in gelöster, erotischer Pose zeigt, sondern als aufs Äußerste bedrohte Frau: Kopf und Arme in entschiedener, verzweifelter Abwehrhaltung, die Füße wie zum Absprung gestellt. Der Bildausschnitt mit der schmalen Stufe und den von oben über die Balustrade drängenden Ältesten ist eng gewählt. Das Klaustrophobische des Raums unterstreicht die dramatische, gewalttätige Situation. Gentileschi rückt die Szene ganz nah an die Betrachterinnen und Betrachter heran, die damit zu Augenzeuginnen und Augenzeugen einer Gewalttat werden. Oder doch eher zu Voyeurinnen und Voyeuren? Die dargestellte Susanna jedenfalls versucht, auch diesen Blicken von außen mit ihrer Wendung nach links – aus dem Bild heraus – zu entgehen.

Artemisia Gentileschi wusste, was sie malte. Sie selbst wird als junge Frau von einem Künstlerkollegen ihres Vaters vergewaltigt und mit falschen Eheversprechungen gefügig gemacht. Sie zeigt den Mann an; die erhaltenen Gerichtsprotokolle dokumentieren die Befragung des Opfers unter Anwendung der Folter und veranschaulichen die Unterstellungen und Verdächtigungen, denen Opfer von sexueller Gewalt bis heute oft ausgesetzt sind (Stolzenwald 1991; Garrard 1993). Dass Gentileschi die Susannaerzählung als Überfall und Bedrohungsszenario darstellt, hat aber nicht nur biografische Gründe. Auch viele andere Künstler inszenieren die Erzählung als Gewalttat. Zwischen der Macht der Venus und der Ohnmacht der durch sexuelle Gewalt bedrohten Frau entfaltet sich das Motiv in sehr unterschiedlichen »Feinabstufungen« in der Kunstgeschichte. In dieser Spannweite entfaltet sich dann aber auch die Ambivalenz des Blicks der Betrachte-

Jacopo Tintoretto, Susanna im Bade, 1550

rinnen und Betrachter zwischen Voyeurismus und Identifikation (Hammer-Tugendhat 2009, 46).

Rembrandt van Rijn gibt dem Motiv und dem Problem des Anteil nehmenden Blicks in seiner bildnerischen Ausgestaltung von 1647 eine besondere Wendung. Wir sehen Susanna im Moment ihrer Bedrängnis und im Moment ihrer Entscheidung. Schon hat einer ihrer Verfolger ihr Tuch gepackt, noch versucht sie, ihm durch das Wasserbecken zu entkommen. Schon droht ihr öffentliche Schande, noch ist alles geheim im Palast ihres Mannes, der hinten im Bild als drohende »Festung« zu sehen ist. Rembrandts Susanna blickt in diesem Moment der Spannung und Entscheidung nicht in sich hinein, sucht auch nicht dem Blick von außen zu entgehen, sondern nimmt unmittelbar und direkt Blickkontakt mit den Betrachtern und Betrachterinnen auf. Mit diesem Blick aus dem Bild heraus legt sie nicht zuletzt ihre Entscheidung auch den Betrachterinnen und Betrachtern vor: Wie würdet ihr in einer solchen Situation entscheiden? Lieber den Tod erleiden, als sich selbst untreu zu werden? Mit dem Blick aus dem Bild heraus bleibt die Frage innerbildlich offen.

Für Schülerinnen und Schüler der Sekundarstufe I bieten sich gestufte Möglichkeiten der Aneignung als Bestandteil der Frage nach der eigenen Identität. Das Verständnis von Körpersprache, das Zueinander von fremdem Blick und Selbstbild sowie die Frage nach den konstitutiven Elementen des eigenen Personseins werden hier thematisiert. (rb)

### PRAXISBAUSTEINE

- Die Teilnehmerinnen und Teilnehmer vergleichen die drei Bilder und finden neue aussagekräftige Titel.
- Sie übertragen in Standbildern die Gesten des Susanna-Bildes von Gentileschi in andere Situationen (jemandem etwas aufdrängen, jemanden zu etwas überreden, jemandem zu nahe kommen) und analysieren die Körpersprache Susannas: Was tut, wer diese Geste benutzt? Was sind angemessene Reaktionen auf diese Geste?
- Sie schreiben einen inneren Monolog der Susanna, der die Blicke der anderen und den Blick auf die eigene Person beschreibt.
- Sie analysieren »Blickstrategien« und »Zuschauerblicke« in Videos, Castingshows etc.

### LITERATURHINWEISE

Bail, Ulrike, Susanna verlässt Hollywood, in: Dies., Gott an den Rändern, Gütersloh 1996, 91–96.
Stolzenwald, Susanna, Artemisia Genteleschi, Stuttgart 1991.

Rembrandt van Rijn, Susanna im Bade, 1647

# 39. »Was sagt mir das?«

## Ästhetische Konstruktionen rekonstruieren

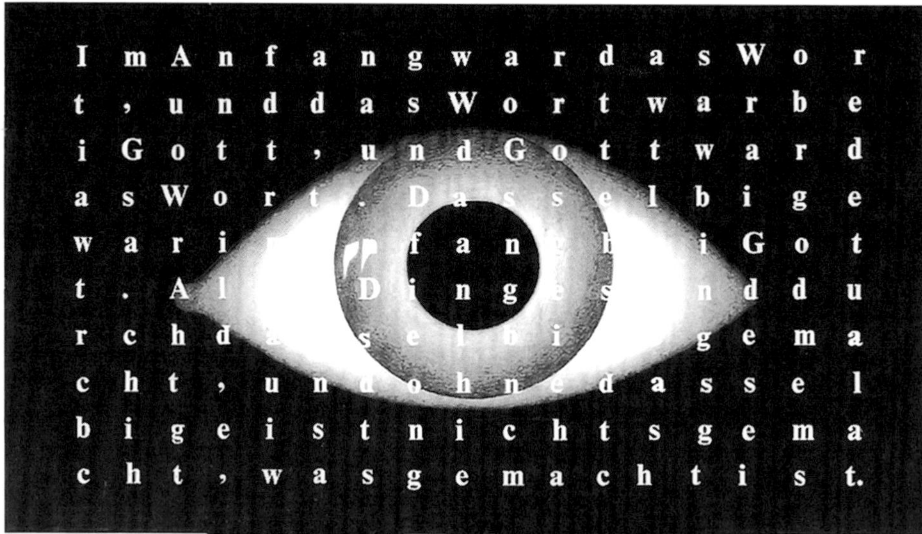

Rune Mields, Genesis: Johannes 1, 1992/96

In der Reihe der Kennenlernspiele erfreut sich die »Partnervorstellung« immer noch großer Beliebtheit: Zwei Personen erzählen einander wechselseitig, wer sie sind, was sie ausmacht, was sie interessiert, und stellen dann den/die jeweils andere/n der Gesamtgruppe vor. Spannend ist, ob der/die andere mir gerecht wird. Spannend ist auch, ob ich der/dem anderen gerecht werde. Erkennen wir uns wechselseitig wieder im Spiegel der Darstellung? Erkennen wir vielleicht auch etwas an uns, was erst durch die Außensicht des/der anderen so richtig zur Geltung kommt? Wie sehen mich jetzt die unbeteiligten Dritten? Arbeiten der Künstlerin Rune Mields sensibilisieren für solche Fragestellungen im Blick auf religiöse Traditionen.

Der Ausgangspunkt ihrer künstlerischen Arbeit ist allerdings nicht die kommunikative Introspektion. Vielmehr beschäftigt sich Rune Mields strikt analytisch und rational mit Strukturen und Systemen und deren Zeichenfunktion. Im Werkzyklus »Genesis« tut sie das in der Auseinandersetzung mit Schöpfungs- und Ursprungsmythen unterschiedlicher Zeiten, Völker und Kulturkreise. Sie bildet diese Erzähltraditionen in ihren großformatigen schwarz-weiß-grauen Malereien nicht einfach ab, sondern sie sucht nach deren zentralen Elementen, nach deren Prinzipien, nach deren Strukturen, nach deren System. Dies überführt sie in ein ästhetisches System der Bildzeichen. Diese Form der künstlerischen Bearbeitung ist kein »Übersetzungsvorgang« eines Texts der Religionsgeschichte, wohl aber eine künstlerische Transformation religiöser und kultureller Traditionen, an deren Ende ein Bild steht, das diesen Strukturen nachgeht, sie aufnimmt, sichtbar macht und selbst aber wiederum als Bild der Deutung und Auslegung zugänglich ist.

Für die Darstellung der christlichen Ursprungsdeutung bezieht Rune Mields sich auf den Prolog des Johannesevangeliums. Bereits das erscheint etwas ungewöhnlich, denn die erste Assoziation bei der Frage nach der christlichen Schöpfungserzählung wären sicher bei vielen die alttestamentlichen Texte in den ersten beiden Kapiteln des Buches Genesis. Die künstlerische Außenperspektive nötigt aber dazu, im genuin christlichen Textbestand eine Genesiserzählung zu suchen. Die Wahl der spröden »Weihnachtserzählung« des Johannesevangeliums ist theologisch fundiert, da der Prolog mit seiner Betonung der Fleischwerdung des Wortes ausdrücklich an die Schöpfung der Welt durch das Wort Gottes in Gen 1 anschließt und damit gerade auch dem geläufigen christlichen Selbstverständnis noch einmal sehr nachdrücklich die neutestamentliche Verknüpfung von Altem und Neuem Bund vor Augen führt und gleichzeitig die Texte der Hebräischen Bibel – religionsgeschichtlich treffsicher – vor christlicher Vereinnahmung schützt.

Das großformatige Bild zeigt auf weißem Grund eine t-förmige schwarze Fläche, in die die beiden Eingangsverse des Evangeliums eingeschrieben sind: »Im Anfang war das Wort, und das Wort war bei Gott, und Gott war das Wort. Alle

**ZUR KÜNSTLERIN**

***Rune Mields*** (*1935) ist gelernte Buchhändlerin und als Künstlerin Autodidaktin. Für ihr künstlerisches Werk, das ab 1970 entstand, erhielt sie zahlreiche Auszeichnungen und 1984 eine Gastprofessur an der Hochschule der Künste in Berlin. Sie beschäftigt sich mit Ordnungs- und Zeichensystemen, zum Beispiel mit Elementen der Mathematik, mit Geheimsprachen, mit naturwissenschaftlichen Thesen, mit künstlerischen Traditionen und religiösen Mythen.

Dinge sind durch das selbige gemacht, und ohne das selbige ist nichts gemacht, was gemacht ist.« Der Text entstammt der heute etwas sperrig erscheinenden, nah am griechischen Text bleibenden Übersetzung Martin Luthers. Darüber hinaus hat die Künstlerin die Buchstaben gleichmäßig gesperrt und auf Wortabstände verzichtet. Das erschwert die Lesbarkeit auch für kundige Leserinnen und Leser, die bei Rune Mields auf Verfahren der Schuleingangsphase zurückgeworfen werden: Am einfachsten zugänglich ist nämlich der Text, wenn er lautiert wird, also die einzelnen Grapheme in Phoneme umgesetzt werden. Dem Text ist ein stilisiertes Auge unterlegt. Darunter ist eine Hand zu sehen, die mit einem Zirkel eine Kugelform vermisst, in der in griechischen Buchstaben der Begriff *lógos* (»Wort«, auch: der »vernünftige Grund«) eingetragen ist. Diese Symbolzeichen sind in der Vertikalen angeordnet, sie entstammen der geprägten christlichen Ikonografie. So steht das Auge für das »Auge Gottes«, das selbst wiederum Metapher für die bleibende Gegenwart und Zugewandtheit Gottes ist. Eine Metapher, die allerdings in der christlichen Erziehungsgeschichte auch repressiven Charakter hatte und für die Vorstellung eines alles sehenden, Menschen ausspionierenden Gottes stand. Hand und Zirkel verweisen auf die Metapher Gottes als Baumeister der Welt, der den Kosmos nach Maß, Zahl und Gewicht erschaffen und geordnet hat (Weish 11,20). Bildliches Gewicht erhalten diese beiden Symbolzeichen vor allem ab dem Mittelalter. In ihrem zunehmenden Gebrauch in der christlichen Bilderwelt spiegelt sich auch das mittelalterliche scholastische Denken, das in der Theologie die Vernunftgemäßheit des christlichen Glaubens besonders betont. Dafür steht auch der Begriff des *lógos.* Mit dem »Wort«, das in die Welt kommt, wirkt Gott als »vernünftiger Grund« in

»Ess, der Himmelsgott der Keten, erschuf die Menschen, indem er in die Erde fasste. Was er mit der rechten Hand aufgriff und nach links warf, wurde männlich. Und was er mit der linken Hand nahm und nach rechts warf, wurde weiblich.« (Rune Mields 2003, 84)

dieser Welt. Eingeschrieben ist dies aber der tiefschwarzen Kreuzgestalt.

Die Auswahl der Künstlerin macht deutlich, dass sie als durchgehende Struktur, als Prinzip des christlichen Weltverständnisses eine grundlegende Rationalität ausmacht: Ein »Überblick« Gottes, eine »Konstruktion«, die den Kosmos »hält«. Das alles aber vollzieht sich auf dem Grund des Kreuzes, dessen tiefschwarze Farbe auf Tod und Gewalt verweist und auch die sperrige Schrift macht die Entzifferung des »Sinns« des Ganzen mühselig.

Ist das eine angemessene Rekonstruktion? »Geübte« christliche Betrachterinnen und Betrachter können sich die Frage stellen, ob und wie das Bild von Rune Mields der Weltvorstellung des Christentums entspricht. »Ungeübte« erfahren hier etwas aus einer bestimmten – künstlerischen – Perspektive. Die elementaren Bildzeichen sind lesbar auch für Nichteingeweihte: Der Kontrast von Hell und Dunkel, der Zirkel als Maß, das Auge als Erkenntnisorgan. Die Reichweite dieser Bildzeichen, die Möglichkeit, aus ihnen heraus Strukturen, Systeme zu beschreiben, kann erkundet und erprobt werden im Vergleich mit anderen Beispielen aus diesem Werkzyklus. Strukturen der Komplementarität, dualistische Vorstellungen, Ganzheitsvorstellungen, Wegmetaphern, der Kampf zwischen Gut und Böse, Chaos und Kosmos etc. werden als fundamentalanthropologische, Zeiten, Kulturen und Religionen übergreifende Vorstellungen zugänglich und bieten Anschlussmöglichkeiten für die aktuellen, eigenen Vorstellungen. (rb)

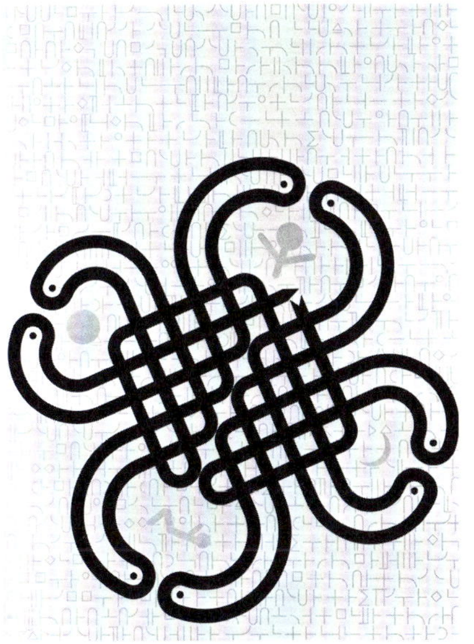

### PRAXISBAUSTEINE

- Die Teilnehmerinnen und Teilnehmer schreiben zu allen Abbildungen eine zu den Bildzeichen passende Ursprungserzählung und vergleichen sie.
- Sie assoziieren und recherchieren die Bedeutung von »Auge«, »Hand«, »Zirkel« und sie diskutieren, ob diese Symbole schöpfungstheologisch noch aktuell sein können.
- Sie entwerfen eigene Bildzeichen oder suchen nach passenden Piktogrammen und gestalten ihre Vorstellung von Ursprung.

### LITERATURHINWEIS

Mields, Rune, Ursprung und Ordnung. Mit Beiträgen von Sabine Fehlemann, Dietmar Guderian, Walter Vitt. Ausstellungskatalog, Köln 2003.

»Beim Erzählen des Mythos der Weltentstehung zeichnen die Jokwe in Afrika eine Figur aus einem einzigen, sich kunstvoll verschlingenden Kurvenzug, der beim Schöpfer beginnt und endet, aber auf seinem Weg das Entstehende (Sonne, Mond, Mensch) umkreist und damit manifestiert.« (Rune Mields 2003, 86)

# III.C Zwischen Lebensorientierung und Zentralabitur

## Herausforderungen für eine Bilddidaktik der Oberstufe

Kinder leben vielfach im Hier und Jetzt. Sie können in einer Tätigkeit vollkommen versinken, ohne einen Gedanken an vorher oder nachher zu verschwenden. Im Laufe der Adoleszenz schwindet diese Eigenschaft. Jugendliche lernen, die Konsequenzen ihres Tuns abzuschätzen und zu bewerten. Zugleich müssen sie erkennen, dass Vergangenheit und Zukunftsvorstellungen unlösbar mit dem gegenwärtigen Leben verbunden sind. Woher ich komme und wohin ich gehen will, beeinflusst mein Sein im Hier und Jetzt. Adoleszente haben hierzu eine ambivalente Haltung: Teilweise setzen sie sich intensiv mit ihren Zukunftsplänen auseinander. Auch widmen sie sich intensiv der Erinnerung, z. B. in »Chroniken« in sozialen Netzwerken. Gleichzeitig sind die Jugendlichen in einer Lebensphase, in der sie sich immer wieder dem Gestern und Morgen entziehen. Das »Komasaufen« ist hiervon eine der drastischsten Formen, das »Chillen« eine ihrer sanfteren Varianten.

Eine Orientierungssuche ist auch in ethischer und religiöser Perspektive bei Jugendlichen zu veranschlagen. Dabei erwarten Adoleszente keine festen Antworten auf ihre Fragen, sondern ihr Streben ist auf Autonomie und Freiheit ausgerichtet. Sie probieren unterschiedliche (soziale) Rollen und Einstellungen aus. Ihre Lebens- und Identitätskonzepte lassen sich als »fragmentarisch« (Luther 1992, 160–182) oder »plural« (Schweitzer 2003, 72) bezeichnen. Um ein gewisses Maß an Kohärenz im eigenen Leben und Identitätsgefühl zu erlangen, müssen Heranwachsende wie auch Erwachsene an der eigenen Identität stets arbeiten (Keupp/Höfer 2001) und ihre unterschiedlichen Rollen, die entsprechenden Rollenerwartungen, Wünsche und Einstellungen miteinander in Einklang bringen. Für den Religionsunterricht bedeutet dies, dass dieser nicht darauf zielen kann, Jugendliche zu geschlossenen (religiösen) Identitätskonstrukten zu begleiten. Vielmehr ist es die religionspädagogische Aufgabe, den Prozess der Identitätssuche kritisch offenzuhalten und Fähigkeiten zu vermitteln, mit Heterogenität und Differenz umzugehen.

Die Arbeit mit Kunst ist für eine so ausgerichtete religionspädagogische Arbeit in der Oberstufe hilfreich (Gärtner 2011, 193–197). Kunstwerke zeichnen sich durch Pointiertheit und zugleich Offenheit aus. Sie markieren – teils provokant – eine Position, ohne diese dogmatisch und eindimensional festzuschreiben. Qualitätsvolle Werke brechen mit starren Aussagen (sonst wären sie Propaganda) und unterlaufen diese in eine Mehrdeutigkeit hinein, ohne dabei beliebig zu sein. Die einzelnen Bildaspekte sind untereinander vielfach widerstreitend und bilden doch ein in sich stimmiges Werk. Die Rezeption von Kunst und das eigene ästhetische Gestalten eröffnen die Möglichkeit, Erfahrungen, Mehrdeutigkeiten und Heterogenität kritisch auf das eigene Leben zu beziehen.

Heranwachsende auf ihrem Lebens-, Glaubens- und Bildungsweg zu begleiten, zählt zweifelsohne zu den Grundzielen des Religionsunterrichts, nicht nur in der Oberstufe. Diese Zielsetzung wird jedoch gegenwärtig durch schulpolitische Veränderungen herausgefordert. Bildungsstandards, zentrale Abschlussprüfungen und verkürzte Schulzeiten lassen teilweise nur noch wenig pädagogische Spielräume. Der Unterricht ist häufig ein *teaching to the test.* Ästhetisches Arbeiten im Religionsunterricht steht dadurch in der Oberstufe vor einer Herausforderung. Denn gerade ästhetisch orientierte Kompetenzen wie die Wahrnehmungs-, Darstellungs- und Gestaltungsfähigkeiten besitzen im Hinblick auf die zentralen Abiturprüfungen weniger Bedeutung. Eine Arbeit mit Kunst im Religionsunterricht muss sich dabei der Aufgabe stellen, die Kluft zwischen kognitiven und affektiven bzw. handlungsorientierten, zwischen fachspezifischen und schülerorientierten Zielen, Inhalten und Kompetenzen zu überwinden. Es müssen bilddidaktische Konzeptionen und Verfahren gewonnen werden, die diese Aspekte nicht als widerstreitend, sondern als ergänzend bzw. zusammengehörig betrachten. Nur so wird Bilddidaktik nicht zu einer »Sonntagsdidaktik« für prüfungsunabhängige Unterrichtsinhalte degenerieren. Die folgenden Bildbeispiele wollen Anregungen für eine solche bilddidaktische Arbeit bieten und das künstlerische Potenzial auch für eine religionspädagogische Arbeit in der Oberstufe ausloten:

- Die Bilder des Künstlerduos *Muntean/Rosenblum* bringen adoleszente Orientierungslosigkeit zum Ausdruck und motivieren zum Nachdenken über anthropologische und eschatologische Fragestellungen (→ Kap. 41).
- Die Fotografien und Performances von *Santiago Sierra* führen in ethische Problemkonstellationen, die sich eindeutiger Lösungsvorschläge entziehen und die Jugendliche zu eigenen ethischen Stellungnahmen herausfordern (→ Kap. 40).

(cg)

# 40. »Verkaufe deinen Körper!«

## Ethische Provokationen in der Kunst

Der spanische Konzeptkünstler Santiago Sierra erlangt immer wieder mit provokanten Aktionen die Aufmerksamkeit der Öffentlichkeit. In der Aktion »250 cm lange Linie, tätowiert auf 6 bezahlte Personen« (1999) heuerte der Künstler sechs arbeitslose Jugendliche an, denen er 30 US-Dollar für eine lineare Tätowierung auf dem Rücken bot. Der Vorgang der Tätowierung wurde auf Video festgehalten. Zudem dokumentieren Schwarz-Weiß-Fotos diese Aktion. Sierra löst sich mit dieser und vergleichbaren Aktionen vom klassischen Kunstbegriff. Anklänge hieran bieten vielleicht noch die tätowierte Linie, die wie ein akkurat gezeichneter Strich über die sechs Rücken verläuft, und die gezielt inszenierten Fotografien. Der monetäre Handel ist visuell nicht wahrnehmbar, bildet jedoch den Kern vieler seiner künstlerischen Arbeiten. So stellte Sierra 2002 in einer Londoner Galerie ebenfalls Personen aus ärmlichen Milieus ein. »Gruppe von zur Wand schauenden

Santiago Sierra, 250 cm lange Linie, tätowiert auf 6 bezahlte Personen, 1999

Personen und eine in eine Ecke schauende Person«, so lautet der Titel der Arbeit, der zugleich die Tätigkeit der angeheuerten Menschen beschreibt, die sie für die Dauer der Ausstellung täglich eine Stunde lang ausführen mussten. Sierra vergütet seine Mitarbeiter, die zumeist prekär beschäftigt, arbeitslos, obdachlos oder drogenabhängig sind, mit einem Gehalt, das sie auch für andere ungelernte Tätigkeiten bekämen. In jedem Kunstprojekt macht Sierra dabei die Bezahlung öffentlich. Die gebotenen Arbeitsbedingungen sind – verglichen etwa mit mexikanischen Aushilfsjobs – gut: Die Arbeit ist weder besonders anstrengend, schmutzig, degradierend oder ethisch verwerflich, wenn auch den meisten Angestellten der Sinn ihrer Tätigkeit eher schleierhaft sein dürfte.

Sierras Arbeiten sind ambivalent, sie lassen sich nicht einfach als politisch ambitioniert erschließen. So stellt Sierra konkrete Individuen aus, ohne dass sie selbst ihre Individualität zum Ausdruck bringen können. Sie können sich beispielsweise nicht selbst zu prekären Beschäftigungsverhältnissen äußern. Das im Werk dargestellte ausbeuterische Verhältnis von Arbeitgeber und Arbeiter wird konsequent weitergeführt. Auch wenn Sierra dies tun würde, um auf Missstände aufmerksam zu machen, so verwendet bzw. instrumentalisiert er hierzu doch konkrete Menschen. Zugleich verdeutlicht er den erschreckend niedrigen Preis, den Menschen zu akzeptieren bereit sind (bzw. akzeptieren müssen), um sich öffentlich dem Kunstpublikum vorführen zu lassen. Missachtet Sierra damit nicht (zynisch) die Würde der Menschen, für die er eintritt? Ist es nicht vielmehr ein wirkungsvolles Spiel mit Sozialkritik in dem immer wieder auf Provokationen ausgerichteten Kunstbetrieb? Sierras Kunstwerke provozieren auch durch die Diskrepanz zwischen dem Verdienst der bezahlten Personen und dem Verdienst des Künstlers. Doch ist dies nicht ein alltägliches Missverhältnis zwischen Arbeitnehmern und Arbeitgebern, das in vielen Betrieben anzutreffen ist? Macht Sierra damit nicht vielmehr genau auf den Missstand aufmerksam, der allseits praktiziert wird?

In der Arbeit »250 cm lange Linie, tätowiert auf 6 bezahlte Personen« geht Sierra noch weiter, indem er auch in den Körper der Beteiligten nachhaltig eingreift. Gegen Bezahlung zeichnet er fremde Körper, markiert sie, stigmatisiert sie als Bedürftige. Hierdurch werden die Personen nicht nur öffentlich als Bedürftige einem potenziell voyeuristischen Publikum vorgeführt, sondern sie werden als soziale Randgruppe körperlich für immer gezeichnet und ihre körperliche Integrität verletzt.

Was ist der Mensch und was darf er? Sierras Arbeiten lassen sich weder als ethisch verwerflich noch als sozialkritisch betrachten – und gerade hierdurch erhalten sie ihre künstlerische Qualität und unterscheiden sich von künstlerischem Sozialkitsch. Zugleich entsprechen sie der heutigen zumeist unübersichtlichen politischen und sozialen Gemengelage. Einfache Antworten sind in der Regel nicht zu geben: »Sierras Arbeiten sind deswegen auch Versuchsanordnungen in angewandter Ethik und Akte gegen einen politisch-moralischen Purismus, dessen Zeit schon vor einigen Jahren abgelaufen ist« (Mader 2011, 52).

Sierras Werk birgt vielfältige provozierende Anstöße, um über grundlegende anthropologische und ethische Fragestellungen nachzudenken. Eine besondere Stärke dieses Zugangs liegt darin, dass hierbei »große« Themen (ausbeuterische Arbeitsverhältnisse, körperliche Integrität, Würde des Menschen) konkretisiert und visualisiert – buchstäblich »verkörpert« – werden. Sierras Arbeiten bringen Exklusion, Entwürdigung und körperliche Vulnerabilität visuell zum Ausdruck – und zielen dabei auch auf eigene körperliche Erfahrungen, die ggf. sogar Mitleid evozieren können. Anthropologische und ethische Konflikte sind somit sinnlich erfahrbar, Ethik und Ästhetik greifen unmittelbar ineinander. Kunst kann hierdurch im Unterricht zum einen seismografische Kraft besitzen, indem sie auf aktuelle soziale Schieflagen aufmerksam macht. Kunst ermöglicht zum anderen auch, abstrakte Fragestellungen körperlich-ästhetisch erfahrbar zu machen – und damit der vielfach beklagten kognitiven Engführung des Oberstufenunterrichts etwas entgegenzusetzen.

Eine weitere Rezeptionsperspektive sei nur kurz angedeutet. Sierras Tätowierungen stehen in der Tradition christlicher Ikonografie, in der Wunden und Stigmata eine zentrale Bedeutung besitzen. So verkörpern die Wundmale des sogenannten »Schmerzensmanns« die Passion Jesu Christi, wecken Mitleid und fordern die Betrachtenden zur *Imitatio Christi* auf. Der gezeichnete und dabei zugleich ausgestellte Körper wird zum Gedächtnisort der Leidensgeschichte, anhand dessen die Passion präsent bleibt. Visuelle Darstellungen des versehrten Körpers zählen zu den zentralen Bildmotiven der christlichen Bildgeschichte. Sierras Werk lässt sich in dieser Bildgeschichte verstehen, wenn auch mit gewichtigen Transformationen. Mit Jugendlichen auf solche bildnerischen Entdeckungsreisen in die christliche Ikonografie zu gehen, sensibilisiert sie für die kulturprägende Kraft, die das Christentum heute noch besitzt. (cg)

### ZUM KÜNSTLER

***Santiago Sierra*** (*1966) ist spanischer Konzeptkünstler, der seit 1995 in Mexiko lebt und arbeitet. Seine Werke greifen vielfach gesellschaftliche Fragen auf, die er provokant inszeniert. Seine wohl umstrittenste Aktion war »245 Kubikmeter« (2006), bei der er die Stommelner Synagoge mit Autoabgasen füllte, sodass diese nur noch mit Atemmasken zu betreten war. Nach massiven Protesten wurde die Aktion gestoppt.

## PRAXISBAUSTEINE

- Die Teilnehmerinnen und Teilnehmer analysieren Sierras Aktion und sammeln die dabei auftretenden ethischen Problemstellungen.
- »Die Würde des Menschen ist unantastbar. Sie zu achten und zu schützen ist Verpflichtung aller staatlichen Gewalt. (…) Jeder hat das Recht auf Leben und körperliche Unversehrtheit« (GG Art. 1–2). Die Teilnehmerinnen und Teilnehmer diskutieren, ob Werke von Sierra vor dem Hintergrund des Grundgesetzes in einer staatlichen Kunsthalle ausgestellt werden dürfen.
- Sie recherchieren Darstellungen von Jesus als »Schmerzensmann« und erarbeiten die (gebrochene) ikonografische Traditionslinie, in der Sierras Arbeit steht.

## LITERATURHINWEISE

Mader, Rachel, Auf dünnem Eis – Santiago Sierras schamlose Vorführung der Realität, in: kunst und kirche 4/2011, 52–53.

Neumeier, Christina, Zwischen Konzept und Gesellschaft. Die Kunst von Santiago Sierra, Berlin 2011.

# 41. »We didn’t make plans …«

## Kunst in anthropologischen und eschatologischen Lernprozessen der Sekundarstufe II

Jugendliche in der Oberstufe stehen auf der Schwelle zum Erwachsensein. Sie sind herausgefordert, Weichen für ihr Berufs- und manchmal auch für ihr Privatleben zu stellen. Fragen nach Lebensorientierung und Zukunftsvorstellungen tauchen auf, auch wenn diese von den Adoleszenten häufig gerne verdrängt werden. Das Bild »Untitled (We didn’t make plans …)« von Muntean/Rosenblum (2005) greift pointiert eine Position von jugendlicher Orientierungslosigkeit auf und kann Reflexionsprozesse über Zukunftsmodelle initiieren.

Muntean/Rosenblum, Untitled (We didn’t make plans ...), 2005

Zu sehen sind sieben Jugendliche, die beziehungslos in einer seltsam schräg stehenden Landschaft liegen bzw. sich bewegen. Das (Nicht-)Agieren der Adoleszenten erscheint plan- und ziellos. Selbst die Intention der beiden Jungen, die die Baumstämme erklettern, ist nicht ergründbar. Auch die Blicke der Jugendlichen sind leer, die Farben getrübt. Das österreichisch-israelische Künstlerduo Muntean/Rosenblum greift in diesem Werk auf klassische Bildkompositionen zurück, die wie selektive Zitate in der Gegenwart auftauchen. So erinnern der linke Baumstamm und die Körperhaltung des kletternden Jugendlichen an eine Kreuzigung, nur dass sich hier die Figur in einer Aufwärtsbewegung befindet. Das Bild wird durch Bildschrägen dominiert. Die Baumstämme, die meisten Personen und auch die Horizontlinie sind schräg ausgerichtet, wodurch das Bild nach rechts zu kippen scheint. Die Welt dieser Jugendlichen wirkt wie aus den Fugen geraten. Jeden Moment könnten die Heranwachsenden nach rechts unten aus dem Bild gleiten. Die Jugendlichen besitzen keinen Halt und keine Orientierung. Das Bild zeugt von Leere und Perspektivlosigkeit.

Diese Hoffnungs- und Zukunftslosigkeit der Jugendlichen wird durch die Bildunterschrift unterstrichen: »We didn't make plans or talk about the future anymore. The future is only imaginery. A destination you invent to keep yourself going. But a point comes where you realize you will never get there.« Muntean/Rosenblum versehen viele ihrer Gemälde mit handschriftlichen englischen Texten, die an Zitate erinnern. In der Tat sind viele der Bildunterschriften aus Zeitschriften und Büchern entnommen. Die Zitate werden jedoch von den Künstlern verfremdet oder aus unterschiedlichen Versatzstücken neu zusammengesetzt. Die Texte stehen somit zunächst nicht unbedingt in Zusammenhang mit dem Bild. Daher sind sie nicht als autorisierte Bildinterpretation zu verstehen, sondern vielmehr als ein gestalterisches Element, das im Bildganzen erschlossen werden muss. Bezieht man in diesem Sinne das »we« auf die Jugendlichen und betrachtet es als Selbstaussage der abgebildeten Adoleszenten, dann erhält das Gemälde einen resignativen Unterton. Die Jugendlichen wissen, dass Zukunftsvorstellungen ihrem jetzigen Leben eine Richtung geben, aber sie resignieren angesichts (vermeintlich) unerreichbarer Ziele. In dieser Lesart vertritt das Werk von Muntean/Rosenblum eine sehr pointierte Position: »We didn't make plans or talk about the future anymore.« Zugleich lassen sich jedoch bildnerische Spuren entdecken, die diese Haltung infrage stellen. Warum spricht das »we« in der Bildunterschrift in der Vergangenheit (»didn't«)? Was machen die abgebildeten Personen demnach in der Gegenwart? Warum steigen zumindest zwei Jugendliche, teils recht athletisch und kraftvoll, auf einen Baum? Warum sind die Heranwachsenden so beziehungslos und sprechen dennoch von einem »we«? Und warum schaut der Hund am linken Bildrand so aufmerksam in die Ferne?

Insgesamt wirken die Textfragmente bei Muntean/Rosenblum inhaltsschwerer als die Darstellung der Jugendlichen: »Auf der Kippe zwischen Signifikanz und Nichtsignifikanz stehend, verstärken sie den offenen, vieldeutigen Charakter der Malereien. (…) Melancholie und Verlorenheit – durchaus, aber in Klammern gesetzt, ironisch hinterfragt« (Oberhollenzer 2008, o.S.). Vielleicht ist es diese Verschränkung von inhaltlicher Schwere und zitathafter Fragmentalität, von Melancholie und Ironie, die den – auch didaktischen – Reiz der Arbeiten von Muntean/Rosenblum ausmacht. Dies ermöglicht es den Schülerinnen und Schülern, jenseits von rigidem Moralismus oder unverbindlicher Spielerei auf die Suche nach ihrer »destination« und ihrer »future« zu gehen.

Der Religionsunterricht in der Sekundarstufe II kann dazu beitragen, sie bei dieser Suche zu begleiten. In diesem Sinne wäre es verkürzt, die Arbeiten von Muntean/Rosenblum einfach mit christlichen Zukunftsvorstellungen zu konfrontieren mit dem Ziel, so eschatologische Denkmodelle zu vermitteln. Vielmehr kann das Bild dazu dienen, bei den Schülerinnen und Schülern eine Suchbewegung auszulösen, in die hinein vonseiten des Religionsunterrichts durchaus auch eschatologische oder anthropologische Überlegungen angeboten werden sollten. Kunst stößt hier individuell bedeutsame Prozesse an, die auch anthropologisch und eschatologisch relevant sein können.

Dieses Bild eignet sich daher nicht dazu, Unterrichtsprozesse zu fokussieren. Vielmehr eröffnet es Möglichkeiten, sich an den ambivalenten Deutungsperspektiven zu reiben und hieran eine eigene Positionsbestimmung vorzunehmen. Die Arbeit mit dem Gemälde bietet sich daher besonders in Unterrichtsphasen an, die auf eine thematische Öffnung zielen. An »Untitled (We didn't make plans …)« kann eine Vielfalt von Zukunfts- und Lebensvorstellungen von Jugendlichen aufgerissen werden, ohne dass diese einer eindeutigen Wertung zugeführt werden. (cg)

### ZU DEN KÜNSTLERN

Jugendliche und junge Erwachsene zählen zu den Hauptmotiven des Künstlerduos ***Adi Rosenblum*** und ***Markus Muntean,*** beide 1962 geboren, die seit 1992 in Wien und London zusammenarbeiten. Neben Video, Fotografie und Zeichnungen schaffen Muntean/Rosenblum klassisch anmutende Tafelbilder, wobei sie auch auf Gestaltungsprinzipien christlich geprägter Kunst zurückgreifen. Das Künstlerduo bringt in seinen Kunstwerken Aspekte jugendlicher Lebenswelten zum Ausdruck, die vielfach unter einer ästhetisierten Oberfläche verborgen bleiben: »Schonungslos werden der Hype von Jugendkulturen, Körperkult, Logo-Manie, Patchwork-Identität, Narzissmus, und ebenso emotionale (weniger soziale) Verwahrlosung, Ängste und Verletztheit ins Bild gerückt« (Schmidt 2003, 88).

## PRAXISBAUSTEINE

- Die Teilnehmerinnen und Teilnehmer nehmen das Bild verzögert wahr, indem sie erst die Blickrichtung der Personen und zentrale Kompositionslinien analysieren und dann die Bildunterschrift lesen sowie mit dem Bild vergleichen.
- Sie schreiben einen Tagebucheintrag aus Sicht einer der abgebildeten Personen. Oder sie schreiben einer abgebildeten Person einen Brief, in dem sie ihre eigenen Zukunftsvorstellungen erläutern.
- Sie vergleichen das Bild mit biblischen Zukunftsvorstellungen, z.B. Off 21,1–5 oder biblischen Orientierungsaussagen, z.B. Joh 14,6, und bringen diese mit eigenen Zukunftsvorstellungen ins Gespräch.

## LITERATURHINWEISE

Oberhollenzer, Günther (Hg.), Muntean/Rosenblum. Between what was and what might be (Ausstellungskatalog), Klosterneuburg 2008.

Schmidt, Sabine Maria, Muntean/Rosenblum, in: Stiftung Wilhelm Lehmbruck Museum (Hg.), Taktiken des Ego (Ausstellungskatalog), Bielefeld 2003, 86–90.

Vereinigung bildender KünstlerInnen Wiener Secession (Hg.), Where else. Muntean/Rosenblum (Ausstellungskatalog), Wien 2000.

# III.D Zwischen spiritueller Quelle und katechetischer Unterweisung

## Bilderschließung am Lernort Gemeinde

Über Gemeinde wird heute fast nur noch in Zusammenhang mit Gemeindefusion, Pastoralverbünden und pastoralen Großräumen gesprochen. Es ist allerdings noch nicht so lange her, dass in der Folge des II. Vaticanums und der Würzburger Synode große Hoffnungen in die Arbeit der Gemeinden gesetzt wurden (Emeis/ Schmitt 1986). Die damaligen Impulse gingen zumeist (implizit) von der Pfarrgemeinde als Territorialgemeinden aus. Von diesem Prinzip haben sich mittlerweile die meisten Christinnen und Christen (notgedrungen) verabschiedet: Viele Gläubige fühlen sich nicht mehr an ihre Ortsgemeinde gebunden und wählen eine Gemeinschaft, einen liturgischen Ort und ein »Zeitfenster« aus, die ihren Lebens- und Glaubenseinstellungen entsprechen. Dies können jährliche Auszeiten von wenigen Tagen in einem Kloster, ein monatliches Treffen in einem privat organisierten Bibelkreis oder auch die wöchentliche Liturgie in der Kirche im Nachbarort sein. Die kirchlichen Entscheidungsträger wiederum legen – vom Priestermangel getrieben – Pfarrgemeinden zu pastoralen Großräumen zusammen, die nur noch entfernt an die Pfarrgemeinden der nachkonziliaren Zeit erinnern. Vieles geht hierbei verloren: Gläubige vermissen ihre religiöse »Heimat«, wohnortnahe Angebote und Beziehungen brechen weg, wodurch vor allem die weniger mobilen Menschen beeinträchtigt werden.

Wenn hier also der Lernort Gemeinde in den Mittelpunkt der bilddidaktischen Überlegungen gerückt wird, dann sind hierunter nicht allein territoriale Ortsgemeinden, sondern vielmehr alle Formen von Gemeinschaften zu verstehen, in denen Menschen zusammenkommen, um ihren Glauben im Lichte des Evangeliums zu leben und zu feiern (Mette 2005, 100–154). Gerade angesichts des Abbruchs traditioneller kirchlicher Strukturen erscheinen zahlreiche der in den 1970er- und 1980er-Jahren entfalteten Impulse in der Gemeindekatechese von bleibender Aktualität. Insbesondere in Anbetracht der Fragmentarität heutiger Lebens- und Glaubensbiografien ist auch der Lernprozess im Glauben ein lebenslanger. Lernen in der Gemeinde ist somit lebenslang und lebensbegleitend zu verstehen. Die Erwachsenenkatechese rückt damit verstärkt in den Blick. Leben und Glauben stehen dabei in unlösbarem Zusammenhang, auch in der Katechese. Diese habe, so die Würzburger Synode, »dem Menschen zu helfen, dass sein Leben gelingt, indem er auf den Zuspruch und den Anspruch Gottes eingeht. Dabei darf das ›Gelingen‹ nicht vordergründig missverstanden werden. Wie sehr zu ihm auch das Bestehen von Leid und Scheitern gehört, zeigt sich darin, dass wir Christen den Weg des Gekreuzigten als den Weg des Lebens bekennen. Aus einer solchen Perspektive wird deutlich, dass das ›Gelingen des Lebens‹ und die ›Verherrlichung Gottes‹ nur zwei Aspekte einer und derselben Sache sind« (Synode 1974, A 3). Lernprozesse in der Gemeinde sind daher sowohl biografisch als auch auf das Evangelium und die christliche Tradition hin auszurichten. Katechese zielt somit nicht allein auf die Weitergabe des Glaubens, sondern vielmehr auf eine religiöse Identitätsbildung, die als offene und prozesshafte Hin- und Einführung in den Glauben verstanden werden kann.

Bilder besitzen in der Katechese Tradition. Während diese jedoch jahrhundertelang in der katechetischen Unterweisung als Mittel dienten, um Glaubenswahrheiten weiterzugeben, werden sie gegenwärtig vermehrt in der Gemeindearbeit als spirituelle Quelle oder als meditativer Denkanstoß verwendet. Empirische Untersuchungen, die erforschen, welche tatsächliche Funktion und Wirkung Bilder am Lernort Gemeinde haben, sind jedoch rar. Erste Studien deuten darauf hin, dass Bilder theologische, ethisch-moralische, spirituelle oder existenziell-biografische Impulse für die Gläubigen setzen können (Gärtner 2010, 264–277). Dabei sind Rezipientinnen und Rezipienten auszumachen, für die Bilder eine kritisch-erkenntnisoffene Perspektive bieten. Das bedeutet, dass sie durch Bilder eine veränderte Sicht auf sich, auf ihr Leben oder ihren Glauben erhalten. Bei zahlreichen Betrachterinnen und Betrachtern besitzen Bilder jedoch eine eher affirmative Funktion. Hier dienen die Bilder dazu, den Glauben zu illustrieren, Bekanntes wiederzuentdecken oder neue Beobachtungen in bewährte theologische oder ethisch-moralische Deutungen zu überführen.

Die folgenden Bildbeispiele wollen Gläubige zu einer kritisch-erkenntnisoffenen Betrachtung motivieren. Dabei bezieht sich die Bildauswahl auf die zwei Pole der Katechese: Leben und Glauben. Die Betrachtung von *Anna Oppermanns* »Paradoxe Intentionen« (→ Kap. 42) betont primär den ersten, die »Gregorsmesse« (→ Kap. 43) eher den zweiten Pol der Katechese, ohne dass jeweils der andere Pol aus dem Blick fallen kann. Beide Bilderschließungen richten sich an Erwachsene, die vielfach vergessenen Subjekte der Gemeindekatechese. (cg)

# 42. »Paradoxe Intentionen«

## Biografisch orientiertes Lernen in der Gemeinde

Anna Oppermann, Paradoxe Intentionen, seit 1988. Zustand Celle 1990

»Paradoxe Intentionen« (1990) sieht auf den ersten Blick chaotisch aus: Bilder hängen scheinbar wahllos übereinander, der Boden ist mit Fotos, Zeichnungen, Notizen und Gemälden zugepflastert. Doch Anna Oppermanns Arbeit berührt inhaltlich und gestalterisch Themen und Fragestellungen, die für religiöse Identitätsbildung am Lernort Gemeinde virulent sind und die im Folgenden näher erschlossen werden.

Das Zentrum des Ensembles, das in einer Raumecke liegt, erkennt man erst auf den zweiten Blick. Hier verdichten sich die Elemente, die wie auf einen Fluchtpunkt im Raumwinkel zusammenlaufen. Dort befindet sich ein funktionsloser, kitschiger Glasschrank mit auffallend blauer Farbe. Korrespondierend hierzu finden sich im Ensemble viele Sprichwörter, Phrasen und ein längerer Text von Ingeborg Bachmann zur Farbe Blau sowie zu den Pflanzen Tagetes und Indigofera tinctoria, die zur Herstellung der Farbe Indigoblau verwendet werden. Blau taucht auch auf nahezu allen Gemälden und Zeichnungen auf. Folgt man dieser »blauen Spur«, dann stößt man auf weitere gestalterische Merkmale: Das Ensemble trug ursprünglich den Titel »Das Blaue vom Himmel herunterlügen«; eine Redewendung, die zweimal im Ensemble zu finden ist. Damit verbindet dieses Idiom zwei zentrale Elemente des Werkes: die Farbe Blau und die Lüge. Oppermann reflektiert in »Paradoxe Intentionen« auch anschaulich über die Paradoxien von Wahrheit und Lüge, Schein und Sein. So finden sich in dem Ensemble Zitate wie »Ich liebe mich, / ich belüge mich, weil / es mich glücklich macht / und ich würde alles tun, / um mich glücklich zu machen«. Auch der im Zentrum stehende Glasschrank mit Spiegelflächen ist in dieser Hinsicht zu betrachten, denn der Spiegel ist kulturgeschichtlich ein vielfach beschworenes Phänomen, um über Wirklichkeit und Illusion, Schein und Sein, Echtheit und Fälschung zu reflektieren. Die Künstlerin thematisiert diese Fragen ebenfalls in ihren großformatigen Gemälden, indem diese wie ein gemaltes Abbild eines Spiegelbildes wirken, das verschiedene Gegenstände mit ihren unterschiedlichen Perspektiven und Raumdimensionen auf einer zweidimensionalen Fläche wiedergibt. Oppermann bemüht sich dabei jedoch nicht um ein illusionistisches Abbild, sondern sie legt die Täuschung (von Malerei) offen. Damit enthüllt sie Täuschung und Lüge und destruiert die Vorstellung von ungebrochener Wahrheit oder Echtheit. Und doch strebt die Künstlerin, wenn auch gebrochen, nach Wahrheit und Erkenntnis in ihren Werken. Diese schimmern aber eher situativ auf und lassen sich nur individuell erschließen. So zitiert Oppermann in »Paradoxe Intentionen« wörtlich den Künstler Degas: »Beim Malen muss man die Idee des Wahren mithilfe des Falschen vermitteln.«

Um das Ensemble vertiefend zu erschließen, müssen auch der Entstehungsprozess und die künstlerischen Strategien vergegenwärtigt werden, die integraler Bestandteil des Werkes sind. Im Zentrum von Oppermanns Installationen steht –

> **ZUR KÜNSTLERIN**
>
> ***Anna Oppermann*** (1940–1993) studierte Malerei und Philosophie in Hamburg. Beeinflusst wurde sie von künstlerischen Strömungen der 1960er-Jahre, die mit »Fluxus«, »Individuelle Mythologien«, »Spurensicherung« oder »Concept Art« tituliert werden. Bekannt wurde sie insbesondere durch ihre Ensembles. Sie schuf über 60 Konvolute mit teilweise über 1000 Einzelelementen.

vielfach in einer Ecke – ein reales Objekt. Nach Aussage der Künstlerin folgt anschließend eine »Meditationsphase«, in der sie diese Objekte vorwiegend naturalistisch zeichnet und ein Assoziationsfeld hierzu anfertigt, um diese sinnlich zu begreifen und um sich zu konzentrieren. Der nächste Schritt, »Katharsis« genannt, zielt darauf, sich zu entkrampfen, Erinnerungen, Erfahrungen, Assoziationen zu provozieren, zugleich aber auch auf die produktive Reinigung von Vorurteilen und von überkommenen Klischees der Bild- und Textmotive (Phase der Konzentration und Öffnung). Dieser Prozess ist im Werk vielfach nicht mehr sichtbar. Nach dieser Nahsicht auf die Dinge nimmt Oppermann bewusst eine distanzierte Haltung zu Objekten und Studien ein (Reflexion oder Feedback aus der Distanz). Sie recherchiert im kulturellen Wissensschatz und sammelt Assoziationen und Bezüge zu den entsprechenden Themen (hier z.B. zu »Blau«, »Lüge«, »Wahrheit«). Es geht ihr dabei um die Sammlung von Bekanntem und um dessen Neubestimmung, Erweiterung und Neuerfindung. In der letzten Phase werden die einzelnen Elemente wieder miteinander in Beziehung gesetzt, reduziert und vermittelt (analytische Phase). Dabei fertigt Oppermann ihre Arbeiten für konkrete Räume an. »Paradoxe Intentionen« wurde noch in vier weiteren Varianten gezeigt, hier ist der Zustand von Celle (1990) zu sehen.

Wenn es am Lernort Gemeinde darum geht, den Menschen zu helfen, ihr Leben im Lichte des Glaubens sowie die Lebens- und Glaubensprozesse biografisch und individuell zu entfalten, dann ist so ausgerichtetes Lernen immer auch Arbeit an der eigenen Person und zielt auf einen veränderten Blick auf sich, auf die Welt und auf Gott. Ein derart prozessorientiert ausgerichtetes Lernen findet sowohl inhaltliche als auch formal-gestalterische Anregungen im Werk von Oppermann. Inhaltlich beziehen sich die Themen ihres Ensembles auf grundlegende Dimensionen des Daseins, der Erkenntnis oder des Zusammenlebens, hier u.a. Lüge, Illu-

sion, Schein und Wahrheit. Über diese und vergleichbare Themen möchte sich Oppermann mit den Betrachtenden austauschen: »Die Form des Ensembles ist mein Interaktionsangebot« (Hossmann 1984, 10). Dabei verfolgt die Künstlerin keine geradlinige Argumentation. Vielmehr geht es ihr um das Wecken von Erinnerungen, um das Zusammendenken von Vergangenheit, Gegenwart und Zukunft, um die Verknüpfung mit dem Selbst und die Ausbildung einer Ich-Identität. Damit ist bereits das »Wie« der inhaltlichen Thematisierung und der Interaktion mit den Betrachterinnen und Betrachtern angedeutet. Oppermann versteht ihre Ensembles nicht als Problembewältigung, sondern sie umkreist und reflektiert in Text-Bild-Gefügen anschaulich ihre Fragestellungen. Aus einem solch prozesshaften Vorgehen ergeben sich situative und subjektive Konstellationen – sowohl in der Produktion als auch Rezeption der Werke. Den Betrachterinnen und Betrachtern wird somit keine Sichtweise vorgeschrieben, sondern sie werden visuell eingeladen, sich selbst in die dargestellten existenziellen Themen verwickeln zu lassen. Eine solche Haltung ist auch für religiöse Bildungsarbeit weiterführend – insbesondere für eine Gemeindearbeit, die sich als lebensbegleitend versteht und die Subjekte mit ihren jeweiligen religiösen Biografien und Geschichten in den Mittelpunkt stellt. (cg)

## PRAXISBAUSTEINE

- Die Teilnehmerinnen und Teilnehmer nähern sich der Arbeit durch »schreibende Beobachtung«. Sie notieren dazu (unsystematisch) ihre Beobachtungen und Assoziationen. Anschließend tauschen sie sich über die Aspekte aus, die ihnen wichtig geworden sind.
- Sie lernen die Phasen der Werkentstehung bei Oppermann kennen und analysieren anschließend die Installation.
- Sie fertigen in Anlehnung an Oppermanns Phasen selbst ein künstlerisches Objekt zu einem selbst gewählten oder vorgegebenen Thema ihrer (religiösen) Biografie an.

## LITERATURHINWEISE

Gorsen, Peter, Anna Oppermann. Stillebenhafte Labyrinthe des Kopfes und der Sinne, in: Künstler. Kritisches Lexikon der Gegenwartskunst, Bd. 8, München 1989, 1–14.

Hossmann, Herbert/Oppermann, Anna (Hg.), Anna Oppermann. Ensembles 1968–1984, Hamburg/Brüssel 1984.

Details aus Oppermanns »Paradoxen Intentionen«, 1990–1991

# 43. Eucharistische Realpräsenz im Bild

## Die »Gregorsmesse« in der Erwachsenenkatechese

Meister des Lebensbrunnens, Gregorsmesse, um 1510

In der Gemeinde wird in der Liturgie der Glaube gefeiert. Aber eine Hinführung zur Liturgie oder eine Reflexion über Liturgie ist im Gemeindeleben selten und findet vornehmlich in der Sakramentenkatechese oder in liturgischen Vorbereitungsgruppen statt. Erstere ist zumeist punktuell im Kindes- und Jugendalter, letztere häufig didaktisch-methodischer und weniger reflexiver Natur. Wenn aber Liturgie lebendig »bleiben soll, ist (sie) immer wieder auf Katechese angewiesen« (Synode 1974, A 3.6.). Gerade die Eucharistiefeier als Zentrum von Liturgie und Gemeinde ist vielen Christinnen und Christen fremd und unverständlich geworden. Das spätmittelalterliche Bildmotiv der »Gregorsmesse« bietet ein visuelles Deutungsangebot der Eucharistie, das ein katechetisches Gespräch über die Eucharistie in der Gemeinde anstoßen kann.

In der »Gregorsmesse des Meisters des Lebensbrunnens« (um 1510) steht der leidende Jesus, ikonografisch »Schmerzensmann« genannt, vor einem T-förmigen Kreuz in einem schmalen, niedrigen Sarkophag. Dieser befindet sich auf einem Altar, der mit Leuchtern, Messbuch, Kelch, Corporale und Kännchen für Wein und Wasser bereitet ist. Eine Patene fehlt. Aus den Wunden des Schmerzensmanns fließt Blut in den Kelch und auf eine kleine, nackte Figur am Fuße des Altars. Diese befindet sich vor einer rot-schwarzen Öffnung, in der weitere Leiber erkennbar sind – die »armen Seelen«, die durch das Blut Christi aus dem Fegefeuer entkommen. Vor dem Altar kniet Papst Gregor der Große und betrachtet den Geschundenen. Gregor ist begleitet von drei Kardinälen, zwei Diakonen und am rechten und linken vorderen Rand von jeweils drei Stifterfiguren. Auffallend ist die Kirchenarchitektur. Hinter dem Altar öffnet eine große rundbogige Tür den Blick ins Freie. Drei Reihen von Rundbogenfenstern gliedern die Wand im Bildhintergrund, an der sich auch die *Arma Christi,* die Leidenswerkzeuge, und das Schweißtuch der Veronika befinden. In den Rundbogenfenstern sind unterschiedliche Personen abgebildet, die teilweise miteinander agieren.

Das vielschichtige Bildmotiv klärt sich ein wenig auf, wenn man die Legenden hinzuzieht, auf die sich das Motiv bezieht. Eine dieser Legenden erzählt, dass einer der Anwesenden bei einer Messfeier Gregors Zweifel an der Realpräsenz von Leib und Blut Christi äußert. Daraufhin erscheint Jesus Christus selbst auf dem Altar und vergießt Blut in den vorhandenen Messkelch (Meier 2007, 39–57). Wenn auch die Legende sicherlich nicht als alleiniger Grund für die Entstehung des Bildmotivs heranzuführen ist, so weist sie dennoch darauf hin, dass es sich hierbei um ein Bild einer Erscheinung handelt: Die Erscheinung des leidenden Christus, dessen Erlösungswerk durch die Darstellung der Passion konkretisiert wird. Vor diesem Hintergrund lassen sich auch die Darstellungen in den Bogenfenstern als Personen aus der Passion Jesu erkennen: Herodes und Pilatus, Hannas und Kaiphas, Petrus und die Magd, Maria und Johannes, der Judaskuss, wahrscheinlich der Ausblick auf den Garten

Gethsemane und ein spuckender Folterknecht.

Das Bild geht aber in der Nennung der einzelnen Bildelemente nicht auf. Aufschlussreich sind vielmehr die ineinander verschobenen Raum- und Zeitgrenzen: Jesus erscheint auf dem Altar, beugt sich den im Altarraum Versammelten entgegen und gießt sein Blut in den Kelch. Räumliche und zeitliche Grenzen scheinen aufgehoben. Das Passionsgeschehen wird zusammen mit Papst Gregor (6. Jh.) und den Stifterfiguren (16. Jh.) dargestellt. Auch die räumlichen Grenzen verschwimmen. Hinter den Rundbogen erstreckt sich fortlaufend eine Landschaft, sodass die Öffnungen der Bogen wie Fenster anmuten. Scheint jedoch in der unteren Reihe der Folterknecht auf dem Erdboden zu stehen, so bleibt unklar, welchen Standort die oberen Figuren besitzen – eigentlich müssten sie in der Luft schweben. Zugleich überschreiten einige Figuren ihren Bildraum. Im linken Fenster der mittleren Reihe legt Johannes seine Hand über den Fenstersims, darunter spuckt der Folterknecht über den Altar hinweg Jesus an und sein Schilfkolben ragt weit in den Altarraum hinein. Trotz dieser Raumüberschreitungen werden bildintern Grenzen markiert. Eine solche verläuft zwischen Christus und dem Altarraum: Der Sarkophag ist wie eine Trennlinie, die weder von Christus noch von Gregor überschritten werden kann. So geht die Christuserscheinung nicht in der Situation der Messe auf. Sie ist abgesondert und auf den Ort der Erscheinung »fixiert«. Auch für die hintere Wand gilt: Die dargestellten Personen befinden sich auf der Grenze von Bild und körperlicher Darstellung, sie schweben zwischen Interaktion und Distanz mit den im Altarraum Versammelten.

In der »Gregorsmesse« spiegelt sich dadurch eine äußerst dichte, simultane Darstellung unterschiedlicher Zeit- und Raumebenen wider, die im Bild in einem komplexen Handlungszusammenhang stehen. Leben, Leiden und Tod Jesu Christi, Eucharistie und deren soteriologische Bedeutung für die Menschheit über alle Zeiten hinaus werden hier zusammengebracht (Gärtner 2007, 125–153). Damit entfaltet das Bildthema nicht nur die realpräsentische Gegenwart Jesu

### ZUM KÜNSTLER

Bei dem ***Meister des Lebensbrunnens*** handelt es sich um einen namentlich unbekannten Künstler, der zwischen 1500 und 1510 in den Niederlanden tätig war und der altniederländischen Schule zugerechnet wird. Der Name leitet sich ab von einer ihm zugeschriebenen Tafel mit der Darstellung eines Lebensbrunnens (um 1511, heute in Prag). Seinem Werk wird noch eine weitere »Gregorsmesse« zugerechnet.

Die »Gregorsmesse« ist ein im 15. und zu Beginn des 16. Jahrhunderts äußerst prominentes Bildmotiv, das u.a. aus den Darstellungen des »Schmerzensmanns« entwickelt wurde und das vor 1400 und nach 1530 kaum Bedeutung besitzt. Auf vielen Gregorsmessen ist ein Text beigefügt, der bei gläubigem Gebet vor dem Bild dem Beter einen Ablass verspricht.

Christi in der Eucharistie, sondern auch deren Opfer- und Erlösungscharakter. Dabei zeichnet sich die »Gregorsmesse« einerseits durch einen sensualistischen Realismus aus, indem Jesus körperlich auf dem Altar präsent ist. Andererseits bricht das Bild diesen Realismus immer wieder auf, indem es – wie beschrieben – bildnerisch raum-zeitliche Grenzen zieht und die dargestellte Realpräsenz zugleich in der Schwebe hält. Damit unterscheidet sich diese bildnerische Form von einem begrifflich orientierten, theologischen Nachdenken über die Realpräsenz. Die Darstellung der Gregorsmesse lehnt sich nicht an die Begriffe und Vorstellungen der Transsubstantiationslehre an, um die Realpräsenz der eucharistischen Gaben zu klären, vielmehr löst sie sich von dieser theologisch nur noch schwer zu plausibilisierenden Lehre. Sie veranschaulicht die reale Vergegenwärtigung in der Eucharistie, indem sie Jesus Christus und seine Heilstaten während der Eucharistiefeier als leibhaftig präsent visualisiert, dabei zugleich aber anschaulich verdeutlicht, dass sie nicht in Jetztzeit und -ort der Eucharistie aufgehen. Es ist eine Darstellung, deren Grenze zwischen realer Gegenwart und Bild verläuft, aber begrifflich nicht genau bestimmt werden kann. Die bildliche Darstellung ermöglicht in dieser Perspektive eine leibhaftige, reale Vergegenwärtigung, ohne die Grenze zwischen Bild und Wirklichkeit aufzuheben. So lädt das Bild sowohl zu einer intensiven Betrachtung als auch zu einem offenen katechetischen Gespräch über das Geheimnis der Realpräsenz ein. (cg)

## PRAXISBAUSTEINE

- Die Teilnehmerinnen und Teilnehmer betrachten die »Gregorsmesse«, suchen nach Unklarheiten und Brüchen im Bild und ergründen diese.
- Sie vertiefen mithilfe von Hintergrundinformationen (Bibelstellen, Legende Gregor des Großen) die Bilderschließung und erörtern die verschwimmenden Raum- und Zeitgrenzen im Bild.
- Sie diskutieren anhand des Bildes die Vorstellung der Realpräsenz Jesu Christi in der Eucharistie und deren soteriologische Kraft.

## LITERATURHINWEISE

Gormans, Andreas/Lentes, Thomas (Hg.), Das Bild der Erscheinung. Die Gregorsmesse im Mittelalter, Berlin 2007.

Meier, Esther, Die Gregorsmesse. Funktionen eines spätmittelalterlichen Bildtypus, Köln u. a. 2006.

Westfehling, Uwe (Hg.), Die Messe Gregors des Großen. Vision. Kunst. Realität, Köln 1982.

# III.E Heilige Hallen

## Museen als kulturelle Andachtsräume und als Ausstellungsorte von Religion

Museen und Ausstellungen spielen in schulischen Bildungsprozessen (Vogt/Krüze/Schulz 2008) und in der Religionsdidaktik (Heuser 1996) eine wichtige Rolle. Sie ermöglichen im Horizont des ästhetischen Lernens eine unmittelbare, »leibhaftige« Begegnung mit dem ästhetischen Objekt. Diese Begegnung ist – wenn möglich – jeder Form der Reproduktion vorzuziehen, denn nur in der unmittelbaren Anschauung zeigen sich z. B. die Expressivität eines Pinselstrichs oder der »überirdische« Glanz von Blattgold, nur in der Begegnung mit der Skulptur im Raum kann sich diese wirklich als »Gegenüber« erweisen. Aber nicht nur in Bezug auf die ästhetische Erfahrung des einzelnen Werks gehört der Besuch von Kunstmuseum und Kunstausstellung – neben dem Besuch von Kirche, Synagoge und Moschee – unbestritten zu den wichtigsten religionspädagogischen Lernortwechseln. Vielmehr ermöglicht der Ort selbst bedeutungsvolle Zugänge zu Fragen des Umgangs mit Religion und auch zu religiösen Fragen (Burrichter 2005b).

Ein erster Zugang ergibt sich bereits aus rein statistischen Gründen. Ein großer Teil der westlichen Kunstgeschichte bezieht sich auf christliche Sujets, dementsprechend dominiert die christliche Kunst in vielen kunsthistorischen Museen. Die Konzentration gerade auch von religiöser Funktionskunst im Museum verweist zurück auf dessen Ursprünge: Mit der Reformation geraten die großen mittelalterlichen Sammlungen in die Krise. Die Objekte, die sich in den kirchlichen Schatzkammern befanden (Reliquien, Kultgegenstände, Bilder), wurden ja bis dahin vor allem auch als das Heil vermittelnde Gegenstände, als *Heiltümer* verstanden, die nun einen religiösen Funktionsverlust erleiden, dafür aber zunehmend als ästhetische *Objekte* wertgeschätzt werden. An die Stelle der geistlichen Verwalter der religiösen Heiltümer treten nun die fürstlichen – weltlichen wie geistlichen – Förderer der Künste (Belting 2000, 26). Hinzu kommt in der Frühen Neuzeit ein grundsätzliches Interesse an der wissenschaftlichen, methodisch gesicherten Sammlung und Erforschung der zunehmend breiter werdenden Wissensgebiete (Vieregg 2008, 24). Die Fürstensammlungen bilden dann den Ausgangspunkt für das bürgerliche Museum. Recht verstanden vollzieht sich erst jetzt, im 18. Jahrhundert, die »Erfindung des Museums« (Fliedl 1996), denn beim bürgerlichen Kunstmuseum handelt es sich nicht nur um eine Sammlung, sondern um eine geregelte *Institution zur Kulturpflege*, die der Bewahrung, der Erforschung und der Veröffentlichung des Kulturerbes dient. Gesammelt wird hier nicht nur, was gefällt, was rar und kostbar erscheint, sondern was aus (nationaler) gesamtgesellschaftlicher Perspektive als erhaltenswert und – gelegentlich auch auf dunklen Wegen und imperialistischen Beutezügen herbeigeschafft – als gesellschaftlich aneignungswert gilt. Damit einher geht auch der Auftrag, dass vor Verfall und Zerstörung gerettet wird, was in den ursprünglichen Zusammenhängen gefährdet ist, was als überholt gilt oder durch Zeitgemäßes ersetzt wurde. Das gilt auch für die christlichen Altäre, für liturgische Geräte und Gewänder im Zuge theologiegeschichtlicher und liturgischer Reformen. Der genuine Auftrag des bürgerlichen Museums bezieht diese religiöse Funktionskunst ein, versteht sie aber dezidiert als *materielles Kulturerbe,* das dann in chronologischen Abteilungen und nach stilistisch geordneten Erwägungen gezeigt wird.

Zum Selbstverständnis des bürgerlichen Museums gehört aber nicht zuletzt auch, dass es der Öffentlichkeit, zugänglich ist und ihr als Ort der Bildung, durchaus aber auch als Ort der Unterhaltung zur Verfügung steht (Fliedl 1996, 71). Hier begegnet man dem gemeinsamen Kulturerbe mit Interesse, auch mit Ehrfurcht. Zahlreiche Quellen des 18. und 19. Jahrhunderts belegen, dass der Besuch des Museums als Eintritt in ein Heiligtum empfunden wurde, dass man sich mit Andacht den Zeugnissen der Vergangenheit und den künstlerischen Exponaten der eigenen Gegenwart näherte (Offe 2004, 573). Aufschlussreich ist in diesem Zusammenhang die nie realisierte Museumsfantasie des Etienne Louis Boullées von 1783: Das Zentrum seines Plans für einen Museumskomplex bildete ein pathetisch beleuchteter »Ruhmestempel«, dessen Mitte, dessen »Allerheiligstes«, allerdings leer war. Im Zentrum der revolutionär-bürgerlichen Kunstbegegnung und Kunsterfahrung begegnet und erfährt der Mensch *sich selbst,* was allerdings im zeitgenössischen Kontext als »Gattungserfahrung« zu verstehen ist (Fliedl/Pazzini 1996, 141). Dass derartige Museumserfahrungen immer auch religiös konnotiert werden, erlangt dann im 20. Jahrhundert im Zuge postmoderner Museumsneubauten und der in ihnen inszenierten Raumerlebnisse noch einmal besondere Bedeutung (Natrup 1998).

Die folgenden Beispiele wollen beide Zugangsweisen im Blick auf religionspädagogische Erschließungen von Kunst verdeutlichen:

- Am Beispiel eines *mittelalterlichen Flügelaltärchens* wird exemplarisch gezeigt, wie sich religiöse Funktionskunst unter Ausstellungsbedingungen zeigt (→ Kap. 44).
- Das Kölner Diözesanmuseum Kolumba verfolgt hingegen ausdrücklich ein Ausstellungskonzept, das religiöse und autonome Kunst so zusammenbringen will, dass Dialoge geführt werden, Eigenständigkeiten gewahrt bleiben und neue Erkenntnisse und Erfahrungen möglich werden. Mit Blick auf eine Klanginstallation von *Bernhard Leitner* soll dem nachgegangen werden (→ Kap. 45). (rb)

# 44. »Das war denen früher ganz wichtig, weil da so viel Gold ist!«

## Religion als Anschauungssache

Das Museum versteht sich als Ort der Sammlung, der Bewahrung, der Erforschung und der Vermittlung kultureller und künstlerischer Artefakte. Damit ist eine bestimmte Perspektive auf die Objekte selbst verbunden sowie auf die Form und die Intention ihrer Präsentation im Ausstellungsraum. So werden das christliche Kultbild, der Reliquienschrein, der Altar mit der Herauslösung aus ihren ursprünglichen religiösen Funktionszusammenhängen und ihrer Überführung in einen anderen Kontext, nämlich den der Sammlung und der Ausstellung im Kunstmuseum, zu Objekten, die vornehmlich unter ästhetischen und historischen Aspekten systematisiert und betrachtet werden. Das ist durchaus legitim, denn in der Tat sind religiöse Kunstwerke ja immer auch dies: Zeugnisse einer Vergangenheit,

Flügelaltärchen mit Kreuzigung, um 1330

Produkte bestimmter sozialer, politischer, kirchlicher Verhältnisse und Ausdrucksformen bestimmter Mentalitäten und religiöser Überzeugungen. Die Ausstellung im Museum will solche Gesichtspunkte ins Bewusstsein der Betrachterinnen und Betrachter heben und tut dies vorzugsweise auch durch den anschaulichen Vergleich. Die Präsentation mehrerer Altäre in einem Raum, Vitrinen mit einer Vielzahl unterschiedlich gestalteter Reliquiare, aber auch die kontrastive Zuordnung von Motiven und Themen ermöglichen Überblicke und Vergleiche. Die wechselseitigen Beziehungen zwischen historischer Situation und religiöser Ausdrucksform werden dadurch als ästhetische Unterschiede unmittelbar anschaulich: »Das war denen früher ganz wichtig, weil da so viel Gold ist!« Erläuternde Texte neben und zu den Objekten, in jüngster Zeit im Zuge erlebnisorientierter Vermittlung auch mediale, interaktive, handlungs- und produktionsorientierte Zugänge, erschließen diese Beziehungen zusätzlich. Dies geschieht im Selbstverständnis der meisten musealen Präsentationen dezidiert aus einer Außenperspektive: Die Ausstellung von religiöser Kunst will nicht »Religion« vermitteln, sondern »Kunst« und »Kulturerbe«, zu deren Verständnis allerdings immer auch religionskundliche Kenntnisse gehören.

In einem museumspädagogischen Buch für das Wallraf-Richartz-Museum in Köln wird ein derartiges Präsentationsprogramm auf den Punkt gebracht: »Geh in den großen Zentralraum der Mittelalter-Abteilung, und du findest einen wahren Schatz des Museums: viele große und kleine Altäre, die sehr, sehr alt und kostbar sind« (Noelke 2001, 9). Dieser vergleichende kulturhistorische Gang wird vorbereitet durch die Erschließung eines Flügelaltärchens aus dem frühen 14. Jahrhundert. Der Mittelteil des nur 65 cm hohen und 96 cm breiten Altars zeigt die Kreuzigung mit zwei Figurengruppen unter dem Kreuz. Auf der linken Seite die trauernden Frauen mit Maria, der Mutter Jesu, und Maria Magdalena sowie kniend der auf seine Augen weisende blinde Longinus mit der Lanze (Butzkamm 2001, 86), auf der rechten Seite Johannes mit dem heidnischen Hauptmann und weiteren Soldaten. Auf den Seitenflügeln sind Motive der Heilsgeschichte dargestellt: Links oben die Geburt Christi, darunter die Huldigung der Heiligen Drei Könige. Auf dem rechten Seitenflügel ist oben die Himmelfahrt zu sehen, darunter die Herabkunft des Heiligen Geistes zu Pfingsten. Über der Mittelszene und zwischen den Bildern der Seitenflügel sind kleine Nischen zur Aufnahme von Reliquien eingearbeitet. Rahmen und Hintergrund sind vergoldet und zudem mit blauem und rotem Glasfluss geschmückt.

Das übersichtliche Format, die klar konturierten und farblich sowie körpersprachlich gut voneinander abzugrenzenden Figuren vor dem Goldgrund ermöglichen eine Erschließung bereits im Grundschulalter. Ein Übriges tun die motivisch recht klaren Nebenszenen, deren Themen durch Nacherzählung der biblischen Texte relativ einfach einzuholen sind. Zu fragen ist an dieser Stelle gar nicht so sehr, wie diese Erschließung sich nun altersgemäß vollziehen könnte, sondern woraufhin sie eigentlich geschieht. Für den museumspädagogischen Zugang in Köln ist das relativ klar: Es geht um eine kulturgeschichtliche Zugangsweise,

**ZUM MUSEUM**

Das ***Wallraf-Richartz-Museum*** in Köln besteht seit 1824. Seit 2001 befindet es sich in einem Neubau des Architekten Oswald Mathias Ungers († 2007). Die Bestände des ältesten Museums in Köln gehen zurück auf die Sammlung Ferdinand Franz Wallrafs (1748–1824), des letzten Rektors der unter französischer Besatzung 1798 aufgelösten Kölner Universität. Wallraf versuchte insbesondere Kunstgegenstände aus den von der französischen Besatzungsmacht geschlossenen und abgerissenen Kirchen zu sammeln. Auch das Flügelaltärchen gehört dazu. Es stammt ursprünglich aus der Kirche des Kölner Klarissenklosters St. Clara und spiegelt mittelalterliche franziskanische Frömmigkeit (Nagel 2002).

die zunächst den historischen Abstand deutlich macht, um dann erläuternde Hinweise zu Bildprogramm und Funktion des Altars zu geben. Interessant ist dabei das Verständnis von Religion, das den religionskundlichen Hinweisen zu Bibelkenntnis, Frömmigkeitspraxis und Reliquienverehrung vorausgeschickt wird und das in der Vergleichspräsentation im großen Zentralraum mit anschaulicher »Autorität« (Claußen 2009, 48) durch die Fülle und die Kostbarkeit der Exponate bestätigt wird: »In jener Zeit, die wir heute das Mittelalter nennen, spielten die Kirche und der Glaube an Gott eine viel größere Rolle im Leben der Menschen als heute« (Noelke 2001, 8). Jenseits der Frage, ob dieser religionssoziologische Befund so ohne Weiteres Geltung beanspruchen kann, sind mehrere Anfragen – nicht zuletzt auch aus museologischer Perspektive – zu stellen.

Mit der kulturgeschichtlichen Präsentation des Altars werden Glaube und Frömmigkeit zu Haltungen und Anschauungen der *Vergangenheit,* denen man nicht (auch) theologisch, sondern (ausschließlich) historisch begegnet. Das hat mehrere Gründe. Die Museumsgeschichte selbst zeigt, »dass öffentliche Museen oft aus der kritischen Absetzung von der Kirche entstanden sind und der Wille zur Emanzipation von Kirche und Glaube zu ihrem Selbstverständnis gehört« (Meyer zu Schlochtern 2012, 103). Mit der rein kunst- und kulturgeschichtlichen Vermittlung wird dann so etwas wie eine methodisch-wissenschaftliche Demarkationslinie gezogen. Mit diesem Vermittlungszugang wird im öffentlichen Museum aber auch der religiösen und weltanschaulichen Pluralisierung der Museumsbesucherinnen und -besucher Rechnung getragen, deren Interesse ja u. U. dezidiert jenseits einer religiösen Binnensicht liegt. Beide Gründe sind gute Gründe; problematisch aber werden rein kulturgeschichtliche Vermittlungsstrategien dort, wo sie entweder vermittels ihrer angezielten Neutralität die Sinnkonstitution der religiösen Objekte – selbst schon wieder ideologisch – infrage stellen oder wo sie affirmativ jenseits der religiösen Binnenperspektive allgemeinen gesellschaftlichen und existenziellen Sinn der gezeigten »Religion« behaupten. Das gilt zunehmend auch für christliche Objekte, vor allem aber für religiöse Objekte anderer Religionen. Darauf hat angesichts der musealen Präsentation von religiösen Artefakten ausgerechnet die Religionswissenschaft aufmerksam gemacht und einen Perspektivwechsel »Zurück zu den Sachen« angeregt (Bräunlein 2004; dazu auch: Stock 2004b, 206ff.). Dass diese Problemstellungen ganz wesentlich mit der Ausstellungspräsentation zu tun haben, zeigt eine Analyse von Susanne Claußen (Claußen 2009). Für die religionspädagogische Bilddidaktik gilt es, Grenzen und Reichweite kulturgeschichtlicher Erschließung und Präsentation kritisch zu prüfen, im Gegenzug aber auch selbstkritisch eigene anachronistische Tendenzen zur »Vergleichzeitigung« mit historischen Artefakten zu vermeiden. (rb)

## PRAXISBAUSTEINE

- Die Teilnehmerinnen und Teilnehmer erarbeiten das gegenwärtige Verständnis des Altars und lernen dann den mittelalterlichen Flügelaltar kennen. Bei allen Unterschieden: Was könnten für uns heute Verbindungslinien sein?
- Sie lernen das Schema des Flügelaltars kennen (Werktags- und Sonntagsseite; Haupt- und Nebenszenen). Sie stellen mithilfe dieses Schemas dar, was sie religiös von sich zeigen möchten, was an ihrem Glauben/in ihrem Leben wichtig ist, und gestalten eine Ausstellung.
- Sie organisieren eine Podiumsdiskussion zum Thema »Darf man im Museum beten?« und laden dazu auch Museumsfachleute ein.
- Sie sammeln Abbildungen von Altären aus anderen Religionen und benennen Unterschiede und Gemeinsamkeiten zum christlichen Verständnis der Gegenwart.

## LITERATURHINWEISE

Claußen, Susanne, Anschauungssache Religion. Zur musealen Repräsentation religiöser Artefakte, Bielefeld 2009.

Schwillus, Harald (Hg.), Religion ausstellen. Interdisziplinäre Perspektiven zu (Re-) Präsentation und Kommunikation christlicher Inhalte und Objekte im Kontext Museum und Ausstellung, Berlin 2010.

# 45. Beziehungen stiften, Nachdenken eröffnen

## Autonome Kunst im Dialog mit religiöser Kunst

Das Museum als Tempel, die Begegnung mit dem Kunstwerk als andächtige Schau, die ästhetische Erfahrung als gleichsam religiöse Erfahrung des Erhabenen, gar als Offenbarungserfahrung – die Wurzeln eines quasi-religiösen Umgangs mit Kunst und Kultur und die damit verbundene sakrale Aufladung des Raums ihrer Präsentation reichen weit in die Vergangenheit zurück. Im ausgehenden 20. Jahrhundert erfährt diese Tendenz aber noch einmal eine besondere Beschleunigung. Das Selbstverständnis der autonomen und avantgardistischen Gegenwartskunst als umfassend sinnstiftende, weltdeutende und existenziell ansprechende Instanz (Belting 1998; Ullrich 2011) erlangt nunmehr zunehmend an Breitenwirkung und Zustimmung. Im Zuge einer gesteigerten Wertschätzung der Kunst wollen auch die

Bernhard Leitner, RaumReflexion, Ton-Raum-Skulptur, 2010, und Heilig-Geist-Retabel, kurz vor 1449 (Kolumba, Köln)

Museen der Gegenwart mehr sein als bloße Aufbewahrungsorte für Zeugnisse der Vergangenheit, mehr auch als nur neutrale Präsentationsorte einer dem Alltag enthobenen Kunst im Stil des »White Cube« (O'Doherty 1996). Vielmehr wollen sie Orte einer lebendigen Begegnung mit Kunst sein, Orte, die umfassend ästhetische, den ganzen Menschen sinnlich ansprechende Erfahrungen ermöglichen. Sie wollen Orte der Kommunikation sein, an denen diese Erfahrungen als existenziell und gesellschaftlich relevante Sinndimensionen reflektiert und gedeutet werden. Eine wichtige Rolle spielt dabei das Zueinander von Architektur und ausgestellten Werken, die absichtsvolle Gestaltung des Erfahrungsraums Museum durch Raum- und Objektbezüge, durch Sichtachsen, durch Formensprache und Materialwahl. Seit den frühen 1980er-Jahren ist nicht nur in Deutschland ein Boom der Museumsneubauten zu verzeichnen, die den neuen Bedürfnissen und Ansprüchen im Umgang mit Kunst Rechnung tragen (Maier-Solgk 2008).

Zu diesen architektonisch herausragenden und museologisch anspruchsvollen Museen gehört auch Kolumba, das Kunstmuseum des Erzbistums Köln (www.kolumba.de), das 2007 vom Schweizer Architekten Peter Zumthor gebaut wurde. Das Museum in der Kölner Altstadt ist ein Beispiel für eine ortsbezogene Architektur (im Fachjargon: *site specific*), denn es ist über den Ruinen der im Zweiten Weltkrieg zerstörten Kolumbakirche und dem dazugehörigen archäologischen Grabungsfeld errichtet und bezieht dabei auch eine Kapelle des Architekten Gottfried Böhm, die in der Nachkriegszeit in den Trümmern errichtet wurde, mit ein (Maier-Solgk 2008, 42–45). Der burgartige Bau wirkt relativ massiv, bietet aber aufgrund einer luftdurchlässigen Bauweise über dem Grabungsfeld und einer intimen Hofsituation interessante Bezüge von Innen und Außen. Das strikte Raumprogramm mit einer abwechslungsreichen Lichtführung wiederholt diese Bezüge auf seine Weise, indem gelegentliche Blicke in die Stadt, vor allem auf den Dom (Stock 2004a, 89), nicht zuletzt aber »dialogische« Blickwechsel mit der Kunst ermöglicht werden. Auch im Blick auf seine Inhalte erweist sich das Museum, das sich ausdrücklich nunmehr als Kunstmuseum und nicht als »kirchliches« Museum versteht, als *site specific*, indem es religiöse Kunstwerke seiner Herkunftssammlung mit Werken der autonomen modernen

**ZUM ARCHITEKTEN**

***Peter Zumthor*** (*1943) absolvierte eine Ausbildung als Möbelschreiner, studierte Innenarchitektur und Gestaltung an der Kunstgewerbeschule Basel sowie Architektur am Pratt Institute in New York. Er war als Denkmalpfleger für den Kanton Graubünden tätig. Seit 1979 führt er ein Architekturbüro in der Schweiz. Er baute u. a. die Therme Vals und das Kunsthaus Bregenz und gestaltete den Schweizer Pavillon der Expo 2000 in Hannover. Als Sakralbau ist die Feldkapelle »Bruder Klaus« in Wachendorf in der Eifel aus dem Jahr 2007 zu nennen.

ZUM KÜNSTLER

***Bernhard Leitner*** (*1938) studierte Architektur an der Technischen Hochschule in Wien. Er lebte ab 1968 in New York und arbeitete dort im Stadtplanungsamt sowie als Universitätsdozent, von 1982 bis 1987 lebte er als Künstler in Berlin, von 1987 bis 2005 war er Universitätsprofessor für medienübergreifende Kunst an der Universität für angewandte Kunst in Wien. Leitner erhielt zahlreiche Preise und Würdigungen für sein klangkünstlerisches Werk.

Kunst und der Kunst der Gegenwart in Beziehung setzt.

Das Prinzip des Dialogischen ist Ausstellungskonzept in Kolumba. In Jahresausstellungen werden jeweils Werke des eigenen Bestandes so miteinander kombiniert, dass sie gleichermaßen einander wie auch den Besucherinnen und Besuchern etwas zu sagen haben. In der Ausstellung »denken« von September 2011 bis August 2012 wurden in einem Raum ein spätmittelalterlicher Altar zusammen mit einer Ton-Raum-Skulptur des österreichischen Klangraumkünstlers Bernhard Leitner gezeigt. Drei Parabolschalen reflektieren Klänge, die von einem Computerprogramm aleatorisch, also nach dem Zufallsprinzip, eingespielt werden: »Zart und subtil entfalten sich die Klänge im Raum, wie klingende Seifenblasen reihen sie sich unablässig aneinander und verklingen – kaum, dass sie gehört worden sind – auch ebenso schnell wieder in der hoch aufragenden Funktionalität des Raumes, der von einem Heilig-Geist-Retabel aus dem 15. Jahrhundert beherrscht wird« (von Hoensbroech/von Hoensbroech 2011). Dass die erzeugten Klänge nicht dort zu hören sind, wo sie offenkundig herkommen, sondern reflektiert werden und aus unvermuteten Richtungen die Besucherinnen und Besucher treffen, macht den Reiz der Installation aus. Die Klänge erscheinen immaterialisiert, sie erfüllen den Raum, durchdringen nachgerade den eigenen Körper und machen den Raum als Ganzheit erfahrbar: »Die Verwendung des Klanges im Installationsraum ist somit nichts Äußerliches in Bezug auf diesen Raum. Ganz im Gegenteil: Das Wunder des Klanges besteht vor allem darin, dass der Klang raumfüllend ist« (Groys 2008, 9). Die Klanginstallationen Leitners erheben einen autonomen Anspruch. Es geht ihm um Klangräume, die er nachgerade »architektonisch-skulptural« (Leitner) durch Klang erarbeitet. In der jeweiligen spezifischen Ausstellungssituation haben aber die technischen Klangerzeugungsmittel auch skulpturale Qualität. Dass sie bei Leitner wie minimalistische Objekte erscheinen, ist kein Zufall, sie sollen nicht unentdeckt bleiben, aber auch nichts erzählen, sondern den Raum »bespielen«.

In der Ausstellungssituation in Kolumba wirkt das strenge, technisch-nüchterne Objekt mit der Dreizahl der eng aneinandergerückten Reflexionsschalen in der unmittelbaren Nähe zum Altar, der das Pfingstgeschehen thematisiert, gleichermaßen hermetisch wie symbolisch aufgeladen. Assoziative Verknüpfungen von der Immaterialität des Klangraums zur

Immaterialität der Geisterfüllung drängen sich auf, werden aber durch den strengen Selbstbezug der Installation auch wieder unterbunden.

Aber auch die Auseinandersetzung mit dem Altarbild, die eine Wahrnehmungsänderung bei den Besucherinnen und Besuchern des Ausstellungsraums, nämlich vom Hören zum Sehen, erfordert, bricht ihrerseits die Klangerfahrung und damit nicht zuletzt auch die Raumerfahrung. Denn der betrachtende Blick nimmt Distanz ein gegenüber dem betrachteten Objekt, während der gehörte Klang Raum und Körper erfüllt und durchdringt. Ob diese ästhetischen Erfahrungen aber affirmative Rezeptionsformen wirklich unterbinden oder auch nur unterbinden sollen, muss offenbleiben: Dass Besucherinnen und Besucher vor dem Pfingstereignis auf den flüchtigen, ungreifbaren Klang verwiesen werden, befördert nicht zuletzt ihre höchstpersönlichen Deutungen. (rb)

## PRAXISBAUSTEINE

- Die Teilnehmerinnen und Teilnehmer bringen über Abbildungen je ein religiöses mit je einem autonomen Kunstwerk ihrer Wahl »ins Gespräch«.
- Sie führen ein Schreibgespräch zum Thema »Geist als Klang«.
- Auf die Frage: »Würdest du deine Arbeiten als eine Hörschulung bezeichnen?« antwortet Bernhard Leitner: »Lieber würde ich noch sagen: eine Denkschulung« (Kubisch/Leitner 2004, 31). Die Teilnehmerinnen und Teilnehmer sammeln »Denkanregungen« im Zueinander von Klangkunstwerk und Altar.

## LITERATURHINWEISE

Leitner, Bernhard, PULSE – Räume der Zeit/Spaces in Time (Ausstellungskatalog, Zentrum für Kunst und Medientechnologie, Karlsruhe), Ostfildern 2008.

Zumthor, Peter, Architektur denken, Basel 2010.

# III.F Zutritt nicht nur für Gläubige

## Kunstwerke im Kirchenraum zwischen Andacht und Nachdenken, zwischen Dialog und Herausforderung

Der Kirchenraum gilt vielen, und nicht nur Gläubigen, als besonderer Raum. Kirchen vermitteln aufgrund ihres oft hohen Alters, ihrer architektonischen Dominanz im Dorf und in der Stadt, nicht zuletzt aber aufgrund ihrer Innenraumgestaltung, die auch noch bei modernen Bauten unmittelbare Erfahrungen von Größe, Weite, ja Erhabenheit ermöglicht, den Eindruck eines besonderen, ja eines ausgesonderten Raums (→ Kap. 15). In der Begegnung mit Kirchenräumen vollzieht sich darüber hinaus auch für Außenstehende unmittelbar nachvollziehbar die Konfrontation mit dem Anspruch einer religiösen Weltdeutung, die Konfrontation mit den spezifischen – individuellen wie kollektiven – Sinnkonstruktionen von Gläubigen in Vergangenheit und Gegenwart. Auch jenseits von Liturgie verweisen Kirchenräume auf religiöse Ausdrucksformen und machen sie anschaulich. Bei ganz unterschiedlichen Zugängen, Motivationen und Haltungen der Besucherinnen und Besucher – von touristischer Neugier und kulturhistorischer Identifikation über die persönlich-biografische Bedeutung und den liturgischen Gebrauch bis hin zur Nutzung als Ort der Begegnung mit Gott, aber auch mit sich selbst, als Raum der Stille – gilt: Der Kirchenraum wird verstanden als *besonderer* Raum, nämlich als heiliger, als spirituell dichter Raum, mindestens aber als ein Raum mit Atmosphäre. Die dabei wirksamen Deutungsmuster sind uneinheitlich, nicht selten widersprüchlich. Das gilt nicht nur für die Verstehenszugänge der religiös pluralisierten und individualisierten Gegenwart. Schon für das konfessionelle Selbstverständnis der orthodoxen und der katholischen Kirche und der Kirchen der Reformation ist ja festzuhalten, dass bezüglich der Frage, ob und inwiefern Kirchen heilige Räume sind, deutliche Unterschiede auszumachen sind: Während im orthodoxen Verständnis der Gedanke der Präsenz des Heiligen und der Begegnung mit dem Göttlichen nach wie vor bestimmend ist (Hämmerle/Ohme/Schwarz 1988, 38–67), ist für das katholische Verständnis im Gefolge des Zweiten Vatikanischen Konzils festzuhalten, dass der Kirchenraum Sakralraum ist, weil in ihm Heiliges geschieht, nämlich gottesdienstliche Feier, weil in ihm Gott gegenwärtig ist in Wort, Sakrament und Gemeinschaft (Adam 1984; Meyer 1984). Demgegenüber formulieren die Kirchen der Reformation ihr Verständnis des Kirchenraums vornehmlich als Verkündigungsraum des Wortes und in diesem Sinne als spirituellen Begegnungsort (Erne 2012, 224). Jenseits der offiziellen konfessionellen Lesarten lässt sich dabei aber gerade auch binnenkonfessionell beobachten, wie scheinbar scharfe Grenzen verschwimmen, wie persönliche-individualisierende Deutungsmuster in der Begegnung mit dem Raum zum Tragen kommen (Dörnemann 2011, 114 ff.).

Die Heterogenität der Verstehenszugänge hat Auswirkungen auch auf Funktion und Wirkung von Kunstwerken in diesem Raum. Einerseits begegnen Bildwerke im Kirchenraum nach wie vor nicht zuerst als Kunstwerke, sondern als Funktionskunst: als Kultbild, als Andachtsbild, als visuelle Verkündigung. Andererseits werden sie als kulturelles Erbe, als historische Zeugnisse der Theologie-, der Frömmigkeits- und Mentalitätsgeschichte verstanden. Darüber hinaus aber werden sie zunehmend auch als Kunstwerke im Raum gesehen, im Dialog mit dem Raumgefüge, mit der Gestimmtheit des Raums, mit seiner liturgischen Funktion, vor allem aber auch im Dialog mit den Betrachterinnen und Betrachtern.

Die folgende Vorstellung von Werken der bildenden Kunst im Kirchenraum setzt ausdrücklich bei diesen unterschiedlichen Wahrnehmungen von Kunst an:

- Die Mitteltafel des Münnerstädter Altars von *Tilman Riemenschneider* aus dem 15. Jahrhundert (→ Kap. 46) stammt aus einer Zeit, in der Funktion und Aufgabe der bildenden Kunst im Kirchenraum noch eindeutig schienen. Doch schon am Beispiel Riemenschneider zeigt sich, wie stark programmatische Vorgaben durch wechselnde zeitgenössische Deutungen und Verstehensformen verändert und am Kunstwerk sichtbar werden.
- Die Arbeit von *Andrea Viebach* (→ Kap. 47) bietet mit dem »Marienbild unserer Zeit« nicht nur ein Beispiel für die Zeitgenossenschaft von Kunst in der Kirche, sondern schlägt mit ihrem Andachtsbild auch Brücken zu den individualreligiösen und den fundamental anthropologischen Aneignungsformen der Gegenwart.
- Die Installation von *Dorothee von Windheim* (→ Kap. 48) ist ein Beispiel für die Herausforderung durch autonome Kunst im Kirchenraum. Mit ihrer Arbeit fordert sie aus dezidiert künstlerischer Perspektive, also »von außen«, zum Nachdenken über Grund und Möglichkeit von Andacht heraus.
- Die Glasfenster von *Sigmar Polke* im Großmünster zu Zürich (→ Kap. 49) bieten kein geschlossenes Bildprogramm, sondern ermöglichen unterschiedliche Leserichtungen. Sie tragen damit touristischen Raumerkundungen ebenso Rechnung wie persönlichen Reflexionen und Verknüpfungen der Bildkonstellationen.

Die Kirchenpädagogik knüpft an die heterogenen, gerade auch an die religiös indifferenten und sogar areligiösen Deutungsmuster des Kirchenraums an und erschließt multiperspektivisch den Kirchenraum als einen Raum nicht nur für Gläubige (Degen u. a. 1998). In diesen Reflexionszusammenhang gehören auch bilddidaktische Erschließungen von Kunst im Kirchenraum.

# 46. Frömmigkeit zwischen Leibhaftigkeit und Immaterialisierung

## Der Münnerstädter Magdalenen-Altar

Tilman Riemenschneider, Maria Magdalena von den Engeln erhoben,
Mittelteil des Münnerstädter Altars, 1490–92

1490 erhält Tilman Riemenschneider von Bürgermeister und Rat der Stadt Münnerstadt den Auftrag, einen Hochaltar für die Pfarrkirche St. Magdalena zu erstellen. Die Urkunden zum Arbeitsvertrag und zu den Vorgaben für das Bildprogramm sind erhalten und belegen die zeitgenössische Auftragspraxis. 1492 wird der Hochaltar aufgerichtet, der laut erhaltener »Ausführungsvorschrift« (Muth/Schneiders 1982) über einer Sockelzone in einem hohen Schrein die zentrale Figur der von Engeln gerahmten Maria Magdalena zeigt, die von Heiligen begleitet wird. Auf den Flügeln sind als Reliefs Szenen aus der legendarischen Lebensgeschichte der Maria Magdalena zu sehen. Bekrönt wird der Altar durch das hoch aufstrebende Gesprenge, in dem eine Darstellung der Trinität in Form des sogenannten Gnadenstuhls zu sehen ist: Gottvater hält den Gekreuzigten, zwischen ihnen schwebt die Geisttaube.

Der gesamte Schnitzaltar erscheint, im Gegensatz zu den üblichen zeitgenössischen Gestaltungen, nicht farbig. Bereits 1497 empfiehlt aber der Rat, den Altar doch noch auszumalen und zu vergolden. 1504 erfolgt dies durch den Maler und Bildhauer Veit Stoß. Bis 1649 bleibt der farbig gefasste Schnitzaltar erhalten, dann wird die gesamte Anordnung in einen frühbarocken Altar überführt, dessen Mittelteil nun ein Gemälde bildet. Die Figur der Maria Magdalena wird ins obere Geschoss des neuen Altars integriert. Die Gestalt der nur von ihren langen Haaren und einem Haarpelz bedeckten, anmutig bewegten, körperlich höchst präsenten Heiligen empfand man 1756 aber als unanständiges Andachtsbild; *ex certis causis* (lat.: »aus gewissen Gründen«) wird sie entfernt. Über Umwege gelangt sie ins Bayerische Nationalmuseum in München. 1833/34 wird der Restaltar noch einmal neugotisch verändert; nach Kriegseinwirkungen 1945 bildet nur wenig des ursprünglichen Figurenschmucks den Bestand des rekonstruierten Altars, der seit 1981 in der Pfarrkirche in Münnerstadt zu sehen ist.

Die Gestaltung als Schnitzaltar, das Figuren- und Bildprogramm entsprechen den zeitgenössischen Vorgaben. Im Werk Tilman Riemenschneiders nimmt der Altar dennoch eine Schlüsselstellung ein, weil er einen Übergang bildet zwischen seinen vielfarbig gefassten Skulpturen und den nicht mehr farbig gefassten Schnitzarbeiten seines Spätwerks. Restau-

Nachbildung des Münnerstädter Altars in der Pfarrkirche St. Maria Magdalena, Münnerstadt

ratorische Untersuchungen haben deutlich gemacht, dass der Verzicht auf die Farbigkeit nicht etwa künstlerische Gründe hat. Es ging Riemenschneider mit seiner Gestaltung nicht um die Holzsichtigkeit als ästhetisches Element. Auch ist nicht davon auszugehen, dass der Altar »unfertig« aufgestellt wurde, obwohl es üblich war, Schnitzwerk und farbige Fassung unterschiedlichen Werkstätten zu übertragen. Vielmehr zeigte sich bei der Restaurierung, dass Riemenschneider ursprünglich einen lasierenden, leicht bräunlichen Überzug aufgetragen hat, der die Figuren farbig-transparent, »dem Bernstein vergleichbar« (Krohm 1982, 66) erstrahlen ließ. Diese »monochrome Fassung« (ebd.) verändert den Realitätsgrad in der Wahrnehmung der Figuren. Wenn als eine Errungenschaft der spätmittelalterlichen Schnitzaltäre und Skulpturen gilt, dass sie durch ihre farbige Fassung in Verbindung mit der zunehmenden natürlichen Körperlichkeit und Bewegtheit in besonderer Weise *realistisch* erscheinen, so wird eben diese Annäherung an die Lebenswelt, der künstlerisch ermöglichte Übertritt von der ästhetisch vermittelten religiösen Realitätssphäre in die diesseitige Realität und umgekehrt, durch die Monochromie ästhetisch versperrt. Eine Vergleichzeitigung von Bild und Betrachterinnen und Betrachtern, die ja vor allem eine religiös-spirituelle Vereinigung mit dem Dargestellten bewirken sollte, wird aufgehoben und infrage gestellt: »Mit der monochromen Gestalt verändert sich die theologisch vermittelnde Funktion eines Schnitzaltares – eine Abstraktion und Entstofflichung, eine Abgrenzung gegenüber dem Realitätsverständnis des Betrachters finden statt« (ebd.).

Eine derartige Immaterialisierung als Programm fügt sich in die humanistischen und reformorientierten bildtheologischen Überlegungen der Zeit um 1500. Der Verzicht auf die Farbigkeit markiert einerseits das Bestreben, gegen das negative Bild der Prachtentfaltung der Kirche eine bescheidene, zurückgenommene Frömmigkeit zu setzen (Rosenfeld 1992, 67), andererseits deutet sich bereits hier an, dass es in der Bildkritik ganz grundsätzlich um die Spiritualisierung und Immaterialisierung des Glaubens geht, und damit um die Infragestellung der Bilder in der Heilsvermittlung. Indem diese

ZUM KÜNSTLER

***Tilman Riemenschneider*** (*1460 in Heiligenstadt) war Bildhauer und Bildschnitzer am Übergang von der spätmittelalterlichen zur frühneuzeitlichen Kunst in Deutschland. Sein Werk ist beeinflusst von Arbeiten des oberrheinischen Meisters Martin Schongauer (1450–1491). Ab 1483 ist Riemenschneider in Würzburg tätig, er gelangt mit seiner Meisterwerkstatt zu gesellschaftlichem Ansehen und prägt mit seinen Werken den mainfränkischen Raum. Als Würzburger Ratsherr ist er 1525 in den Bauernkriegen auf der Seite der Bauern. Nach dem Scheitern des Aufstands gerät er zeitweilig in Kerkerhaft, erhält keine größeren Aufträge mehr und lebt zurückgezogen bis zu seinem Tod 1531.

bildkritische Sicht aber als künstlerisch-formale Reform daherkommt, markiert sie im Letzten umso materieller nach wie vor die Heilsdifferenz zwischen den Betrachterinnen und Betrachtern und den Heiligen, die durch die ästhetische Differenz in besonderer Weise »entrückt« werden. Paradoxerweise bewirken die monochromen Figuren damit aber den gleichen Effekt wie die realistischen farbigen Figuren, indem sie »beim ungelehrten Gläubigen (...) gleichgerichtete Empfindungen für die Erscheinung der vorgegebenen Heiligenbilder befördert haben«, die ihm weiterhin entgegenstanden »als offensichtliche Emanation dessen (...), was ihn in seinem Glauben band« (ebd., 70). Die ästhetisch-spirituellen Deutungsmuster der Betrachterinnen und Betrachter folgen nicht einfach theologischen Vorgaben, seien sie auch noch so gut begründet. Die zahlreichen Umgestaltungen des Münnerstädter Altars machen darauf aufmerksam, dass solche querlaufenden Deutungen den Funktionsrahmen des vermeintlich eindeutig liturgisch fixierten Bildwerks stören. Querlaufende Deutungen aber machen den Umgang mit Kunstwerken produktiv: Wer heute die Maria Magdalena Riemenschneiders entweder als museales Einzelbild oder in der Rekonstruktion des Altars anschaut, wird sich mit den Deutungsperspektiven der Gegenwart sicher nicht »aus gewissen Gründen« abwenden, sondern im Gegenteil gerade an der Körperlichkeit der Figur spirituelle Impulse gewinnen können. Die asketische Büßerin, die sich nur von der in der Entrückung erfahrenen Anschauung der himmlischen Scharen – also von Luft und Liebe – ernährte und dabei in der Bildsprache Riemenschneiders so körperlich vollkommen und wohlgenährt erscheint, ist ein visuelles Argument für die gegenwärtig anthropologisch grundierte Rede von der immer auch leiblich-leibhaftig erfahrbaren Gnade Gottes am Menschen, auf die der Altar mit seiner Trinitätsdarstellung im Gesprenge ja letztlich anspielt. (rb)

## PRAXISBAUSTEINE

- Nah oder fern? Materiell oder immateriell? Die Teilnehmerinnen und Teilnehmer erstellen Mindmaps zum Thema »Das Heilige im Kirchenraum«.
- Aus gewissen Gründen? Die Teilnehmerinnen und Teilnehmer sammeln Darstellungen der Maria Magdalena in der Kunst, im Film, in der Literatur und recherchieren ihre Karriere als *dulcis amica dei* (lat. »süße Freundin Gottes«).
- Bilder zum Niederknien? Die Teilnehmerinnen und Teilnehmer gestalten eine Podiumsdiskussion zum Umgang mit Bildern im Kirchenraum mit Vertreterinnen und Vertretern der orthodoxen, katholischen, lutherischen, reformierten Position im Gespräch mit areligiösen und indifferenten Journalisten.

## LITERATURHINWEISE

Lenssen, Jürgen (Hg.), Tilman Riemenschneider – Werke seiner Glaubenswelt, Regensburg 2004.

Welt und Umwelt der Bibel 2/2008: Maria Magdalena.

# 47. Eine für alle? Eine wie alle? Eine von uns?

## Ein zeitgenössischer Zugang zum Andachtsbild

Das ist ein zugleich erstaunlicher und dann doch eigentlich nicht überraschender Befund: Das Marienbild rangiert in Häufigkeit, Beliebtheit, Breite und Intensität in der christlichen Kunst noch vor dem Christusbild (Lechner 1997, 109). Mit der beim Konzil von Ephesos 431 dogmatisch fixierten Rede von Maria als der Gottesgebärerin (griech. *theotókos)* wird das Marienbild autonom. Jenseits biblisch-szenischer Darstellung erscheint Maria nun als verehrungswürdige Gottesmutter mit dem göttlichen Sohn auf ihrem Schoß. Die Ikonografie der thronenden Gestalt mit dem auf Schoß oder Knie gleichfalls thronenden Kind ist keine christliche Erfindung, sondern geht auf altorientalische Darstellungen der Göttin mit dem göttlichen Kind zurück, z.B. der ägyptischen Isis mit dem Horusknaben. Christliche Kultbilder achten daher darauf, durch Beischriften den Inhalt der Darstellung zu sichern und die Bildverehrung zu kanalisieren. Nach dem Ende des Bilderstreits in Byzanz 789 (→ II.A Einführung) ist ein regelrechter Boom der Marienverehrung zu verzeichnen, damit einher geht die Ausdifferenzierung und Weiterentwicklung der Bildtypen. Besondere Wertschätzung erlangt dabei das Bild der *Hodegetria* (griech. »Wegweiserin«), die das Kind auf dem linken Arm trägt, das sich in leichter Wendung zur Mutter hindreht. Beide, Mutter und Kind, schauen aus dem Bild heraus. Das Marienbild der »Wegweiserin« ist – wie alle Marienbilder – eigentlich christologisch zu verstehen. So weist Maria traditionell mit der Rechten auf das Kind, das segnend den Betrachterinnen und Betrachtern als Erlöser begegnet. Ob aber wirklich alle Gläubigen diese christologische Deutung des verehrten Bildes nachvollziehen, muss bezweifelt werden (Belting 2000, 49). Dass es zu den am meisten verehrten Marienbildern gehört (Lechner 1997, 119), hat nicht zuletzt mit der Überlieferung der Wirkmächtigkeit Marias im Bild zu tun.

Die theologische Tradition der folgenden Jahrhunderte hat die Verehrung Marias und ihrer Bilder gleichermaßen vorangetrieben wie reglementiert und kritisiert. Die Frömmigkeitsgeschichte sieht sie in unterschiedlichen, ja in disparaten Rollen und Funktionen, die gleichzeitig nebeneinander bestehen können: Maria wird Himmelskönigin, Mitherrscherin Christi, sie wird aber auch zum ganz passiven Gegentypus zu Eva, zum makellosen Vorbild, zur asexuell reinen und unbefleckten Frau par excellence; sie wird zur Identifikationsfigur (→ Kap. 33) als um den Sohn trauernde Mutter und von dort her auch Trösterin der Armen, Schwachen und Verfolgten; sie wird aufgrund ihrer herausgehobenen Beziehung zu Christus Mittlerin im Erlösungswerk

Andrea Viebach, Marienbild unserer Zeit, 2004

**ZUR KÜNSTLERIN**

***Andrea Viebach*** (*1963) absolvierte eine Ausbildung an der Berufsfachschule für Holzbildhauer in München und studierte Bildhauerei an der Akademie der bildenden Künste in München. Sie arbeitet mit unterschiedlichen Werkstoffen im Bereich Objekt und Installation. 2006 war sie beteiligt an der Gestaltung des Andachtsraums in der Ernst-von-Bergmann-Kaserne, München-Neuherberg.

Christi, Fürbitterin der Menschen, aber auch Erste der Erlösten, an der exemplarisch zu sehen ist, was allen verheißen ist. Sozialgeschichtliche Forschungen können deutlich machen, dass alle Rollenzuschreibungen an Maria immer auch Spiegel sozialer, wirtschaftlicher, politischer Verhältnisse und nicht zuletzt auch Spiegelungen der historischen Geschlechterbeziehungen und der historischen Konstruktionen von Weiblichkeit sind (Röckelein/Opitz 1990). Das Zweite Vatikanische Konzil bahnt Mitte der 1960er-Jahre durch seine christozentrische und biblische Grundorientierung neue Wege zu Maria an, die durchaus quer zu früheren traditionell-mariologischen kirchlichen Aussagen, etwa zum katholischen Dogma der leiblichen Aufnahme Mariens in den Himmel 1950, liegen. Mit der stärkeren Bezugnahme auf das Evangelium erscheint Maria nunmehr als erste der Gläubigen, als Schwester im Glauben. Zeitgleich setzt sich die Feministische Theologie – nicht nur aus katholischer Perspektive – mit der historischen und aktuellen Bedeutung Marias für das Selbstverständnis von christlichen Frauen auseinander. Vier unterschiedliche Strömungen sind dabei auszumachen: Maria wird verstanden als unerreichbares Idealbild zwischen Jungfräulichkeit und asexueller Mutterschaft, mit dessen Hilfe Frauen unterdrückt werden. Maria wird »rehabilitiert« als heimliche Göttin des Christentums, als verdrängter weiblicher Anteil am Göttlichen. Mit Bezug auf das Magnifikat wird Maria als Symbol der Befreiung verstanden und von einer befreiungstheologisch orientierten Feministischen Theologie reklamiert. Und schließlich erscheint sie, wiederum mit Bezug auf das Evangelium, vor allem aber anthropologisch »zurückerobert« als Schwester und Freundin im Glauben (Radlbeck-Ossmann 1996, 435–465).

Angesichts der theologischen Entwicklung und Kritik stellt sich die Frage, ob es ein angemessenes zeitgenössisches Marienbild als *Andachtsbild* überhaupt noch geben kann. 2003 wurde in einem Wettbewerb mit der Aufgabenstellung »Madonna. Ein Marienbild für heute« diese Frage als künstlerische Aufgabe formuliert. Realisiert wurde in der Pfarrkirche St. Maximilian Kolbe in München-Neuperlach die Arbeit von Andrea Viebach. In die körperhaft gestaltete weiße Hohlform einer lebensgroßen Stele projiziert Viebach die Aufnahmen von dreizehn Müttern mit ihren Kindern, Frauen, die Mitglied der Münchener Pfarrgemeinde sind. Die Aufnahmen werden übereinandergelegt und, digital bearbeitet, projiziert. So verschwimmen Körperkonturen und Gesichter, verdichten sich die Aufnahmen zu einer malerischen Struktur. Zugleich aber gewinnt das Bild in der geformten Stele an Plastizität und Präsenz. Es erscheint so das Bild einer »universalen« Frau mit dem Kind auf der Hüfte, das gehalten wird vom linken Arm der Mutter, die mit der Rechten zum Kind hin weist. Beide schauen aus dem Bild heraus und die Betrachterinnen und Betrachter an. Die Hohlform wirkt dabei als nicht ganz passgenaues Model; das Überschreiten und Ausfließen der Bildränder macht deutlich, dass hier kein Bild, schon gar kein Marienbild, fixiert wird, sondern offengehalten wird und absichtsvoll in der Schwebe bleibt. Wer als Betrachterin und Betrachter näher kommt und zwischen Projektor und Projektionsform tritt, erlebt zudem das Verschwinden des Bildes: Die Hohlform ist leer! Ein theologisch programmatischer Effekt der künstlerischen Installation: »Die plötzliche ›Bildlosigkeit‹ verlangt vom Gläubigen, das Marienbild in sich selbst zu suchen und auf imaginäre Weise in seiner ›Vor-Stellung‹ zu erschaffen. Durch Maria zu Christus; dieses Grundprinzip der Marienverehrung findet hier seine bildliche Ausprägung. Nicht das Bild selbst ist Ziel der Andacht, sondern die sich dahinter verbergende, nicht sichtbare Wirklichkeit. Die Mittlerschaft Mariens wird repräsentiert durch das Bild als Medium« (Heisig 2010, 13). (rb)

## PRAXISBAUSTEINE

- Die Teilnehmerinnen und Teilnehmer vergleichen das Marienbild von Andrea Viebach mit der von Schnüren gehaltenen Marienfigur von Peter Sauerer (→ Kap. 35) und beschreiben beide Kunstwerke als »Einspruch« gegen das Marienbild der Tradition.
- Eine für alle? Eine wie alle? Eine von uns? Die Teilnehmerinnen und Teilnehmer formulieren, wer Maria für sie ist.
- Sie befragen Menschen aus verschiedenen Gemeinden zu Stil und Bedeutung des Marienbildes in ihrer Kirche.

## LITERATURHINWEISE

Beinert, Wolfgang, Maria. Spiegel der Erwartungen Gottes und der Menschen, Regensburg 2001.

Heisig, Alexander, Bilder des Glaubens//Heute!, unter: www.erzbistum-muenchen.de/media/media13989720.PDF.

# 48. Nicht zeigen, sondern verweisen

## Künstlerische Installation im Kirchenraum als Anfrage und Herausforderung

Die Arbeit »Salve Sancta Facies«, deren Titel den Anfang des liturgischen Hymnus aus dem 14. Jahrhundert »Sei gegrüßt, heiliges Antlitz unseres Seligmachers« zitiert, besteht aus 72 Tüchern, die das Christusbild zeigen. Zu sehen sind bekannte und weniger bekannte Bilder der christlichen Tradition, die mithilfe eines fototechnischen Verfahrens auf lose, kaum geglättete, z.T. ausgefranste Gazetücher aufgebracht sind: die Reproduktion der Reproduktion der Reproduktion des »wahren«, des »nicht von Menschenhand gemachten« Bildes Christi, von dem die Veronikalegende berichtet (→ Kap. 13). Diese erzählt, u.a. als Bestandteil der legendarischen Kreuzwegserzählungen, dass Jesus selbst sein Gesicht in das von der Jüngerin Veronika gehaltene Tuch gedrückt habe, die damit nicht nur das *erste* Bild, sondern das *wahre* Bild Christi erhalten habe. Ein Bild nämlich, das »substanziell« – durch Schweiß und Blut – die Gegenwart des leidenden Erlösers repräsentiert. Aus diesem Grund ist das Bild der Veronika (im Wortspiel: *vera ikon,* »das wahre Bild«) eigentlich kein Bild, sondern gilt als Reliquie, als echte Hinterlassenschaft. Aus diesem Grund ist es – und mit ihm alle seine Reproduktionen – auch gleichsam vorzüglichstes Andachtsbild, da es ganz unmittelbare Nähe zu Christus verspricht und damit auch die Möglichkeit, der Wirklichkeit des Heiligen unmittelbar habhaft zu werden. Innerhalb der christlichen Frömmigkeitsgeschichte spielt es daher eine bedeutende Rolle in der Bildverehrung, aber auch – als Kehrseite der Medaille – eine ebenso wichtige Rolle in der Bildkritik bis hin zur Bildzerstörung. So richtet sich der reformatorische Protest Martin Luthers in seiner Schrift »Wider das Bapstthum zu Rom, vom Teufel gestiftet« aus dem Jahr 1545 gegen die von ihm als bloßes Stück Stoff bezeichnete Tuchreliquie vor allem auf das Heilsversprechen, das mit der Präsentation verbunden ist, und das die spirituelle, aber auch die finanzielle Macht der römischen Kirche begründet. Dieses Heilsversprechen unterläuft Luthers Lehre von der freien und ungeschuldeten Gnade Gottes, da es die Vorstellung eines vom Menschen durch Verehrung zu bewirkenden Heils befördert.

Die Künstlerin Dorothee von Windheim reproduziert die Andachtsbilder der Tradition auf Tücher und schließt so – durchaus suggestiv – ganz unmittelbar an den Ausgangspunkt der Frömmigkeitsgeschichte an. Sie bietet mit ihren Bildtüchern aber ausdrücklich keine neuen Andachtsbilder an. Im Gegenteil: Sie schichtet in der Installation im Kirchenraum die Tuchbilder zu Stapeln, legt sie auf dem Boden aus, heftet sie ganz unten

Dorothee von Windheim, Salve Sancta Facies,
Installation in St. Sebald, Nürnberg, 1983

an den Fuß der Halbsäule, an die Unterkante der Wand und fügt ihnen auf Schrifttafeln sowohl den Hymnus der Bildverehrung als auch Luthers Streitschrift gegen die Bildverehrung bei. Sie verhindert dadurch wirkungsvoll die üblichen Aneignungsformen von Kunst im Kirchenraum – andächtig verehrende ebenso wie nur touristisch-kunstinteressierte. Die Betrachterinnen und Betrachter begegnen dem Bild nicht, wie im Kunstbetrieb gewohnt, auf Augenhöhe und sehen auch nicht, wie so oft im Kirchenraum, zu ihm auf, sondern blicken auf die Bilder herab. Eine störende und verstörende Sicht, die nicht als Provokation gläubiger Gefühle zu verstehen ist, wohl aber als Herausforderung, geläufige Verstehenszugänge zu den Bildern des Glaubens zu überprüfen, aber auch die Frage zu stellen, was das Bild an sich denn »ist«.

ZUR KÜNSTLERIN

***Dorothee von Windheim*** (*1945) studierte Malerei bei Gotthard Graubner. Seit den späten 1960er-Jahren arbeitet sie als Konzeptkünstlerin, die fragt, was das Bild »ist«, ob es nur Abbild einer Wirklichkeit ist, das mit dieser Wirklichkeit selbst nicht mehr verbunden ist, oder ob auch im Bild selbst die Verbindung mit seinem Ursprung, seiner Herkunft aufgehoben ist. Die Künstlerin sucht in diesem Sinne nach möglichst »authentischen« Bildern und beschäftigt sich mit Abdruckverfahren, mit Verfahren zur Ablösung von Oberflächen, mit unterschiedlichen Formen künstlerischer »Spurensuche«, die die Zusammenhänge kultureller und individueller Prozesse des Erinnerns und Vergessens reflektieren. Sie erhielt zahlreiche bedeutende Preise und Auszeichnungen und war Teilnehmerin der documenta. Bis zu ihrer Emeritierung lehrte sie Bildende Kunst an der Kunsthochschule Kassel.

Dorothee von Windheim stellt diese Fragen ausdrücklich als *Künstlerin*. Ihr Ausgangspunkt sind nicht Fragen des Glaubens, gar der Bildtheologie, sondern sehr dezidiert künstlerische Fragen. Die Arbeit zum Tuchbild der Veronika ist dabei Bestandteil eines Œuvres, das von den Dingen, Körpern, Orten ein möglichst wirkliches Bild haben will und es in der bloßen Abbildlichkeit der Malerei mit Farbe und Pinsel nicht (mehr) findet. Aber auch die Abdrücke und Abriebe von Bäumen, die »Häutungen« von Wänden, deren Putz die Künstlerin abnimmt, sind nicht die Dinge, Körper, Orte selbst, sind nicht *Wirklichkeit* im Bild. Dass die Dinge sich selbst in diesen Objekten zeigen, muss scheitern, wohl aber entstehen Bilder mit Verweischarakter, deren spezifische *Bildwirklichkeit* Seh- und Denkherausforderung ist, indem sie Verbindungen zwischen Wirklichkeit und Bild, zwischen Bild und Abbild, zwischen einst und jetzt, Erinnerung und Vergessen aufzeigt.

In der Arbeit »Salve Santa Facies« belichtet die Künstlerin zarte Gazetücher, die sie mit lichtempfindlicher Fotoemulsion (Liquid Light) präpariert hat. Diese werden anschließend – wie traditionell analoge Fotografien – entwickelt und fixiert. Die Tränkung mit Liquid Light, mit »flüssigem Licht«, bewirkt, dass die fotografische Reproduktion nicht nur auf der Oberfläche erscheint, sondern den Stoff gleichsam durchdringt. Die »Körperlichkeit« des ungespannten, losen Tuchs tut ein Übriges: Die Anmutung eines Abdrucks von Körperspuren, des Aufsaugens von Körperflüssigkeiten im Tuch, liegt nahe. Damit wird aus künstlerischer Perspektive an Fragestellungen angeknüpft, die mit dem Aufkommen der Fotografie 1839 im bildtheoretischen Diskurs zur Abbildung von Wirklichkeit ganz neue Bedeutung erlangt haben. Die Frage, was die »Ablichtung« und ihre fotochemische »Fixierung« eigentlich zeigt – eine Spur, also einen irgendwie körperlichen Abdruck, oder ein Abbild – bleibt im Horizont der analogen Fotografie offen. Die Arbeiten Dorothee von Windheims zum Veronikatuch schließen in ihrer fragilen Körperlichkeit, in ihrer gebrochenen Unmittelbarkeit und ihrer uneindeutigen Wirklichkeitsbehauptung an diesen Bildwirklichkeitsdiskurs an und bleiben damit selber offen (Mollweide-Siegert 2008, 100). An dieser Offenheit hat sich die Wahrnehmung der Installation im Kirchenraum zu bewähren. Die Künstlerin bietet kein Andachtsbild, auch nicht etwa ein zeitgenössisch neues Andachtsbild: »Der geistige Gehalt dieser Sammlung ist im Kern daher weniger die Suche nach dem wahren Bild als vielmehr eine Veranschaulichung der Wahrheit dieses Suchens« (Meyer zu Schlochtern 2007, 93). (rb)

### PRAXISBAUSTEINE

- Die Teilnehmerinnen und Teilnehmer sammeln Bilder von Menschen, Dingen, Orten, die ihnen wichtig sind, und klären, ob und inwiefern das »Eigentliche« darin sichtbar wird. Sie erweitern die Fragestellung »sinnlich«, indem sie die »Substanz« des Abgebildeten durch etwas charakteristisch Fühlbares, Tastbares, Hörbares, Riech-/Schmeckbares anschaulich machen.
- Sie sammeln und vergleichen Christusbilder und stellen Thesen zur Ähnlichkeit auf. Sie hören als eine mögliche Begründung die Veronika-Legende und schreiben Geschichten, die ihre eigenen Thesen »beglaubigen«.
- Sie führen ein Streitgespräch über die Installation der Künstlerin. Was spricht für diesen Umgang mit dem Christusbild? Was spricht dagegen? Was macht Kunst der Religion deutlich? Was macht Religion der Kunst deutlich?

### LITERATURHINWEIS

Meyer zu Schlochtern, Josef, Interventionen. Autonome Gegenwartskunst in sakralen Räumen, Paderborn 2007, 87–97.

Windheim, Dorothee von, selbstbildend. Ich mache mir kein Bildnis, in: Bredeck, Michael/Neubrand, Maria (Hg.), Wahrnehmungen. Theologie – Kirche – Kunst, Paderborn 2010, 287–300.

# 49. Hell erstrahlt der »Menschensohn«

## Die Kirchenfenster im Großmünster zu Zürich

Durch neun kleine Bildfelder strahlt Licht durch ein romanisches Rundbogenfenster und beleuchtet den umliegenden Kirchenraum spärlich. In dem eher dunklen Seitenschiff treten die weißen Flächen umso leuchtender hervor. Die einzelnen Bildfelder lassen sich je nach Betrachtungsperspektive entweder als Kelch (hell) oder als zwei menschliche Profile (dunkel) deuten. Es sind »Kippbilder« (Rubin'scher Becher), die je nach Fokussierung ein anderes Bild ergeben. In der ersten Deutung sind es die hellen Kelche, die den Umraum erleuchten. Kelch und menschliches Antlitz, Hell und Dunkel im Kirchenraum – damit besitzt das Fenster in seiner Bildsprache erste theologische Bezüge, die durch den Titel noch vielfältiger werden. Der Künstler Sigmar Polke wählt als Titel »Der Menschensohn« und greift damit einen Begriff auf, der sowohl im Alten als auch Neuen Testament vorkommt und vielfältige Bezüge besitzt (La Roche 2010, 76–81). Im Alten Testament bezeichnet er zum einen den Menschen als Ebenbild Gottes (Ps 8,5). Zum anderen ist der Menschensohn dort der gottgesandte Mensch (Ez 2,1) oder der endzeitliche Messias (Dan 7,16–18). In den Evangelien bezeichnet sich Jesus selbst als »Menschensohn«, der z. B. mit göttlichen Vollmachten ausgestattet ist (Mk 2,10; 14,62). Wegen dieser mannigfaltigen bildnerischen und biblischen Anspielungen bleibt Polkes Menschensohnfenster mehrdeutig. Wird der Mensch als Gegenüber von Gott dargestellt? Ist Jesus als der Menschensohn das Gegenüber des Menschen? Visualisiert Polke die göttliche und die menschliche Natur Jesu Christi? Oder steht der (eucharistische) Kelch im Mittelpunkt, der den Menschen von Jesus zu deren Erlösung gereicht ist? Und warum sind die Profile nur teilweise identisch und manche Kelche entsprechend so asymmetrisch?

Das Fenster ist Teil eines größeren Bildprogramms, durch das diese Fragen zwar nicht beantwortet, aber dennoch zu einer vertieften Reflexion geführt werden. »Der Menschensohn« ist das fünfte figurative Fenster von insgesamt 12 Fenstern, die Sigmar Polke zwischen 2006 und 2009 für das Züricher Großmünster geschaffen hat. Sieben weitere Fenster sind ungegenständlich. Polke verwendet dazu den Achatschnitt. Mit der Technik, Fenster aus Steinschnitten anzufertigen, greift er auf eine spät- und frühmittelalterliche Tradition zurück und verleiht den Fenstern den Eindruck, lichtdurchlässige Wände zu sein. Von den fünf figurativen Fenstern knüpfen vier an Motive aus der romanischen Buchmalerei an, die Polke allerdings am Computer stark verändert. Kontrastierend dazu verwendet er traditionelle Techniken, nämlich die Schwarzlotmalerei, Glasschmelzverfah-

Sigmar Polke, Der Menschensohn, 2009

**ZUM KÜNSTLER**

***Sigmar Polke*** (1941–2010) zählt zu den erfolgreichsten und bedeutendsten deutschen Künstlern des 20. Jahrhunderts. Sein Oeuvre ist äußerst vielseitig. Bekannt geworden ist er durch die Auseinandersetzung mit Bildern aus den Massenmedien, deren Rasterverfahren er in die Bildende Kunst überführte. An diese Arbeitsweise knüpft Polke auch in den Züricher Fenstern an, indem er mittelalterliche Buchmalerei als Vorlage verwendet. In seinen künstlerischen Arbeiten stellt er zum einen immer wieder die Frage, was ein Bild zum Bild macht. Zum anderen sind große Teile seines Werks gesellschaftskritisch geprägt.

ren und die Verbleiung der einzelnen Teile. Das fünfte figurative Fenster »Der Menschensohn« sticht gegenüber den anderen Fenstern hervor. Hier verwendet Polke ausschließlich Schwarzlotmalerei. Vorlage war eine fotografische Aufnahme, die von Polke ebenfalls am Computer bearbeitet wurde.

Polke liefert kein kontinuierliches Bildprogramm, das in einer bestimmten Leserichtung betrachtet werden muss. Dennoch realisiert er Bezüge zwischen den Bildern, die immer wieder neue Konstellationen bei der Betrachtung entstehen lassen. Als übergreifendes Thema kann »Präfiguration« herausgestellt werden. Der Künstler bezieht sich damit auf die bereits bestehenden Fenster im Chor, die von Augusto Giacometti 1933 angefertigt wurden und die die Geburt Christi darstellen. Als alttestamentarische »Figuren«, die Christus präfigurieren, wählt Polke den Menschensohn, Elija, Isaak, David und den »Sündenbock« aus. Die innerbildlichen Bezüge, die im Fenster »Menschensohn« zwischen den einzelnen Bildfeldern und dem Titel auftreten, spiegeln sich somit im gesamten Bildprogramm Polkes wider.

Damit verdeutlicht Polkes Glasfenster zugleich eine Faszination und eine Schwierigkeit, die auf eine grundlegende Problematik bei der Betrachtung von Kirchenfenstern hinweist. Diese faszinieren in ihrer individuellen Schönheit und sind doch häufig erst in der Gesamtheit eines umfassenden Bildprogramms inhaltlich zugänglich. Bildprogramme in Fenstern erstrecken sich über viele Bildfelder und teils über mehrere Fenster hinweg. Sie

Sigmar Polke, Isaaks Opferung, 2009

erzählen von der Heilsgeschichte, die in Tod, Erlösung und Auferstehung Jesu Christi gipfelt. Auch sind sie vielfach in den liturgischen Jahreskreis eingebunden. Darüber hinaus sind Fenster Teil des Raums und prägen diesen durch ihren Lichteinfall entscheidend mit. Dass insbesondere gotische Fenster in ihrer filigranen Gestaltung und in ihrer Höhe mit dem bloßen Auge kaum zu erkennen sind, stellt darüber hinaus noch einmal eine eigene Schwierigkeit dar. Polkes Fenster sind im romanischen Kirchenraum gut zu erkennen. Aber auch sie sind nicht vom Kirchenraum, von der Raumwirkung und vom umfassenden Bildprogramm der »Präfiguration« zu lösen. Eine religionspädagogische Erschließung nur eines Fensters oder eines Bildfeldes muss daher bedenken, inwiefern sie Bild-, Raum- und Liturgiebezüge außer Acht lässt. (cg)

## PRAXISBAUSTEINE

- Die Teilnehmerinnen und Teilnehmer beschreiben ausführlich das Bild und recherchieren anschließend im Internet das Bildprogramm des Züricher Grossmünsters (www.grossmuenster.ch/polke.html; 16.3.2012).
- Sie erarbeiten die biblische Bedeutung des »Menschensohns« (Ez 2,1; Dan 7,13–15; Mk 2,10; 14,62; Lk 17,22–37) und des »Lichts« (Joh 8,12) und setzen ihre Recherchen mit dem Glasfenster in Beziehung.
- Sie diskutieren, inwiefern sich das Fenster vor dem biblischen Hintergrund (z. B. Joh 1,1–18; 14,1–14; 2 Kor 4,4; Kol 1,15; Hebr 1,3) auch als Christus- oder Gottesbild interpretieren lässt.

## LITERATURHINWEISE

Boehm, Gottfried u. a., Sigmar Polke. Fenster – Windows. Grossmünster Zürich, Zürich 2010.

Gelshorn, Julia, Aneignung und Wiederholung. Bilddiskurse im Werk von Gerhard Richter und Sigmar Polke, Paderborn 2012.

Sigmar Polke, Achatfenster, 2009

# Anhang

## Literaturverzeichnis


Adam, Adolf (1984), Wo sich Gottes Volk versammelt. Gestalt und Symbolik des Kirchenbaus, Freiburg i.Br.

Adam, Gottfried/Lachmann, Rainer/Schindler, Regine (2005) (Hg.), Illustrationen in Kinderbibeln. Von Luther bis zum Internet, Jena.

Albers, Josef (1970), Interaction of Color. Grundlegung einer Didaktik des Sehens, Köln.

Albrecht, Michaela (2007), Für uns gestorben. Die Heilsbedeutung des Kreuzestodes Jesu Christi aus der Sicht Jugendlicher, Göttingen.

Albert, Mathias/Shell Deutschland Holding GmbH (Hg.) (2010), Jugend 2010. Eine pragmatische Generation behauptet sich, Frankfurt a.M.

Angenendt, Arnold (2007), Heilige und Reliquien. Die Geschichte ihres Kultes vom frühen Christentum bis zur Gegenwart, 2. Aufl. Hamburg.

Angenendt, Arnold (2010), »Eure Gebeine werden wie Pflanzen sprossen«. Zum religionsgeschichtlichen und theologischen Hintergrund der Reliquiengärten, in: Ders., Die Gegenwart von Heiligen und Reliquien, Münster, 163–192.

Assmann, Jan (2001), Bildverstrickung. Vom Sinn des Bilderverbots im biblischen Monotheismus, in: Gerhart v. Graevenitz/Stefan Rieger/Felix Thürlemann (Hg.), Die Unvermeidlichkeit der Bilder, Tübingen, 59–75.

Baecker, Dirk (2000), Ernste Kommunikation, in: Karl Heinz Bohrer (Hg.), Sprachen der Ironie – Sprachen des Ernstes, Frankfurt a.M., 389–403.

Baumann, Ulrike (2005), Zugänge Jugendlicher zu Religion und Glauben, in: Ulrike Baumann/Rudolf Englert/Birgit Menzel/Michael Meyer-Blanck/Agnes Steinmetz, Religionsdidaktik. Praxishandbuch für die Sekundarstufe I und II, Berlin, 10–20.

Beck, Rainer/Volp, Rainer/Schmirber, Gisela (1984) (Hg.), Die Kunst und die Kirchen. Der Streit um die Bilder heute, München.

BDK e. V. Fachverband für Kunstpädagogik (2008) (Hg.), Bildungsstandards im Fach Kunst für den mittleren Schulabschluss, Erfurt, 4–10 (www.bdk-online.info/blog/data/2008/11/BildungsstandardsBDK.pdf).

Belting, Hans (1998), Das unsichtbare Meisterwerk. Die modernen Mythen der Kunst, München.

Belting, Hans (2000), Bild und Kult. Eine Geschichte des Bildes vor dem Zeitalter der Kunst, 5. Aufl. München.

Belting, Hans (2006), Das echte Bild. Bildfragen als Glaubensfragen, 2. Aufl. München.

Belting, Hans (2008), Florenz und Bagdad. Eine westöstliche Geschichte des Blicks, München.

Bering, Kunibert u. a. (2006), Kunstdidaktik, 2. Aufl. Oberhausen.

Beutler, Christian (1984), Meister Bertram. Der Hochaltar von St. Petri. Christliche Allegorie als protestantisches Ärgernis, Frankfurt a.M.

Boehm, Gottfried (1990), Ikonoklastik und Transzendenz. Der historische Hintergrund, in: Wieland Schmied (Hg.), Gegenwart Ewigkeit. Spuren des Transzendenten in der Kunst unserer Zeit, Stuttgart, 27–34.

Boehm, Gottfried (1995), Die Bilderfrage, in: Ders., Was ist ein Bild?, 2. Aufl. München, 325–343.

Boespflug, François (2014, im Erscheinen), Bilder der Lehre, Lehre der Bilder, in: Reinhard Hoeps (Hg.), Handbuch der Bildtheologie, Bd. 2, Paderborn.

Boff, Leonardo (1976), Kleine Sakramentenlehre, Düsseldorf.

Bräunlein, Peter J. (2004), »Zurück zu den Sachen!«. Religionswissenschaft vor dem Objekt, in: Ders. (Hg.), Religion und Museum. Zur visuellen Präsentation von Religion/en im öffentlichen Raum, Bielefeld, 7–53.

Bredekamp, Horst (2010), Theorie des Bildakts. Frankfurter Adorno-Vorlesungen 2007, Berlin.

Brenne, Andreas (2008) (Hg.), »Zarte Empirie«. Theorie und Praxis einer künstlerisch-ästhetischen Forschung, Kassel.

Breuning, Wilhelm (1995), Gotteslehre, in: Wolfgang Beinert (Hg.), Glaubenszugänge. Lehrbuch der Katholischen Dogmatik, Bd. 1, Paderborn, 201–362.

Büttner, Gerhard/Thierfelder Jörg (2001) (Hg.), Trug Jesus Sandalen? Kinder und Jugendliche sehen Jesus Christus, Göttingen.

Büttner, Gerhard (2002), »Jesus hilft!«. Untersuchungen zur Christologie von Schülerinnen und Schülern, Stuttgart.

Burrichter, Rita (1990), Die Kunstfigur als Schmerzensmann, in: Katechetische Blätter 115, H. 11, 798–804.

Burrichter, Rita (1998), »Die Heilung des Gelähmten«. Funktion und Grenzen von Illustrationen biblischer Geschichten, in: entwurf. Religionspädagogische Mitteilungen, H. 2, 28–31.

Burrichter, Rita (1999), Susanna – Venus oder Weisheitslehrerin? Die Erzählung im Daniel-Buch und in Bildern der Kunst, in: Katechetische Blätter 124, H. 1, 15–21.

Burrichter, Rita (2002), Bildwelten erschließen – Bilderfahrungen machen. Aspekte einer Bilddidaktik im Kontext des Religionsunterrichts, in: Jahrbuch der Religionspädagogik (JRP), Bd. 18, hg. von Christoph Bizer u. a., Neukirchen-Vluyn, 144–157.

Rita Burrichter (2005a), Tiere segnen – auch bissige! Zu einem Schöpfungsbild von Meister Bertram, in: Katechetische Blätter 130, H. 3, 187–190.

Burrichter, Rita (2005b), Art. Museum, in: Kristian Fechtner/Gotthard Fermor/Uta Pohl-Patalong/Harald Schroeter-Wittke (Hg.), Handbuch Religion und Populäre Kultur, Stuttgart, 199–205.

Burrichter, Rita (2010), Bin im Bilde! Chancen des religiösen Lernens durch die Begegnung mit Werken der Kunstgeschichte, in: rhs 53, H. 5, 262–270.

Claußen, Susanne (2009), Anschauungssache Religion. Zur musealen Repräsentation religiöser Artefakte, Bielefeld.

Buschkühle, Carl-Peter (2011), Die Welt als Spiel, Bd. II: Kunstpädagogik: Theorie und Praxis künstlerischer Bildung, 2. Aufl. Oberhausen.

Butzkamm, Aloys (2001), Christliche Ikonographie. Zum Verstehen mittelalterlicher Kunst, 2. Aufl. Paderborn.

Calmbach, Marc/Thomas, Peter Martin/Borchard, Inga/Flaig, Bodo (2011), Wie ticken Jugendliche 2012? Lebenswelt von Jugendlichen im Alter von 14 bis 17 Jahren in Deutschland, Düsseldorf.

Degen, Roland/Scheilke, Christoph (1998) (Hg.), Lernort Kirchenraum. Erfahrungen, Einsichten, Anregungen, Münster.

Deichmann, Friedrich Wilhelm (1969), Ravenna. Geschichte und Monumente, Stuttgart.

Deichmann, Friedrich Wilhelm (1974), Ravenna. Hauptstadt des spätantiken Abendlandes, Kommentar 1. Teil, Wiesbaden.

Denzinger, Heinrich/Hünermann, Peter (2007), Kompendium der Glaubensbekenntnisse und kirchlichen Lehrentscheidungen, Freiburg i.Br.

Die deutschen Bischöfe (2004), Kirchliche Richtlinien zu Bildungsstandards für den katholischen Religionsunterricht in den Jahrgangsstufen 5–10/Sekundarstufe I, hg. vom Sekretariat der Deutschen Bischofskonferenz (Die deutschen Bischöfe 78), Bonn.

Dietl, Marie-Luise (2004), Kindermalerei. Zum Gebrauch der Farbe am Ende der Grundschulzeit, Münster.

Dörnemann, Holger (2011), Kirchenpädagogik. Ein religionsdidaktisches Prinzip. Grundannahmen – Methoden – Zielsetzungen, Berlin.

Dohmen, Christoph (2012), Studien zu Bilderverbot und Bildtheologie des Alten Testaments, Stuttgart.

Dohmen, Christoph/Wagner, Christoph (2012) (Hg.), Religion als Bild. Bild als Religion, Regensburg.

Eggers, Theodor/Fendrich, Herbert (1998), Ecce homo. Bilder von Gott und Welt aus der modernen Kunst, Bd. 2, Düsseldorf.

Einem, Herbert von (1955), Die »Menschwerdung Christi« des Isenheimer Altares, in: Arbeitsgemeinschaft für Forschung des Landes Nordrhein-Westfalen/Geisteswissenschaften, H. 55, Köln.

Erikson, Erik (2000), Identität und Lebenszyklus. Drei Aufsätze, Frankfurt a.M. (Nachdruck).

Emeis, Dieter/Schmitt, Karl-Heinz (1986) (Hg.), Handbuch der Gemeindekatechese, Freiburg.

Erne, Thomas (2012) (Hg.), Kirchenbau, Göttingen.

Erne, Thomas/Schüz, Peter (2010) (Hg.), Die Religion des Raumes und die Räumlichkeit der Religion, Göttingen.

Erne, Thomas/Schüz, Peter (2012) (Hg.), Der religiöse Charme der Kunst, Paderborn.

Fast, Friederike/Nöhren, Antje (2013) (Red.), Farbe bekennen – was Kunst macht (Ausstellungskatalog, 2. Februar bis 5. Mai 2013, Marta Herford), Bönen.

Feige, Gerhard (1996) (Hg.), Johannes von Damaskus. Drei Verteidigungsschriften gegen diejenigen, welche die heiligen Bilder verwerfen, übersetzt von Wolfgang Hradsky, 2. Aufl. Leipzig.

Fliedl, Gottfried (1996), Die Erfindung des Museums. Anfänge der bürgerlichen Museumsidee in der Französischen Revolution, Wien.

Fliedl, Gottfried/Pazzini, Karl-Josef (1996), »Museum – Opfer – Blick«. Zu Etienne Boullées Museumsphantasie von 1783, in: Gottfried Fliedl (Hg.), Die Erfindung des Museums. Anfänge der bürgerlichen Museumsidee in der Französischen Revolution, Wien, 131–158.

Friese, Peter (1991), Vom Epiphänomen zur Epiphanie, in: Timm Ulrichs. Landschafts-Epiphanien (Ausstellungskatalog, 15. Dezember 1991 bis 2. Februar 1992, Kunsthalle Recklinghausen), Recklinghausen.

Friese, Peter/Lehnerer, Thomas (1992), Hiob, Essen.

Gardner, Howard (1980), Artful scribbles. The significance of children's drawings, New York.

Gärtner, Claudia (2007), Die »Gregorsmesse« als Bestätigung der Transsubstantiationslehre? Zur Theologie des Bildsujets, in: Andreas Gormans/Thomas Lentes (Hg.), Das Bild der Erscheinung. Die Gregorsmesse im Mittelalter, Berlin, 125–153.

Gärtner, Claudia (2010), Über die Wirkung von Kunst am Lernort »Gemeinde«. Einblicke in eine qualitativ-empirische Studie, in: Theo-web 9, 264–277.

Gärtner, Claudia (2011), Ästhetisches Lernen. Eine Religionsdidaktik zur Christologie in der gymnasialen Oberstufe, Freiburg i.Br.

Garrard, Mary D. (1993), Artemisia Gentileschi, New York.

Gemeinsame Synode der Bistümer in der Bundesrepublik Deutschland (1974) (Hg.), Das katechetische Wirken der Kirche, Arbeitspapier der Bischofssynode, Bonn.

Gräb, Wilhelm (1998), Kunst und Religion in der Moderne. Thesen zum Verhältnis von ästhetischer und religiöser Erfahrung, in: Jörg Herrmann/Andreas Mertin/Eveline Valtink (Hg.), Die Gegenwart der Kunst. Ästhetische und religiöse Erfahrung heute, München, 57–72.

Graw, Isabelle (2003), Die bessere Hälfte. Künstlerinnen des 20. und 21. Jahrhunderts, Köln.

Grinten, Franz Joseph van der/Mennekes, Friedhelm (1985), Menschenbild – Christusbild. Auseinandersetzung mit einem Thema der Gegenwartskunst, Stuttgart.

Groys, Boris (2008), Die Klanginstallationen von Bernhard Leitner, in: Bernhard Leitner. PULSE – Räume der Zeit/Spaces in Time (Ausstellungskatalog, Zentrum für Kunst und Medientechnologie, Karlsruhe), Ostfildern, 7–13.

Hämmerle, Eugen/Ohme, Heinz/Schwarz, Klaus (1988), Zugänge zur Orthodoxie, Göttingen.

Hammer-Tugendhat, Daniela (2009), Das Sichtbare und das Unsichtbare. Zur holländischen Malerei des 17. Jahrhunderts, Köln.

Hansen, Dorothee (1998) (Hg.), Fritz von Uhde. Vom Realismus zum Impressionismus, Ostfildern-Ruit.

Hein, Barbara (2010), Ich weiß genau, was da passiert … Kinder erklären Kunst, Stuttgart.

Heisig, Alexander (2010), Bilder des Glaubens//Heute!, unter: www.erzbistum-muenchen.de/media/media13989720.PDF.

Herrmann, Michaela (1990), Vom Schauen als Metapher des Begehrens. Die venezianischen Darstellungen der »Susanna im Bade« im Cinquecento, Marburg.

Hess, Ulrike (1999), Kunsterfahrung an Originalen. Eine kunstpädagogische Aufgabe für Schule und Museum, Weimar.

Heuser, August (1996), Anderes anders lernen. Neue Lernorte für den Religionsunterricht, in: Katechetische Blätter 121, H. 2, 76–82.

Hilger, Georg (2010), Ästhetisches Lernen, in: Ders./Stephan Leimgruber/Hans-Georg Ziebertz, Religionsdidaktik. Ein Leitfaden für Studium, Ausbildung und Beruf. Neuausgabe, München, 334–343.

Höller, Kathrin (2003) (Hg.), Rune Mields. Ursprung und Ordnung (Ausstellungskatalog, 11. Mai bis 6. Juli 2003, Von der Heydt-Museum, Wuppertal), Köln.

Hoensbroech, Constantin von / Hoensbroech, Ulrike von (2011), »Wer nicht denkt fliegt raus«. Fünfte Jahresausstellung von »Kolumba«, dem Kunstmuseum des Erzbistums Köln, in: Tabula Rasa. Zeitschrift für Kultur und Gesellschaft 68, H. 10/11, unter: www.tabularasa-jena.de/artikel/artikel_3681/.

Hoeps, Reinhard (2003) (Hg.), Sehen lernen mit der Bibel. Der Bildkommentar zu »Meine Schulbibel«, München.

Hoeps, Reinhard (2007) (Hg.), Handbuch der Bildtheologie, Bd. 1: Bild-Konflikte, Paderborn.

Hoeps, Reinhard (2012), Bildtheologie jenseits

der Inhaltsdeutung. Zwischen christlichen Bildkonzepten und Kunst der Moderne, in: Thomas Erne/Peter Schüz (Hg.), Der religiöse Charme der Kunst, Paderborn, 88–105.

Hoff, Gregor Maria (2005), Art. Seele/Selbstwerdung, in: Peter Eicher (Hg.), Neues Handbuch Theologischer Grundbegriffe, München, 130–138.

Hofmann, Michael/Salvesen, Sally (1991) (Red.), Rembrandt. Der Meister und seine Werkstatt, Bd. 1: Gemälde (Ausstellungskatalog, 12. September bis 10. November 1991, Gemäldegalerie SMPK im Alten Museum, Berlin), München.

Hofmann, Peter/Matena, Andreas (2010) (Hg.), Christusbild. Icon + Ikone. Wege zu Theorie und Theologie des Bildes, Paderborn.

Hossmann, Herbert/Oppermann, Anna (1984) (Hg.), Anna Oppermann. Ensembles 1968–1984, Hamburg/Brüssel.

Huizing, Klaas (2002), Ästhetische Theologie, Bd. II: Der inszenierte Mensch. Eine Medien-Anthropologie, Stuttgart.

Imdahl, Max (1988), Giotto Arenafresken. Ikonographie – Ikonologie – Ikonik, 2. Aufl. München.

Imdahl, Max (1996), Sprechen und Hören als szenische Einheit. Bemerkungen im Hinblick auf Rembrandts »Anatomie des Dr. Tulp«, in: Ders., Zur Kunst der Tradition. Gesammelte Schriften, Bd. 2, hg. von Gundolf Winter, Frankfurt a.M., 457–474.

Janhsen-Vukićević, Angeli (2000), Dies. Hier. Jetzt. Wirklichkeitserfahrungen mit zeitgenössischer Kunst, München.

Kalloch, Christina (1997), Bilddidaktische Perspektiven für den Religionsunterricht der Grundschule. Eine Auseinandersetzung mit den Grundschulwerken von G. Lange und H. Halbfas, Hildesheim.

Kämpf-Jansen, Helga (2001), Ästhetische Forschung. Wege durch Alltag, Kunst und Wissenschaft. Zu einem innovativen Konzept ästhetischer Bildung, Köln.

Kettel, Joachim u.a. (2004) (Hg.), Künstlerische Bildung nach PISA. Neue Wege zwischen Kunst und Bildung, Oberhausen.

Kemp, Wolfgang (1985) (Hg.), Der Betrachter ist im Bild. Kunstwissenschaft und Rezeptionsästhetik, Köln.

Keupp, Heiner/Höfer, Renate (2001) (Hg.), Identitätsarbeit heute. Klassische und aktuelle Perspektiven der Identitätsforschung, 3. Aufl. Frankfurt a.M.

Kippenberger, Susanne, »Einer von Euch, mit Euch, unter Euch«, unter: www.tagesspiegel.de/meinung/kommentare/zuerst-die-fuesse-einer-von-euch-mit-euch-unter-euch/1314192.html.

Kirschenmann, Johannes (2006) (Hg.), Kunstpädagogik im Projekt der allgemeinen Bildung, München.

Kirchner, Constanze (2001), Kinder und Kunst der Gegenwart. Zur Erfahrung mit zeitgenössischer Kunst in der Grundschule, 2. Aufl. Seelze.

Klötzer, Ralf (1992), Die Täuferherrschaft von Münster. Stadtreformation und Welterneuerung, Münster.

Körner, Bernhard (1994), Melchior Cano. De locis theologicis. Ein Beitrag zur theologischen Erkenntnislehre, Graz.

Krohm, Hartmut (1982) (Hg.), Zum Frühwerk Tilman Riemenschneiders. Eine Dokumentation, Berlin.

Kröner, Magdalena/Crummenerl, Klaus (2004), Judith Samen, hg. von der Märkischen Kulturkonferenz (Ausstellungskatalog, 23. November 2003 bis 1. Februar 2004), Berlin.

Krüger, Klaus (2001), Das Bild als Schleier des

Unsichtbaren. Ästhetische Illusion in der Kunst der Frühen Neuzeit in Italien, München.

Krystof, Doris (2000), Hannah Wilke, in: Armin Zweite (Hg.), Ich ist etwas Anderes. Kunst am Ende des 20. Jahrhunderts (Ausstellungskatalog, 18. Februar bis 18. Juni 2000, Kunstsammlung Nordrhein-Westfalen), Düsseldorf, 128–133.

Kubisch, Christina/Leitner Bernhard (2004), Zeitversetzt/Shifted in Time. Ettersburger Klangräume (Ausstellungskatalog, 23. August bis 19. September 2004, Kunstfest Weimar), Heidelberg.

Kubitza, Anette (2002), Fluxus, Flirt, Feminismus? Carolee Schneemanns Körperkunst und die Avantgarde, Berlin.

Kügler, Joachim (1997), Gold, Weihrauch und Myrrhe. Eine Notiz zu Mt 2,11, in: Biblische Notizen 87, 24–33.

Künne, Michael (1999), Bildbetrachtung im Wandel. Kunstwerke und Photos unter bilddidaktischen Aspekten in Konzeptionen westdeutscher evangelischer Religionspädagogik (1945–1996), Münster.

Kunst + Unterricht (1995), Themenheft »Kompensation«, 191.

La Roche, Käthi (2010), Sehen und Hören. Gedanken zum ikonographischen Programm der Kirchenfenster von Sigmar Polke, in: Gottfried Boehm/u. a., Sigmar Polke. Fenster – Windows. Grossmünster Zürich, Zürich, 76–81.

Lange, Günter (1986), Umgang mit Bildern, in: Gottfried Bitter/Gabriele Miller (Hg.), Handbuch religionspädagogischer Grundbegriffe, Bd. 2, München, 530–533.

Lange, Günter (1998), Aus Bildern klug werden, in: Wolfgang Erich Müller/Jürgen Heumann (Hg.), Kunst-Positionen, Stuttgart, 149–156.

Lange, Günter (1999), Bild und Wort. Die katechetischen Funktionen des Bildes in der griechischen Theologie des sechsten bis neunten Jahrhunderts (1969). Mit einem aktualisierenden Nachwort, 2. Aufl. Paderborn.

Lange, Günter (2002), Bilder zum Glauben. Christliche Kunst sehen und verstehen, München.

Lange, Günter (2007), Der byzantinische Bilderstreit und das Bilderkonzil von Nikaia (787), in: Reinhard Hoeps (Hg.), Handbuch der Bildtheologie, Bd. 1: Bild-Konflikte, Paderborn, 171–190.

Lange, Günter (2011), Christusbilder sehen und verstehen, München.

Lechner, Gregor Martin (1997), Art. Marienverehrung und Bildende Kunst, in: Wolfgang Beinert/Heinrich Petri (Hg.), Handbuch der Marienkunde, Bd. 2, Regensburg, 109–172.

Leitner, Bernhard (2008), PULSE – Räume der Zeit/Spaces in Time (Ausstellungskatalog, Zentrum für Kunst und Medientechnologie, Karlsruhe), Ostfildern.

Lenssen, Jürgen (2009) (Hg.), Ben Willikens. Räume der Transzendenz, Künzelsau.

Lenssen, Jürgen (2004) (Hg.), Tilman Riemenschneider – Werke seiner Glaubenswelt (Ausstellungskatalog, 24. März bis 13. Juni 2004, Museum am Dom, Würzburg), Regensburg 2004.

Lexikon der christlichen Ikonographie (1990), hg. von Engelbert Kirschbaum, Sonderausgabe, Freiburg i.Br.

Ligt, Natalie de (2006), Von A wie Auto bis W wie Wahre Begebenheiten, unter: www.finegerman-gallery.com/kuenstler/peter-sauerer/von-a-wie-auto-bis-w-wie-wahre-begebenheiten.

Linhart, Eva (2000), Künstler und Passion. Ein Beitrag zur Genieästhetik der frühen

Moderne, entwickelt an den Christusdarstellungen von James Sidney Ensor (1860–1949), Dissertation Basel, http://ensor-christus.com/Dissertation.pdf.

Loeschke, Walter (1971), Art. Griff ans Handgelenk, in: Reallexikon zur byzantinischen Kunst, hg. von Klaus Wessel, Bd. 2, Stuttgart, 940–944.

Lücking-Michel, Claudia (1999), Maria und die Frauen. Frauenfreundliche und frauenfeindliche Aspekte der katholischen Marienverehrung, in: Stefanie Aurelia Spendel/Marion Wagner (Hg.), Maria zu lieben. Moderne Rede über eine biblische Frau, 107–119.

Luther, Henning (1992), Religion und Alltag. Bausteine zu einer Praktischen Theologie des Subjekts, Stuttgart.

Lutterbach, Hubertus (2006), Der Weg in das Täuferreich von Münster. Ein Ringen um die Heilige Stadt (Geschichte des Bistums Münster, Bd. III), Münster.

Mader, Rachel (2011), Auf dünnem Eis – Santiago Sierras schamlose Vorführung der Realität, in: Kunst und Kirche, H. 4, 52–53.

Maier-Solgk, Frank (2008), Neue Museen in Europa. Kultorte für das 21. Jahrhundert, München.

Malaka, Ruth (2009), Mediale Vorlieben von Jungen und Mädchen. Explorative Studie im Kunst-Gestalten-Textilunterricht der Grundschule, Münster.

Meier, Esther (2007), Ikonografische Probleme: Von der »Erscheinung Gregorii« zur »Gregorsmesse«, in: Andreas Gormans/Thomas Lentes (Hg.), Das Bild der Erscheinung. Die Gregorsmesse im Mittelalter, Berlin, 39–57.

Menil, Dominique de (2010), Writings on art and the Threshold of the Divine, New Haven/London.

Mennekes, Friedhelm (1999), Nantes Triptych, in: Rolf Lauter (Hg.), Bill Viola. Europäische Einsichten. Werkbetrachtungen, München, 223–233.

Meschede, Friedrich (2002), Pathos und Spiel. Von Menschen – Für Menschen, in: Kunst und Kirche, H. 2, 87–93.

Mette, Norbert (2005), Einführung in die katholische Praktische Theologie, Darmstadt.

Meyer, Hans Bernhard (1994), Was Kirchenbau bedeutet. Ein Führer zu Sinn, Geschichte und Gegenwart, Freiburg i.Br.

Meyer zu Schlochtern, Josef (2007), Interventionen. Autonome Gegenwartskunst in sakralen Räumen, Paderborn.

Meyer zu Schlochtern, Josef (2012), Das Museum – ein Ort theologischer Erkenntnis?, in: Edmund Arens (Hg.), Gegenwart. Ästhetik trifft Theologie, Freiburg i.Br., 101–122.

Miller, Gabriele (1999), Maria, unsere Schwester im Glauben. Das Marienbild des Neuen Testaments, in: Stefanie Aurelia Spendel/Marion Wagner (Hg.), Maria zu lieben. Moderne Rede über eine biblische Frau, Regensburg, 23–38.

Mikhailov, Boris (1999), Case History, Zürich.

Mollweide-Siegert, Mona (2008), Dorothee von Windheim. Auf der Suche nach (Ab-)Bildern von Wirklichkeit. Zwei Werkgruppen im Kontext von Spurensuche und Erinnerungskultur, Weimar.

Müller, Stephan (2010), Die Heiligen Drei Könige und die schwarze Königin, in: Katechetische Blätter 135, H. 6, 448–452.

Muth, Hanswernfried/Schneiders, Toni (1978), Tilmann Riemenschneider und seine Werke, Würzburg.

Natrup, Susanne (1998), Ästhetische Andacht. Das postmoderne Kunstmuseum als Ort individualisierter und impliziter Religion, in: Jörg Herrmann/Andreas Mertin/Eveline

Valtink (Hg.), Die Gegenwart der Kunst. Ästhetische und religiöse Erfahrung heute, München, 73–83.

Niehoff, Rolf/Bering, Kunibert (2009) (Hg.), Bildkompetenz(en). Beiträge des Kunstunterrichts zur Bildung, Oberhausen.

Niggemeyer, Margarete (2011), Lob der Schöpfung. Die Tier- und Pflanzenwelt im Hohen Dom zu Paderborn, Paderborn.

Noelke, Peter (2001) (Hg.), Das Wallraf-Richartz Museum – Fondation Corboud Köln, Berlin.

Nordhofen, Eckhard (2001) (Hg.), Bilderverbot: Die Sichtbarkeit des Unsichtbaren, Paderborn.

Oberhollenzer, Günther (2008) (Hg.), Muntean/Rosenblum, Between what was and what might be (Ausstellungskatalog, 12. September 2008 bis 1. Februar 2009, Essl-Museum), Klosterneuburg.

O'Doherty, Brian (1996), In der weißen Zelle. Inside the White Cube, hg. von Wolfgang Kemp, Berlin.

Offe, Susanne (2004), Museen. Tempel. Opfer. Profane Räume und sakrales Erbe, in: Brigitte Luchesi/Kocku von Stuckrad (Hg.), Religion im kulturellen Diskurs/Religion in cultural Discourse, Berlin/New York, 573–591.

Otto, Gunter (1984), Otto Dix. Bildnis der Eltern. Klassenschicksal und Bildformel, Frankfurt.

Otto, Gunter/Otto, Maria (1987), Auslegen. Ästhetische Erziehung als Praxis des Auslegens in Bildern und des Auslegens von Bildern, Velber.

Panofsky, Erwin (1943/1995), Das Leben und die Kunst Albrecht Dürers, München.

Paolocucci, Antonio (1971), Ravenna, Königstein i.T.

Parsons, Michael J. (1987), How we understand art. A cognitive developmental account of aesthetic experience, Cambridge/New York.

Pehnt, Wolfgang/Strohl, Hilde (1997), Rudolf Schwarz. Architekt einer anderen Moderne (Ausstellungskatalog, 16. Mai bis 3. August 1997, Museum für Angewandte Kunst, Köln), Ostfildern.

Radlbeck-Ossmann, Regina (1996), Maria in der Feministischen Theologie, in: Handbuch der Marienkunde, hg. von Wolfgang Beinert und Heinrich Petri, Regensburg, 435–465.

Rauchenberger, Johannes (2007a), Bestreiten, aber unterlaufen, in: Reinhard Hoeps (Hg.), Bild-Konflikte. Handbuch der Bildtheologie, Bd. 1, Paderborn, 354–375.

Rauchenberger, Johannes (2007b), Blinder Glaube. Christus in der Kunst des beginnenden 21. Jahrhunderts, in: Jesus von Nazareth. Annäherungen im 21. Jahrhundert. Herder Korrespondenz Spezial, H. 5, 57–61.

Reckert, Annett (2002), Figur Wolkenfänger. Horst Antes und der malerische Aufbruch in den 1960er Jahren (Ausstellungskatalog, 24. März bis 16. Juni 2002, Sprengel Museum Hannover), Hannover 2002.

Reents, Christine (1988), Bilderbibel und illustrierte Bibel aus sechs Jahrhunderten (Ausstellungskatalog, 28. Oktober bis 10. Dezember 1988, Landesbibliothek Oldenburg), Oldenburg.

Reents, Christine/Melchior, Christoph (2011), Die Geschichte der Kinder- und Schulbibel – evangelisch, katholisch, jüdisch, Göttingen.

Reifenscheid, Beate (2009) (Hg.), Daniel Spoerri, Eaten by …, Bielefeld.

Reinhardt, Ad (1998), Schriften und Gespräche, hg. von Thomas Kellein, 2. Aufl. München.

Renz, Andreas (2012), Bilderverbot im Islam?,

in: eulenfisch. Limburger Magazin für Religion und Bildung, H. 2, 27–29.

Renz, Irene (2006), Kinderbibel als theologisch-pädagogische Herausforderung – unter Bezugnahme auf die analytische Psychologie nach C.G. Jung, Göttingen.

Reuter, Ingo (2001), INRI – eine werbeästhetische Reinszenierung des Christusgeschehens, in: ZPT 53, 62–67.

Richter, Hans-Günther (1977) (Hg.), Therapeutischer Kunstunterricht, Düsseldorf.

Ripper, Klaus (2011), Sehen – Denken – Handeln – Sprechen: Kunst im Bildungsprozess bei eingeschränkter Sprachfähigkeit, München.

Röckelein, Hedwig/Opitz, Claudia (1990) (Hg.), Maria – Abbild oder Vorbild? Zur Sozialgeschichte mittelalterlicher Marienverehrung, Tübingen.

Roh, Franz (1993), Der verkannte Künstler. Studien zur Geschichte und Theorie des kulturellen Missverstehens. Neuausgabe, Köln.

Rohr, Alheidis von (1967), Berthold Furtmeyr und die Regensburger Buchmalerei des 15. Jahrhunderts, Bonn.

Rosenfeld, Jörg (1992), Die nichtpolychromierte Retabelskulptur als bildreformerisches Phänomen im ausgehenden Mittelalter und in der beginnenden Neuzeit, in: Hartmut Krohm /Eike Oellermann, Flügelaltäre des späten Mittelalters, Berlin, 65–83.

Saran, Bernhard (1973), Von der Macht des Wortes im Bild, in: Heinrich Geissler, Mathis Gothart Nithart Grünewald. Der Isenheimer Altar, Stuttgart, 217–246.

Schiller, Gertrud (1966–1991), Ikonographie der christlichen Kunst, Bd. 1–5, Gütersloh.

Schipperges, Heinrich (2004), Hildegard von Bingen, 2. Aufl. München.

Schmied, Wieland (1980), Zeichen des Glaubens – Geist der Avantgarde. Religiöse Tendenzen in der Kunst des 20. Jahrhunderts, Stuttgart.

Schnurr, Ansgar (2008), Über das Werk von Timm Ulrichs und den künstlerischen Witz als Erkenntnisform. Analyse eines pointierten Vermittlungs- und Erfahrungsmodells im Kontext ästhetischer Bildung, Dortmund.

Schnurr, Ansgar (2011), Weltsicht im Plural. Über jugendliche Milieus und das »Wir« in der Kunstpädagogik, in: onlineZeitschrift Kunst Medien Bildung, www.zkmb.de/index.php?id=42.

Schoen, Christian (2001), Albrecht Dürer, Adam und Eva. Die Gemälde, ihre Geschichte und Rezeption bei Lucas Cranach d. Ä. und Hans Baldung Grien, Berlin.

Schuster, Martin (2000), Die Psychologie der Kinderzeichnung, 3. Aufl. Göttingen.

Schwebel, Horst (1968), Autonome Kunst im Raum der Kirche, Hamburg.

Schweitzer, Friedrich (2003), Postmoderner Lebenszyklus und Religion. Eine Herausforderung für Kirche und Theologie, Gütersloh.

Harald Schwillus (2010) (Hg.), Religion ausstellen. Interdisziplinäre Perspektiven zu (Re-) Präsentation und Kommunikation christlicher Inhalte und Objekte im Kontext Museum und Ausstellung, Berlin.

Selle, Gert (1988), Gebrauch der Sinne. Eine kunstpädagogische Praxis, Hamburg.

Selle, Gert (1990) (Hg.), Experiment ästhetische Bildung. Aktuelle Beispiele für Handeln und Verstehen, Reinbek.

Selle, Gert (1994) (Hg.), Betrifft Beuys. Annäherung an Gegenwartskunst, Unna.

Selle, Gert (2003), Kunstpädagogik und ihr Subjekt. Entwurf einer kunstpädagogischen Praxis, 2. Aufl. Oldenburg.

Sellmann, Matthias (2012a), Jugendliche Religiosität als Sicherungs- und Distinktionsstrategie im sozialen Raum, in: Ulrich Kropač/Klaus König/Uto Meier (Hg.), Jugend, Religion, Religiosität. Resultat, Probleme und Perspektiven der aktuellen Religiositätsforschung, Regensburg 25–55.

Sellmann, Mattias (2012b), »Ohne pics glaub ich nix!« Die Jüngeren als Produzenten religiöser Bedeutungen, in: Norbert Mette/Matthias Sellmann (Hg.), Religionsunterricht als Ort der Theologie, Freiburg i.Br., 65–91.

Sitt, Martina/Hauschild, Stephanie (2008), Der Petri-Altar von Meister Bertram, Hamburg.

Sternberg, Thomas (2001), Bilderverbot für Gott, den Vater?, in: Eckhard Nordhofen (Hg,), Bilderverbot: Die Sichtbarkeit des Unsichtbaren, Paderborn, 59–115.

Sternberg, Thomas (2004), Schwelle zum Licht. Zu den Kirchenwandbildern von Ben Willikens, in: das münster, H. 1, 18–28.

Stichel, Rainer (1990), Die Geburt Christi in der russischen Ikonenmalerei, Stuttgart.

Stock, Alex (1981), Strukturale Bildanalyse, in: Ders./Manfred Wichelhaus, Bildtheologie und Bilddidaktik. Studien zur religiösen Bildwelt, Düsseldorf, 36–42.

Stock, Alex (1990), Ist die bildende Kunst ein locus theologicus?, in: Ders. (Hg.), Wozu Bilder im Christentum? Beiträge zur theologischen Kunsttheorie, St. Ottilien 1990, 175–181.

Stock, Alex (1999), Zwischen Tempel und Museum. Theologische Kunstkritik. Positionen der Moderne, Paderborn.

Stock, Alex (2004a), Bilderfragen. Theologische Gesichtspunkte, Paderborn.

Stock, Alex (2004b), Poetische Dogmatik, Gotteslehre. 1. Orte, Paderborn.

Stöber, Michael (2011), Reisen zum eigenen Ich. Timm Ulrichs und das Selbstporträt, in: Timm Ulrichs. Betreten der Ausstellung verboten. Werke von 1960–2010, Ostfildern, 49–58.

Stolzenwald, Susanna (1991), Artemisia Gentileschi. Bindung und Befreiung in Leben und Werk einer Malerin, Stuttgart.

Stützer, Herbert Alexander (1989), Ravenna und seine Mosaiken, Köln.

Stuflesser, Martin/Winter, Stephan (2004), Wo zwei oder drei versammelt sind. Was ist Liturgie?, Regensburg.

Stuffer, Ute (2010), Timm Ulrichs. Betreten der Ausstellung verboten. Werke von 1960 bis 2010 (Ausstellungskatalog, 28. November 2010 bis 13. Februar 2011, Kunstverein Hannover und Sprengel Museum Hannover), Ostfildern.

Theunissen, Georg (2004), Kunst und geistige Behinderung – Bildnerische Entwicklung – Ästhetische Erziehung – Kunstunterricht – Kulturarbeit. Bad Heilbrunn.

Thümmel, Hans-Georg (1990), Bild und Wort in der Spätantike, in: Alex Stock (Hg.), Wozu Bilder im Christentum? Beiträge zur theologischen Kunsttheorie, St. Ottilien, 1–15.

Uhlig, Bettina (2005), Kunstrezeption in der Grundschule. Zu einer grundschulspezifischen Rezeptionsmethodik, München.

Ullrich, Wolfgang (2011), An die Kunst glauben, Berlin.

Ulrichs, Timm (1991), Landschafts-Epiphanien (Ausstellungskatalog, 15. Dezember 1991 bis 2. Februar 1992, Kunsthalle Recklinghausen), Recklinghausen.

Vieregg, Hildegard (2008), Geschichte des Museums. Eine Einführung, München.

Vogt, Arnold/Krūze, Aīda/Schulz, Dieter (Hg.) (2008), Wandel der Lernkulturen an Schulen und Museen. Paradigmenwechsel zwischen Schul- und Museumspädagogik, Leipzig.

Vries, Janneke de (2002), Peter Sauerer, in: artist kunstmagazin 52 (www.artist-kunstmagazin.de/?show= ausgabe&id=64&did=128 &typ= text).

Wallinger, Mark (2002), »Im Anfang war das Wort …«. Mark Wallinger im Gespräch mit Johannes Rauchenberger und Alois Kölbl, in: kunst und kirche, H. 2, 97–101.

Warnke, Martin (1973) (Hg.), Bildersturm. Die Zerstörung des Kunstwerks, München.

Welsch, Wolfgang (1998), Ästhetisches Denken, 5. Aufl. Stuttgart.

Wendel, Saskia (2011), Der Seele Grund. Die Gottesfrage in der christlichen Mystik, in: Albert Franz (Hg.), Diesseits des Schweigens. Heute von Gott sprechen, Freiburg i.Br.

Wichelhaus, Barbara (2004), Sonderpädagogische Aspekte der Kunstpädagogik – Normalisierung, Integration und Differenz. Hamburg.

Wiedmaier, Manuela (2009), Wenn sich Mädchen und Jungen Gott und die Welt ausmalen. Feinanalysen filmisch dokumentierter Malprozesse, Münster.

Willikens, Ben/Schüz, Peter (2012), Auf der Suche nach dem religiösen Charme der Kunst, in: Thomas Erne/ Peter Schüz (Hg.), Der religiöse Charme der Kunst, Paderborn, 255–273.

Windheim, Dorothee von (2010), selbstbildend. Ich mache mir kein Bildnis, in: Michael Bredeck/Maria Neubrand (Hg.), Wahrnehmungen. Theologie – Kirche – Kunst, Paderborn, 287–300.

Winnekes, Katharina (1989), Christus in der bildenden Kunst. Von den Anfängen bis zur Gegenwart, München.

Wippermann, Carsten/Calmbach, Marc (2007), Wie ticken Jugendliche? Sinus-Milieustudie U27, Heidelberg.

Zehnder, Frank Günter (1993) (Hg.), Stefan Lochner – Meister zu Köln. Herkunft – Werke – Wirkung, Köln.

Ziebertz, Hans-Georg/Riegel, Ulrich (2008), Letzte Sicherheiten. Eine empirische Untersuchung zu Weltbildern Jugendlicher, Gütersloh.

Ziegler, Tobias (2006), Jesus als »unnahbarer Übermensch« oder »bester Freund«? Elementare Zugänge Jugendlicher zur Christologie als Herausforderung für Religionspädagogik und Theologie, Neukirchen-Vluyn.

Zumthor, Peter (2010), Architektur denken, Basel.

# Bildnachweis

## Umschlag

**Oben:** Hans Memling, Diptychon des Maarten van Nieuwenhove, Memlingmuseum, Brügge, Inv.-Nr. 0.SJ178.I

**Mitte links:** David Hockney, Henry Geldzahler und Christopher Scott, 1969, Acryl auf Leinwand, 213,3 × 304,8 cm, New York, Privatbesitz, © David Hockney, Foto: © Richard Schmidt

**Mitte rechts:** Sigmar Polke, Der Menschensohn, Züricher Großmünster, 2009, © The Estate of Sigmar Polke, Cologne/VG Bild-Kunst, Bonn 2014, © Foto: bildfluss, Christof Hirtler, CH-6460 Altdorf

**Unten:** Daniel Spoerri, Sevilla-Serie Nr. 27, Assemblage, 1992, © VG Bild-Kunst, Bonn 2014

## Inhalt

**Kap. 1:** Josef Albers, Study for Homage to the Square, 1967, Öl auf Masonit, 101 × 101 cm, Josef Albers Museum Quadrat Bottrop, © The Josef and Anni Albers Foundation/VG Bild-Kunst, Bonn 2014

**Kap. 2:** Horst Antes, Großes Ockerbild, 1970, Aquatex auf Leinwand, 150 × 160 cm, Pinakothek der Moderne, München, © VG Bild-Kunst, Bonn 2014, Foto: © Blauel/Gnamm – Artothek

Meister E. S., Christus als Schmerzensmann mit den Arma Christi, um 1460, Kupferstich, 15 × 11 cm, © Staatliche Kunstsammlungen Dresden, Kupferstich-Kabinett, A 372

Horst Antes, Figure beautiful, 1971, Farblithografie, 99,8 × 70 cm, © VG Bild-Kunst, Bonn 2014, Foto: © Artothek, Neuer Berliner Kunstverein

**Kap. 3:** Rembrandt van Rijn, Die Anatomie des Dr. Deijman, 1656, Öl auf Leinwand, 113 × 135 cm, Rijksmuseum Amsterdam, Foto: © akg-images, Berlin

Andrea Mantegna, Beweinung Christ, 1. Hälfte 15. Jh., Tempera auf Leinwand, 66 × 81,8 cm, Pinakothek Brera, Mailand

Freddy Alborta, Der tote Ernesto »Che« Guevara, 1967, Archiv Corbis-Bettmann

**Kap. 4:** Silke Rehberg, Jesus besucht einen Zöllner, in: Meine Schulbibel. Ein Buch für Sieben- bis Zwölfjährige, Stuttgart u.a. 2003, S. 107, © Kösel-Verlag in der Verlagsgruppe Random House GmbH, München

Kap. 5: Otto Dix, Die Eltern des Künstlers II, 1924, Öl auf Leinwand, 118 × 130,5 cm, Sprengel Museum, Hannover, © VG Bild-Kunst, Bonn 2014, Foto: © akg-images, Berlin

Loriot (Vicco von Bülow) und seine Dauer-Filmpartnerin Evelyn Hamann auf dem berühmten Sofa, Archivbild von 1989, © picture-alliance/dpa, Frankfurt

David Hockney, Henry Geldzahler und Christopher Scott, 1969, Acryl auf Leinwand, 213,3 × 304,8 cm, New York, Privatbesitz, © David Hockney, Foto: © Richard Schmidt

Kap. 6: Joseph Beuys, Bergkönig (Tunnel), 2 Planeten – Blick in Raum 3 des Beuys-Blocks in Darmstadt, 1958 bis 1961, Hessisches Landesmuseum, Darmstadt, © VG Bild-Kunst, Bonn 2014

Arbeiten von Kindern im Beuys Block, in: Gert Selle, Betrifft Beuys. Annäherung an Gegenwartskunst, Unna 1994, 152–154, © LKD-Verlag, Unna, Fotos: Robert Uhde und Iris Waas

Kap. 7: Reliquienschrein von 1520, Museum Kloster Bentlage, Rheine, © Museum Kloster Bentlage, Rheine, © Foto: Roman Mensing

Kap. 8: Michael Triegel und sein Porträt von Papst Benedikt XVI., 2010, © VG Bild-Kunst, Bonn 2014, Foto: © ddpimages/dapd/sebastian Willnow

Kap. 9: Asger Jorn, Geliebte Viecher in der Nacht, 1967–68, 114 × 146 cm, © Donation Jorn, Silkeborg/VG Bild-Kunst, Bonn 2014

Praxisarbeiten von Grundschülerinnen und -schülern zum Bild »Geliebte Viecher in der Nacht« von Asger Jorn, in: Constanze Kirchner, Kinder und Kunst der Gegenwart. Zur Erfahrung mit zeitgenössischer Kunst in der Grundschule, Seelze [2]2001, © Constanze Kirchner

Kap. 10: Elzbieta Jablonska, Supermother, Fotografie (Dokumentation einer Performance und Installation), 2002, Zacheta National Gallery of Art, Warschau, © Elzbieta Jablonska, Dobrcz

Hans Memling, Linke Tafel des Diptychons des Maarten van Nieuwenhove, Eichenholz, 44,7 × 33,5 cm, Memlingmuseum, Brügge, Inv.-Nr. 0.SJ178.I

Kap. 11: Serge Bramly/Bettina Rheims, Die Emmaus-Jünger, Fotografie, Villa Evrard, März 1997, in: Serge Bramly/Bettina Rheims, »I.N.R.I«, München 1998, © Bettina Rheims, Paris

Kap. 12: Höllenfahrt Christi (Auferstehung), russisch, Anfang 16. Jahrhundert, Eitempera auf Holz, 131,0 × 104,2 cm, © Ikonen-Museum Recklinghausen, Inv.-Nr. Ta 0442

Kap. 13: Mandylion, russisch, 12. Jh., Tretjakovgalerie, Moskau, Foto: Kösel-Archiv

Kap. 14: Drei Magier, Mosaik, 6. Jh., San Appolinare Nuovo, Ravenna, nördliche Langhauswand, Foto: © akg-images, Berlin/De Agostini Pict. Lib.

Kap. 15: Ben Willikens, Wandbild in St. Theresia, Münster, 1999, Acryl auf Nessel, © VG Bild-Kunst, Bonn 2014, Foto: © Christian Richters

Kap. 16: Grabstein einer Äbtissin, Dom zu Münster, Südwand des östlichen Querschiffes, © Domverwaltung Münster, Foto: Dr. Michael Reuter, 2013

Kap. 17: Angus Fairhurst, Ten Pages from a Magazine, Body and Text Removed, 2007, Collage (Zeitschriftenausschnitte auf Karton), 33 × 29 cm, © The Estate of Angus Fairhurst

Kap. 18: Martin Kippenberger, Zuerst die Füße, 1990, Holz, Autolack, Nägel, 130 × 110 × 22 cm, Museion – Museum für moderne Kunst Bozen, © Estate Martin Kippenberger, Galerie Gisela Capitain, Cologne

Kap. 19: Meister Bertram, Erschaffung der Tiere, 1383, Altar von St. Petri, Hamburg (Grabower Altar), linker Außenflügel, Innenseite, obere Reihe, 5. Bild, Tempera auf Holz, 80 × 51 cm, © Kunsthalle Hamburg/bpk Berlin, Foto: Elke Walford

Kap. 20: Timm Ulrichs, Landschafts-Epiphanie, 1972/87, Cibachrome-Fotografie eines Kleinbild-Diapositivfilm-Anfangsstücks, Abzug Diapositiv, © VG Bild-Kunst, Bonn 2014

Kap. 21: Matthias Grünewald, Geburt Christi, um 1513/15, Mittelteil der Festtagsseite des Isenheimer Altars, Colmar Musée d'Unterlinden, Foto: © akg-images, Berlin/Erich Lessing

Kap. 22: Judith Samen, o.T. (Wickelkind), 2001, C-Print/Diaplex, © VG Bild-Kunst, Bonn 2014

Domenico Ghirlandaio, Geburt Christi, um 1492, Tempera auf Holz, 45 × 42 cm, Vatikanische Pinakothek, Rom, Inv.-Nr. 40344

Kap. 23: Berthold Furtmeyr, Baum des Todes und des Lebens, vor 1481, Salzburger Missale fol. 60v, Bayerische Staatsbibliothek, München, Clm 15710

Kap. 24: Bill Viola, Nantes Triptych, dreiteilige Video-Klang-Installation (Videostill), 1992, in einem Raum von 460 × 970 × 1680 cm Gesamtdimension, farbige Drei-Kanal-Videoprojektion, Mittelpanel von vorne auf durchscheinendes Baumwollgewebe projiziert, 320 × 420 cm, zwei Seitenpanele, 320 × 270 cm, von hinten auf Leinwände projiziert, montiert auf eine Wand in dunklem Raum, Stereoklang, verstärkt, und zwei Kanäle Monoklang, verstärkt, © Foto: Kira Perov

Kap. 25: Hildegard von Bingen, Liber divinorum operum, Anfang 13. Jh., Buchmalerei, Luccheser Handschrift Vis.2, fol. 9r, Biblioteca Statale Lucca

Kap. 26: Miriam Jonas, Run run run (Dreihasen), 2011, Motor, Bewegungsmelder, Plexiglas, Folie, Holz, Leuchtmittel, Kabel, 75 × 75 × 33 cm, © Miriam Jonas, Berlin

Dreihasenfenster Paderborn, Anfang 16. Jh., Original im Diözesanmuseum Paderborn, © Erzbistum Paderborn, Fachstelle Kunst, Foto: Ansgar Hoffmann

Kap. 27: Stefan Lochner, Mitteltafel des Weltgerichtsaltars aus der Laurentiuskirche in Köln, um 1440, auf Eichenholz, 122 × 171 cm, Wallraf-Richartz-Museum, Köln, Inv. Nr. WRM 66, Foto: © akg-images, Berlin

Kap. 28: Klaus Rinke, Tor zur Ewigkeit, 1990, schwarzer Granit, © Krefeld, Pax-Christi-Gemeinde

Kap. 29: Fritz von Uhde, Lasset die Kindlein zu mir kommen, 1884, Öl auf Leinwand, 188 × 290 cm, Museum der bildenden Künste, Leipzig, Foto: © akg-images, Berlin

Kap. 30: Mark Wallinger, Ecce Homo, Installation auf dem Trafalgar Square, 1999, Kunstharz mit Marmorstaub, vergoldete Stacheldrahtkrone, sowie Mark Wallinger, Ecce Homo, Detail

Kap. 31: Thomas Lehnerer, Hiob, Rauminstallation im Kunstverein Ruhr, Alte Synagoge Essen,1992, © VG Bild-Kunst, Bonn 2014

Kap. 32: Mark Rothko Chapel, Houston/Texas 1971, © Kate Rothko-Prizel & Christopher Rothko/VG Bild-Kunst, Bonn 2014

»Morning Ragas« von Pandit Pran Nath, begleitet von Terry Riley, LaMonte Young und Marian Zazeela in der Rothko Chapel am 15. November 1981; © Rothko Chapel; Foto: David Crossley

Gemeinsames Gebet in der Rothko Chapel am 29. Januar 1978. Vorsteher des Gebets: Father Nicholas Triantafilou, Griechisch-Orthodoxe Verkündigungskathedrale, Houston/Texas; © Rothko Chapel; Foto: David Crossley

Kap. 33: Hannah Wilke, Intra-Venus Series #4, Diptychon, 26 Juli 1992 und 19. Februar 1992, Fotografie, Hochglanz-Cibachrome, je 183,57 × 122,61 cm, Helsinki City Art Museum, © VG Bild-Kunst, Bonn 2014

Kap. 34: Boris Mikhailov, aus der Reihe »Case History«, 1999, Fotografie, 148,5 × 99,5 cm, The Museum of Modern Art, New York. Acquired through the generosity of Howard Stein, © 2011 Boris Mikhailov, © VG Bild-Kunst, Bonn 2014

Hans Memling, Kreuzabnahme, Diptychon, linke Tafel, um 1485, Öl auf Holz, 51,5 × 36,5 cm, Museo de la Capilla Real, Granada, Foto: © akg-images, Berlin/De Agostine Pict.Lib.

Kap. 35: Peter Sauerer, Seele, 2010, Holz bemalt, 4,5 × 0,2 × 0,2 cm, mit freundlicher Genehmigung der Thomas Rehbein Galerie, Köln

Peter Sauerer, Madonna, gold, 2010, Holz, Schnur, gefasst und vergoldet, 48 × 18 × 14 cm, mit freundlicher Genehmigung der Thomas Rehbein Galerie, Köln, Foto: © Simon Vogel

Kap. 36: Albrecht Dürer, Adam und Eva, 1504, Kupferstich, 25,1 × 19,8 cm, Museo del Prado, Madrid

Kap. 37: Daniel Spoerri, Fallenbild (»De nombreux jeunes se disent artistes« oder »Les souvenirs préssentis«), 1962, 90 × 70 × 40 cm, © VG Bild-Kunst, Bonn 2014, Foto: © Dorotheum Wien, Auktionskatalog 28.11.2013

Daniel Spoerri, Sevilla-Serie Nr. 27, Assemblage, 1992, mit Porzellanfigur: Blaue Dame mit Hund, 2 Seidenrosen, 80 × 16 × 40 cm, Schweizer Pavillon, Sevilla, © VG Bild-Kunst, Bonn 2014

Kap. 38: Artemisia Gentileschi, Susanna und die beiden Alten, 1610, Öl auf Leinwand, 170 × 119 cm, © Kunstsammlung Graf von Schönborn, Schloss Weißenstein in Pommersfelden

Jacopo Tintoretto, Susanna im Bade, um 1550, Öl auf Leinwand, 146 × 193 cm, Kunsthistorisches Museum, Wien, Inv.-Nr. 1530, © Foto: akg-images, Berlin/De Agostini Pict. Lib.

Rembrandt van Rijn, Susanna und die beiden Alten, 1647, auf Mahagoniholz, 76,6 × 92,7 cm, Gemäldegalerie Berlin, Foto: © Arthothek, Weilheim

Kap. 39: Rune Mields, Genesis: Johannes 1, 1992/96, Aquatec auf Leinen, 360 × 250 cm, © VG Bild-Kunst, Bonn 2014

Rune Mields, Genesis: Die Erschaffung der Menschen (Sibirien/Keten), 1994, Aquatec auf Leinen, 200 × 100 cm, © VG Bild-Kunst, Bonn 2014

Rune Mields, Genesis: Der Weg des großen Gesanges (Afrika/Kokwe), 2002, Aquatec auf Leinen, 200 × 145 cm, © VG Bild-Kunst, Bonn 2014

Kap. 40: Santiago Sierra, 250 cm lange Linie, tätowiert auf 6 bezahlte Personen, Espacio Aglutinador Havanna/Kuba, Dezember 1999, Schwarz-Weiß-Fotografie, 150 × 216 cm, © VG Bild-Kunst, Bonn 2014

Kap. 41: Muntean/Rosenblum, Untitled (We didn't make plans …), 2005, Öl auf Leinwand, 220 × 260 cm, mit freundlicher Genehmigung von Arndt & Partner, Galerie, Berlin, © bei den Künstlern und ARNDT, Berlin

Kap. 42: Anna Oppermann, Paradoxe Intentionen, seit 1988, Zustand Celle 1990, © Nachlass Anna Oppermann, Galerie Barbara Thumm, Berlin, Foto: Elke Walford

Anna Oppermann, Details aus den »Paradoxen Intentionen«, Atelier Celle 1990–1991, © Nachlass Anna Oppermann, Galerie Barbara Thumm

Kap. 43: Meister des Lebensbrunnens, Gregorsmesse, um 1510, Malerei auf Holz, Einzeltafel, 90,5 × 77 cm, Kreuzlingen, Sammlung Heinz Kisters

Kap. 44: Flügelaltärchen mit Kreuzigung, kölnisch, um 1330, Tempera, Goldgrund, Eichenholz, 65 × 95 cm, aus der Klosterkirche St. Klara, Köln, Wallraf-Richartz-Museum & Fondation Corboud, Köln, WRM 001, Foto: © Rheinisches Bildarchiv Köln, rba_c004452

Kap. 45: Bernhard Leitner, RaumReflexion 2010, Ton-Raum-Skulptur, und Heilig-Geist-Retabel (Werkstatt des Wolfgang-Retabels), Nürnberg, kurz vor 1449, © Kolumba, Köln, Foto: Lothar Schnepf

Kap. 46: Tilman Riemenschneider, Heilige Magdalena von Engeln erhoben, aus dem Hochaltar von Münnerstadt, 1490/92, Lindenholz © Bayerisches Nationalmuseum, Inv.-Nr. MA 4094, Foto: © Schnell & Steiner, Regensburg

Münnerstädter Altar, Blick in die Kirche, © Bayerisches Nationalmuseum, Foto: Schnell & Steiner, Regensburg

Kap. 47: Andrea Viebach, Marienbild unserer Zeit, 2004, Installation: Projektion auf Gipsstele, Pfarrkirche St. Maximilian Kolbe, München-Neuperlach

Kap. 48: Dorothee von Windheim, Salve Sancta Facies, 1980, 72 Gesichtstücher, Liquid Light auf Gaze, Installation in der Ausstellung Imago, St. Sebald, Nürnberg, 1983, © VG Bild-Kunst, Bonn 2014

Kap. 49: Sigmar Polke, Der Menschensohn, 281 × 92 cm, Glasmalerei, Großmünster Zürich, 2009, © The Estate of Sigmar Polke, Cologne/VG Bild-Kunst, Bonn 2014, © Foto: bildfluss, Christof Hirtler, CH-6460 Altdorf

Sigmar Polke, Isaaks Opferung, 271 × 93 cm, Glasmalerei, Großmünster Zürich, 2009, © The Estate of Sigmar Polke, Cologne/VG Bild-Kunst, Bonn 2014, © Foto: bildfluss, Christof Hirtler, CH-6460 Altdorf

Sigmar Polke, Achatfenster, 175 × 37 cm, Achatschnitt, Großmünster Zürich, 2009, © The Estate of Sigmar Polke, Cologne/VG Bild-Kunst, Bonn 2014, © Foto: bildfluss, Christof Hirtler, CH-6460 Altdorf